JN206241

新・はじめて学ぶ社会福祉 6

杉本敏夫 監修

障害児の保育・福祉と特別支援教育

立花直樹・中村明美・松井剛太・井上和久 編著

ミネルヴァ書房

シリーズ刊行によせて

社会福祉の基礎構造改革を基盤にして始まった21世紀の社会福祉もほぼ15年が経過した。第2次世界大戦後の昭和20年代～30年代に構築された「措置」を中心に据えた社会福祉が「契約」を中心に据えた社会福祉へと転換されたのが基礎構造改革であり，本来，社会福祉サービスを必要とする人たちがより安心して，自分らしく暮らせるように支えていくのが社会福祉の使命であると思われるが，この改革によって，特に社会福祉サービスを必要としている人々はより幸福な生活を享受できるようになったのであろうか。

社会福祉の理念や考え方も上記の改革にともなって大きく変化した。たとえば，社会福祉の目標とするところが保護から自立に変わり，パターナリズムがエンパワメントに変化した。

社会福祉の担い手であるソーシャルワーカーとしての社会福祉士の資格制度は1987（昭和62）年に導入されたが，当時にはまだ契約による福祉という概念は存在していなかった。しかし，2005（平成17）年に社会福祉士の資格取得のためのカリキュラム内容が大きく見直され，新しい時代に対応する教育内容に改革された。この改革によって，社会福祉の新しい考え方を基盤にして，より専門性が高く，しかも実践的な知識と力をもっている社会福祉士を養成するための教育が始まっている。また，もうひとつのソーシャルワーカー資格である精神保健福祉士の制度は1997（平成9）年に創設され，2012（平成24）年には新しいカリキュラムへと再編されている。

さらには，児童を取り巻く問題の複層化により，教育機関や保育現場においても，ソーシャルワークの必要性が認識され，教師や保育士がソーシャルワークの視点をもつとともに，専門のソーシャルワーカーによる“スクールソーシャルワーク”や“保育ソーシャルワーク”の実践が始まっている。2015（平成27）年からは，社会で子育て支援や家庭支援を行うことを主眼に，子ども・子育て支援新制度がスタートしている。

このように，社会の変化にともなって我々が直面している生活の課題が大きく変化していく中でソーシャルワーカーやソーシャルワークに対する期待はますます大きくなってきていることが実感として感じられる。

このような時代背景を意識して，本シリーズ，「新・はじめて学ぶ社会福祉」はこれから社会福祉を学ぼうとしている人たちを意識して，わかりやすく社会福祉のエッセンスを伝え，その基礎をしっかりと身につけてもらうことを目標として編集している。しかし，その一方で保育士，社会福祉士，精神保健福祉士のシラバスで示されている項目を忠実にたどるだけでなく，それを一歩も二歩も超える形で社会福祉を学んでほしいという願いも込めて編集を行っている。各編者，著者の方々にもその点を踏まえてもらって，理解しやすく，しかもより専門的な視点を盛り込んで執筆をお願いしている。

本シリーズがこれから社会福祉を学ぼうと思っている人々に広く読まれ，さらに学習を深めるきっかけとなることを願っている。

社会福祉が障害児の保育や教育と深い関係をもっていることは当然であるが，当初，このシリーズではその関係性を深く追究する本は想定していなかった。しかし，今回，編者の先生方の提案で，本書を新たに追加，刊行することになった。障害児の保育，福祉，特別支援教育とその関係性を，それらの学問を学ぶ初学者にわかりやすく，的確に理解してもらうことは重要である。その意味でも本書を刊行することは深い意義のあることだと思われる。

2019年８月吉日

杉本敏夫

目　次

プロローグ

障害児の保育・福祉・特別支援教育の俯瞰

プロローグでは「障害児等に対する支援（保育・福祉・教育）」を学ぶにあたって，本書の命題である「障害とは何か」「障害児・障害者とはどのような存在か」を定義し，教育や保育の専門職にとって日常的に耳にする「特別支援教育」「障害児保育」「療育」「特別な配慮」を定義した上で，「障害児に対する教育や保育の現状」を明らかにする。

また，障害に対する偏見や差別について考え，各章の紹介を俯瞰しながら，教育や保育の専門職として，障害児等に対する支援（保育・福祉・教育）に今後どのように取り組むのか検討する。

「障害」「障害者・障害児」の定義

「障害」とは，一体どのようなことを意味するのか。

障害とは，広義には「物事の成立や進行の邪魔をするもの。また，妨げること[(1)]」と定義されており，また，狭義には「身体又は精神の機能低下・異常・喪失あるいは身体の一部の欠損など，心身レベルの概念[(2)]」と定義されている。

つまり，障害とは，元来，否定的な意味を持ち合わせている言葉である。

1980年に WHO（世界保健機関）から「ICIDH（国際障害分類）」が発表され，「疾患（disease）・変調（disorder）」を引き起こす状況を「①機能障害（impairment：生物の心身機能レベル）→②能力障害（disability：個人の活動レベル）→③社会的不利（handicap：社会生活レベル）」の３階層に分類しただけでなく，社会が引き起こす生活障害（問題）を広く世に知らしめた（第１章参照）。

2001年に WHOの第54回国際保健会議で「ICIDH」の改定版となる「ICF（国際生活機能分類）」が採択され，「能力障害」が「活動（activity）もしくは活動制限」へ，「社会的不利」が「参加（participation）もしくは参加制約」へと変更され，障害をプラス面（生活機能）とマイナス面（障害）の両側面を総合的に捉える考え方へと再定義された[3]（第1・2章参照）。

実際，障害の有無を認定する場合，WHO の基準を参照し各国において策定した基準に照らし合わせ，その数値や基準を超えれば「障害」が認定されることになっている。もし心身が正常といえる状態ではなくても，わずかでも数値や基準を超えなければ「障害」とは認定されない。つまり，保健・医療・福祉における制度的に認定される障害は，「身体又は精神の機能低下・異常・喪失あるいは身体の一部の欠損などが原因で，活動制限や参加制約が生じており，定められた数値や基準を超えた状態」ということができる。

「障害者」「障害児」とは，どのような人を意味するのであろうか。

障害者の権利に関する宣言（1975年）では「先天的か否かにかかわらず，身体的または精神的能力の欠如のために，普通の個人または社会生活に必要なことを，自分自身で完全，または部分的に行うことができない人のことを意味する[4]」と定義された。また，わが国では，障害者基本法（1993〔平成5〕年）の第2条第1項第1号において「身体障害，知的障害，精神障害（発達障害を含む。）その他の心身の機能の障害がある者であつて，障害及び社会的障壁により継続的に日常生活又は社会生活に相当な制限を受ける状態にあるものをいう[5]」と定義されており，障害を理由とする差別の解消の推進に関する法律（2013〔平成25〕年）でもこの定義は支持されている（第1章参照）。

児童福祉法第4条第2項では「障害児とは，身体に障害のある児童，知的障害のある児童，精神に障害のある児童（発達障害児を含む。）又は治療方法が確立していない疾病その他の特殊の疾病であつて障害者の日常生活及び社会生活を総合的に支援するための法律第4条第1項の政令で定めるものによる障害の程度が同項の厚生労働大臣が定める程度である児童をいう[6]」と定義されている。

つまり，障害児・者とは「先天的か後天的かにかかわらず，身体または精神等に関する何らかの障害により日常生活や社会生活が制限されているため，何らか（医療・生活・保育・福祉・教育など）の支援を必要とする人」を意味するといえる。その中でも，おおむね（もしくは原則）18歳未満の者を「障害児」と呼び，18歳以上の者を「障害者」と呼んでいる。

「特別支援教育」「障害児保育」「療育」の定義

「特別支援教育」とは，どのような教育を意味するのだろうか。

1978年にイギリス議会に提出された「ウォーノック報告（障害児・者の教育調査委員会の報告書）」において「特別な教育的ニーズ（special needs on education）」という概念が世界で初めて使用された後，1994年にユネスコ（国際連合教育科学文化機関）が開催した「特別なニーズ教育に関する世界会議」において世界92か国が参加し採択された“サラマンカ声明”で宣言され[(7)]，世界各国へと波及し，日本においては「特別支援教育（special needs education）」として用いられることとなった（第10章参照）。特別支援教育については，2003（平成15）年の「今後の特別支援教育の在り方について（最終報告）」において初めて用いられ，これまで特殊学校教育や養護学校教育の対象となっていた障害認定をされている障害児や病弱児等に加え，発達障害者支援法に規定する発達障害児も教育の対象とした[(8)]。2006（平成18）年の学校教育法改正を受け，文部科学省は「特別支援教育とは，それまでの特殊教育（障害児教育）の対象であった障害認定の対象となる器質的障害のある児童（視覚障害，聴覚障害，言語障害，肢体不自由，病弱・身体虚弱，知的障害，情緒障害等）に加え，障害認定の対象とはならない発達障害（知的な遅れのない自閉症，アスペルガー症候群，注意欠陥多動障害，学習障害等）のある児童を対象とし，さらには発達障害の対象レベルではないが，ある部分や特定の領域について援助や支援が必要な児童（children with special needs）も含んだ教育（共生社会の形成の基礎となるもの[(9)]）」と特別支援教育の理念を明示した（第９章参照）。現在，特別支援教育とは文部科学省（2018）で「障害のある幼児児童生徒の自立や社会参加に向けた主体的な取組を支援するという視点に立ち，幼児児童生徒一人一人の教育的ニーズを把握し，その持てる力を高め，生活や学習上の困難を改善又は克服するため，適切な指導及び必要な支援を行う教育[(10)]」と定義されている。

「障害児保育」とは，どのような保育を意味するのだろうか。

近年まで障害児は公の幼児教育・保育の対象から外され，篤志家による私立の児童施設を中心に福祉や保育と一緒に実施されてきた。1960年代に入ると，高度経済成長期に必要な人的資源の育成や人的能力の開発を推進するために，早期教育（幼児教育）の重要性を示した能力主義的な教育政策の振興が図られたため[11]，幼稚園や保育所での障害児の受け入れは非常に困難であった[12]。高度経済成長期においても，一部の自治体で障害児保育を実施していたり，保護者が独自に障害児保育事業を行ったりしていた[13]。実際に，全国の市町村にある多くの幼稚園や保育所において，「障害」を理由とした「障害児の入所拒否・入園拒否」が横行していた。

1973（昭和48）年に，中央児童福祉審議会が「障害児を健常児と共に保育すること（統合保育）」を提言し[14]，1974（昭和49）年に，厚生省（現：厚生労働省）により「障害児保育事業実施要綱」が通知され，保育所が障害児を受け入れるために必要な経費を国と自治体が補助するとともに，私立幼稚園における障害児保育に対する助成金交付も開始された[15]。しかし，対象は４歳以上で軽度障害の幼児に限定されていたため，中度や重度の障害児は受け入れてもらうことができなかった。それは，長期間にわたる障害児排除の教育や保育を生み出してきた社会的な差別意識や文化による弊害であった。

現在，重度の障害があり家庭で養育できない場合などは「障害児入所施設（入所施設）」で保育を受け，家庭での養育が可能な場合は「児童発達支援センター（通所施設）」で保育を受け，障害があっても保育所や幼稚園・認定こども園等で受け入れが可能な場合は「統合保育」を受けている。つまり，障害児保育とは「障害児が入所施設や通所施設で，または障害児と健常児が共に保育所・幼稚園・認定こども園等で受ける教育・養護等の支援」と定義できる。

「療育」とは，どのような意味の言葉なのだろうか。

1861年にドイツの J. D. ゲオルゲンスが著書『治療教育学』の中で，「ハイルパダゴギーク（Heilpädagogik：治療教育）」という言葉を用いて，「発達障害のある児童に対して，医学と教育との連携によって，その児童の教育の目的を達しようとするもの」と，知的障害児に対する治療教育の重要性を提唱した[16]。また，肢体不自由児の治療やリハビリテーションに尽力していた東京大学医学部・整形外科の教授であった高木憲次が，治療教育を短縮して「療育」とし，「現代の科学を総動員して不自由な肢体をできるだけ克服し，それによって幸いにも回復したる回復能力と残存せる能力と代償能力の三者の総和（これを復活能力と呼称）であるところの復活能力をできるだけ有効に活用させ，以て自活の途の立つように育成することである[17]」と定義した。北九州市立総合療育センターの所長であった高松鶴吉は，「医学的治療から見放され，教育の世界からも受け入れられなかった障害児に対して『医療，訓練，教育，福祉などの現代の科学を総動員して障害を克服し，その児童が持つ発達能力をできるだけ有効に育て上げ，自立に向かって育成すること[18]』」が，療育であると定義している。さらに現在，児童福祉法の第19条～第21条に障害児に対する「療育の保障」が明記され，福祉と保育の提供の場として児童発達支援センターや児童発達支援事業所の役割が重視されている。つまり，療育とは，「心身に障害のある児童に対して，医学と保育・福祉・教育等の連携・支援により，その児童のよりよい回復・発達・成長を保障すること」を意味するといえる。

「特別な配慮」の定義

「特別な配慮」とは，どのような意味だろうか。

長きにわたり日本の教育や保育現場においては，「障害」や「問題行動」という言葉が頻繁に使用されてきた。これは，幼稚園や保育所において，障害児や集団行動になじまない児童がクラスにいると「通常の教育や保育」の妨げになり，教師や保育者の視点からみれば集団を統制できない行動をとったり，予想外の手間がかかったりする児童が問題要因であるという意味であった。

しかし，社会におけるノーマライゼーション理念の浸透の中で，セグリゲーション（segregation：隔離）からインテグレーション（integration：統合）へ，さらには近年，インクルージョン（inclusion：包摂）へと教育や保育の方法が移り変わってきており，教育や保育の中で障害児を受け入れることが当然の状態であるという流れになってきている（第１～３章参照）。

また，children's first（子どもの最善の利益）に鑑みて，教育や保育の現場で個別性に配慮した教育や保育が求められ，「特別支援」という言葉を使用するようになった。さらには，文部科学省における審議の過程では「特別支援」には「量と質の確保が必要である」ことが明示された[19]。ただし，2006（平成18）年の学校教育法改正以降，「特別支援」とは主に障害認定や発達の遅れのある児童に対する教育・保育内容等と捉えられてきた（第５章参照）。

しかし，教育や保育現場には「障害認定された子ども」もいるが，「障害認定されていない子ども」や「障害がある程度とは認められないがパステルゾーン[20]（ボーダーライン）の子ども」など，様々な配慮の必要な児童もいる[21]。佐久間・田部・高橋（2011）が，全国1419の幼稚園（806の公立幼稚園と613の私立幼稚園）を対象に調査を実施したところ，「“公立幼稚園の85.6%”“私立幼稚園の80.0%”に特別な配慮を要する児童が在籍しているが，その内で障害診断を受けているのは，“公立幼稚園の39.0%”“私立幼稚園の56.5%”しかいないこと[22]」がわかった。また文部科学省（2012）が，全国5万3882人の公立小中学生（小学生3万5892人，中学生1万7990人）を対象に調査を実施したところ，「“学習面又は行動面で著しい困難を示す児童生徒の6.5%”の内，“校内委員会で特別な教育的支援が必要と判断されている児童生徒は18.4%”しかおらず，“支援が必要な児童生徒の38.6%が支援を全く受けた経験がない”こと[23]」が明らかとなった。近年では，特別な配慮を要する児童とは「障害診断を受けている児童」「教育委員会で認められた児童」にとどまらず，学習面だけでなく生活面（貧困，虐待，DV 家庭など）や医療面（アレルギー，てんかん発作，精神的疾患など），新たな課題（不登校，外国籍，日本語の理解不足，セクシュアリティなど）も含め，諸種の生きづらさにより多様な支援や配慮が必要な児童を含んでいるといえる。特に障害のある児童は，子ども虐待やいじめの被害者になる可能性が高いことは様々な研究で報告されており，そのことが原因で不登校となる場合もある。加えて精神疾患やセクシュアリティの問題などは，十分に理解が進んでいないことも多く，家族を巻き込んで複層化した問題となるケースもある。重度障害の場合は，医療費の支出も多く，育成医療などの制度を利用できていないケースでは，家計が逼迫する場合もある。さらには，保護者が外国籍で十分に日本の制度やシステムを理解していない場合，障害に対する早期発見・早期対応ができなかったり，適切なサービスを利用できていなかったりする状況もある。そのため児童のみならず，保護者への支援を必要とすることも少なくない（第14～20章参照）。

2017（平成29）年度に改訂された「保育所保育指針解説」「幼保連携型認定こども園教育・保育要領解説」「幼稚園教育要領解説」「小学校学習指導要領解説」「中学校学習指導要領解説」の総則・総説（全体に係る共通の原則・事項）に，「特別な配慮」という言葉が使用されている。

つまり，障害が診断されている児童だけでなく，障害や発達の遅れが診断さ

表1　「特別支援学校に在籍する児童生徒数」の推移

（単位：人）

障害種別／年度	視覚障害	聴覚障害	肢体不自由	知的障害	病　弱	合　計
1957（昭和32）	9,864	20,044	484	690	527	31,609
1979（昭和54）	8,330	11,911	19,871	40,422	8,313	88,847
2007（平成19）	5,637	8,340	29,917	92,912	18,919	108,173
2017（平成29）	5,317	8,296	31,813	128,912	19,435	141,944

出所：文部科学省（2018）「特別支援教育資料（平成29年度）」を筆者改変。

れていないが学習面や行動面・生活面などに個別支援が必要な児童も含めた「量的かつ質的な教育や保育の内容や対応」を「特別な配慮」と定義する。

日本における障害児の保育・教育の現状

厚生労働省（2018）「平成28年生活のしづらさなどに関する調査（全国在宅障害児・者等実態調査）」によると，現在の日本における障害児数は，身体障害児が7.1万人（18歳未満人口の0.34%），知的障害児が21.4万人（18歳未満人口の1.1%），発達障害児（知的障害を除く）が193.6万人（18歳未満人口の約10%），精神障害児が26.9万人（20歳未満人口の1.23%）となっており，同年齢の国内人口の約12.67%の児童に何らかの障害があると推計されている。

特別支援学校に在籍する児童生徒数は，すべての障害種別に関する特別支援学校の児童生徒数の統計を取り始めた1957（昭和32）年度には3万1609人であったが，障害のある児童生徒の就学免除がなくなり義務教育化となった1979（昭和54）年度には8万8847人となり，特別支援学校として一本化された2007（平成19）年度には10万8173人となり，2017（平成29）年度には14万1944人となった[24]。少子化が進み子どもの数が減少するにもかかわらず，特別支援学校に在籍する児童生徒数が年々増加している（表1参照）。

特別支援教育の対象は，身体障害（「肢体不自由」「視覚障害」「聴覚障害」「言語障害」）のある児童，知的障害のある児童，病弱・身体虚弱（「内部障害」「ヒト免疫不全ウイルス障害」）の児童となっている[25]（第11～14章参照）。

近年，発達障害のある児童生徒の増加により，幼稚園・小学校・中学校の特別支援学級の在籍者並びに“通級による指導[26]”を受けている幼児児童生徒が

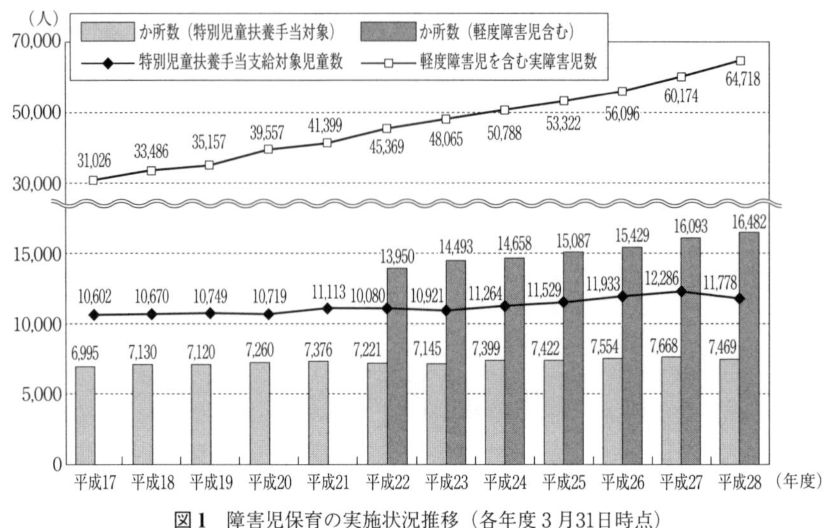

図1　障害児保育の実施状況推移（各年度３月31日時点）

出所：内閣府（2018）「障害児保育の実施状況推移」『平成30年版障害者白書』。

年々増加し，2017（平成29）年５月１日現在は49万人となっている[27]（第９・15章参照）。

厚生労働省においては，障害のある児童の保育所での受け入れを促進するため，1974（昭和49）年度より障害児保育事業において保育所に保育士を加配する事業を実施してきたが，障害児保育を実施している保育所も障害児数も年々増加し，2017（平成29）年３月末には「１万6482保育所」が「６万4718人の障害児」を受け入れている（図１参照）。加えて，2018（平成30）年度からは，障害児保育に係る地方交付税措置額を約400億円から約800億円に拡充するとともに，障害児保育に係る市町村の財政需要を的確に反映するため，各市町村の保育所等における「実際の受入障害児数」に応じて地方交付税を算定することになった[28]。

今後ますます障害児に対する教育や保育が広がる可能性が高く，教育施設や保育施設において教師や保育者が知識や技術を高めるとともに，何よりも障害に対する理解を深めていく必要がある。

もし，あなたが担任する児童が病気や事故のため「不可逆的な障害」のある状態となった場合，「特別支援教育」や「障害児保育」の知識や技術が乏しいからという理由で，特別支援学校・特別支援学級や障害児施設への転籍を促すだろうか。それとも自らの知識や技術を高める努力に加え，クラスの他の児童が「障害」についての理解を深められる時間やプログラムを開発するだろうか。もし，自らの知識や技術が乏しいことを理由に，障害児に対する教育や保育を放棄するのであれば，専門職とはいえない。教師（学校教諭）や保育者（幼稚園教諭や保育士）である以上，子ども一人ひとりの「ウェルビーイング（well-being：自己実現）」を目指すという使命を果たさなければならない（第1章参照）。

「障害」の捉え方について

たとえば，けがや病気が原因で，あなたの心身に問題が起こればどのように対応するだろうか。多くの人は，医療機関に行き，治療して元の状態に戻そうとするだろう。しかし，二度と元の状態に戻らない「不可逆的な状態」と診断されれば，どうするだろうか。

セカンドオピニオン[29]やサードオピニオン[30]を探し，再受診や再検査をするだろう。それでも，専門医による診断や判断が変わらなければ，少しでも「障害」を軽減するためにリハビリテーションを行ったり，心身の症状がそれ以上進行しないように予防的治療を行ったりする可能性があるだろう。このように，障害は受診や治療を中心（医学モデル）に考えられてきたが，同時に学校生活（教育モデル）はもちろんのこと，家庭生活や職場生活等に関する適切な支援や援助（生活モデル）を受けなければ，社会生活は成立しない。

元来，医療・教育・保育・福祉は，一体的に実践されるものであった。イタリアで初めての女性医師であった M. モンテッソーリは，精神科病院に入院していた複数の知的障害児へ感覚教育法を施し，健常児の平均よりも知的水準を上げるという効果をみせ世間を驚かせた[31]。モンテッソーリの考える教育や保育は，「生命の援助」といわれ，「一方的に教え込むものではなく，環境を準備しあとは彼らの自発性にゆだねるもの[32]」であり，「教師や保育士は教え指導する人でなく援助する人[33]」であるという考えのもと，障害児や健常児の可能性や自発性を伸ばす教育や養護（社会的成長や健全な発達保障，情緒の安定を図る援助）や療育を展開した（第3章参照）。つまり，モンテッソーリが障害児や健常児に対して実践した援助は，保育・教育・療育を包括的に含んだものといえる。こ

表2　障害児・者のライフステージにおける各種支援の多寡

支援の状況／ライフステージ	少ない	多い（中心）	少ない	適宜必要
乳幼児期	教育支援	**養護支援**	福祉支援	医療支援
児童生徒期	養護支援	**教育支援**	福祉支援	医療支援
成人期	養護支援	**福祉支援**	教育支援	医療支援

出所：筆者作成。

のことは，現代の障害児に対する保育・療育・福祉・教育を考える点で非常に重要なことである。

しかし，長年，医学モデルと教育モデルと生活モデルは，医学・保育・福祉・教育の専門職が自らの立場を主張し主導権を巡る争議を繰り返してきた。ようやく近年になって，「inclusive（包括的）」「cooperative（協調的）」「collaborative（協働的）」がキーワードとして取り上げられ，ライフステージごとに医療・保育（養護）・福祉・教育の相互連携や連帯が重要視されている（第2・7章参照）。そこで，各領域の専門職が共通認識を高めるために，サービス担当者会議（care conference）を定期的に開催したり，共通書式を用いて計画書を作成したりしている（第6・8・9章参照）。

特に乳幼児においては「養護支援」が中心となり，児童生徒期においては「教育支援」の要素が大きくなり，成人すると「福祉支援」の要素が大きくなるが，障害児・者にとって保育（ケアワーク：ADL〔Activities of Daily Living／日常生活動作：食事・更衣・移動・排泄・睡眠・整容・入浴など健康な生活を営む上で不可欠な動作や活動〕支援）は生涯必要な支援である（表2参照）（第3章参照）。

「障害児等に対する支援（保育・福祉・教育）」を学ぶにあたって

1950年代後半にイラク北部に位置するシャニダール洞窟で，ネアンデルタール人（旧石器時代）の遺骨が発見された。その中で，ナンディと名づけられた高齢の男性は，先天的に右腕に奇形があり，後天的に片目を失明していたが，食料を調理する炉跡の傍で発見された。このことによって，自ら獲物を獲得して生きる狩猟時代に，重度の障害があるナンディが仲間から大切にされて高齢まで生存することができたことが明らかとなった。[34]しかし，その後の新石器時代（農耕時代）以降に発見された遺跡では，重度の障害者の遺骨は住居遺跡から発見されていない。つまり，領地の奪い合いの戦争が頻繁に発生する新石器時代から近世までは，兵力にならない障害者は軽視され，偏見や差別につながってきたと考えられる。日本においては，「士農工商（市民階級）＋穢多・非人（市民として認められない階級）」という身分制度の意識が江戸時代に構築されたが，明治時代以降の近代革命により経済生産性主義が横行し，「学歴保持者（市民階級）＋障害者」といった学歴至上主義が，新たな身分制度としてすり替えられてきた。武士よりも低く位置づけられていた「百姓・職人・商人」は穢多・非人が存在することで，学歴社会で最下層の「中学卒者」は公教育や一般就労から除外されてきた障害者が存在することで，一定以上のステータスを実感することができた。

しかし現在，日本においては，障害者の法定雇用率が設定されており，雇用主に障害者を雇用する義務が生じている（第４章参照）。2018（平成30）年４月以降は，民間企業（常勤従業員45.5人以上の規模）で全従業員の2.2％以上，国・地方公共団体で全職員の2.5％以上，都道府県等の教育委員会等で2.4％以上の障害者を雇用する義務があり，基準未満の雇用率の民間企業には「障害者雇用納付金（５万円×不足障害者数）」が適応され，罰則金を毎月支払う義務が生じている。[35]

厚生労働省によると，2017（平成29）年６月時点の法定雇用率未達成企業の割合は「50.0％」であり，半数の企業が，障害者を基準雇用しておらず違法状態である。[36]しかしながら，2018（平成30）年に「障害者雇用の水増し問題」が発覚し，国の28機関で3700人・全国の地方自治体で3809人の障害者を雇用せずに，架空の水増し報告をしていたことが明らかとなった。国や地方自治体が違法な状態である中，「民間企業のみに法律を遵守しろというのは納得できない」という声が噴出した。[37]日本の社会や文化の中に，障害者の人権を遵守し，平等に雇用する意識が醸成されていない状況が露呈されてしまったのである。このような大人の社会をみて育つ子どもたちの中で，いじめや障害者蔑視がなくなるはずがない。つまり，身分制度の温存は，障害児・者が生きづらい社会を放置していることに他ならない。

また，NIPT コンソーシアムによると，2013（平成25）年４月から2018（平成

30）年９月までに６万5265人が「新型出生前診断（NIPT）[38]」を受け，胎児に病気や障害の可能性が高いと判断された妊婦のうち78.6％（819人）が人工妊娠中絶を選ぶことが明らかになり，他国よりも，高い確率で中絶を選択している日本の現状がわかった[39]（第10章参照）。

このように，障害に対する偏見や障害者蔑視が横行する欺瞞的な社会で生活する障害児にとっては，成長の過程でスティグマ（汚辱的な被差別の意識）が植えつけられ，社会の中で生きる自尊心が育つことが難しい状況にある。

一方で，ノーマライゼーションやインクルージョンの理念が広がりをみせる中，障害に対する差別や偏見を防止するために必要なものは，社会全体の意識変革ではないだろうか。

アメリカン・インディアンのラコタ族に伝わる伝承に次のような話がある。

「勇者の石」[40]

人は生まれてくるときに，自分の人生をかけて運ぶ石（宿命）を，自ら決めて生まれてくるという。

小さい「亀の子の石（幼子の石）」を選んで生まれてきた人は，容姿やお金・幸運にも恵まれた苦労のない人生を送る。それは，その人の魂が「幼子レベル」のため，軽い石（苦労や悲しみのない状態）しか運べないためである。

中くらいの「アライグマの石（若者の石）」を選んで生まれてきた人は，喜びもあるが悲しみもあり，幸運もあれば不運もある人生を送る。それは，その人の魂が「若者レベル」のため，少し大きな石（成功や失敗のある状態）を運べるのである。

大きな「赤鹿の石（大人の石）」を選んで生まれてきた人は，家族離散や事業失敗を経験したり，大災害に遭遇したりする等，大きな問題や困難を抱えて人生を送る。それは，その人の魂が「熟年レベル」のため，大きな石（不幸や挫折のある状態）を運べるのである。

巨大な「バッファローの石（勇者の石）」を選んで生まれてきた人は，他の人なら投げ出してしまうような重度障害や難病を抱えて人生を送る。それは，その人の魂が神様に認められた「勇者レベル」のため，巨大な石（不治の病や重い障害のある状態）を運べるのである。

日本人の中には障害児・者を「可哀想な人」「不幸な人」と捉え，その存在を軽んじている人も少なくない。しかし，アメリカン・インディアンの文化や思想の中では，障害を「神から与えられたもの」として捉え，障害児・者を「勇者の魂をもった存在」「尊敬に値する存在」として大切にしているのである。そもそもの発想や視点が異なるのである。

いくら制度やしくみを形だけ整えても，実質的な意識や文化が育たなければ，制度やしくみは形骸化してしまうことになる。それは，障害児の保育・福祉・教育においても同様である。障害のある児童が差別されたり蔑視されたりすることのない子どもたちの意識や文化を醸成するためには，家庭における保護者や地域社会を構成する市民はもちろんのこと，特別支援教育を担う小学校・中学校の教員，障害児保育を担う幼稚園教諭や保育士がその役割を担っている。

特別支援教育や障害児保育を推進するということは，軽度の障害のある児童生徒だけでなく，重度の障害や医療的ケアが必要な児童をも受け入れる設備や体制を整え，教師や保育者が対応しうる知識や技術を高めていくということである（第14章参照）。さらに，障害のある児童生徒が共に成長・発達できる環境を整えるためには，構造化や視覚化を双方向で実現可能な ICT（大型ディスプレイや PC タブレットや遠隔モニター等の支援機器教材）の活用が推奨され，障害のない子どもたちもより理解を深め[41]，人権や民主主義についての視点を養う機会を得たりすることになると考えられる。特別支援教育や障害児保育・福祉の肯定的側面にも焦点を当て，教育者や保育者が実践（practice）と実証（evidence）を積み重ねていくことが非常に重要である。

そのような中，2017（平成29）年12月に，文部科学省と厚生労働省が協働で，障害のある子どもたちへの「切れ目のない総合的支援」を目指し，「トライアングル」プロジェクトを立ち上げた。「トライアングル」プロジェクトでは，家庭・教育・福祉の連携と情報共有システムを構築し，保護者支援を強化することが方策の柱となっており，インクルーシブな教育・保育・地域生活システムを構築するために，ようやく国も本腰を入れて動き出したのである[42]（第6～10章参照）。教師や保育者は，5年先や10年先を見据えた保育や教育を行うことが求められている。それは，進学や就職，親元を離れての地域生活等も検討しながら，一人ひとりの乳幼児や児童生徒に対する教育や保育や療育を実践すると共に，保護者支援を実践するということである。何よりも，インクルーシブな保育や教育を通してすべての子どもにノーマライゼーション理念を浸透させ，子育て支援を通じてすべての保護者の人権意識を高めていくことが喫緊の課題である。

注

(1) 松村明編（1989）「障害」『大辞林』三省堂，1168頁。
(2) 中央法規出版部編（2001）「障害」『介護福祉用語辞典』中央法規出版，166頁。
(3) 上田敏（2002）「国際障害分類初版（ICIDH）から国際生活機能分類（ICF）へ――改定の経過・趣旨・内容・特徴」『月刊ノーマライゼーション』第22巻第251号，日本障害者リハビリテーション協会，12～13頁。
(4)「障害者の権利宣言」（1975年12月9日国連総会決議3447）。
(5)「障害者基本法」（昭和45年法律第84号）。
(6)「児童福祉法」（平成29年法律第71号）。
(7) UNESCO（1995）*Final Report, World Conference on Special Needs Education : Access and Quality.*
(8) 島治伸（2004）「特別支援教育とは」『月刊ノーマライゼーション』第24巻第279号，日本障害者リハビリテーション協会，10頁。
(9) 文部科学省初等中等教育局長（2007）「特別支援教育の推進について（通知）」。
(10) 文部科学省（2018）「特別支援教育について」（http://www.mext.go.jp/a_menu/shotou/tokubetu/main.htm 2019年1月15日確認）。
(11) 大泉溥（1976）「戦後日本の障害児保育問題の展開」『障害者問題研究』第6巻，全国障害者問題研究会，78～79頁。
(12) 石毛鍈子（1979）「保育行政にみる障害児差別」『福祉労働』現代書館，163～164頁。
(13) 末次有加（2011）「戦後日本における障害児保育の展開――1950年代から1970年代を中心に」『大阪大学教育学年報』第16巻，178頁。
(14) 中央児童福祉審議会（1973）「当面推進すべき児童福祉対策について（中間答申）」『社会福祉関係施策資料集』厚生省，343～344頁。
(15) 水野友有（2015）「障害児保育の歴史的変遷」児童育成協会監修『障害児保育』第62巻第2号，中央法規出版，15頁。
(16) 岡田英己子（1993）『ドイツ治療教育学の歴史的研究』勁草書房，7頁。
(17) 高木憲次（1951）「療育の基本概念」『療育』第1巻第11号，日本肢体不自由児協会，252頁。
(18) 高松鶴吉（1987）「療育と教育の接点を考える」『月刊ノーマライゼーション』第7巻第55号，日本障害者リハビリテーション協会，18頁。
(19) (9)と同じ。
(20) 障害が認定される状況ではないが，障害に近い要素がある「配慮が必要な状況」。これまでの「グレーゾーン」いう言葉は暗くてネガティブな印象を与えるため，明るく温かくポジティブなイメージとしてカラフルな個性や未来を示す「パステルゾーン」（名護療育園の泉川良範氏が提唱）という言葉が，近年広がりつつある。
(21) 立花直樹・波田埜英治（2018）「特別支援と特別な配慮が必要な児童に対する教

育・保育の現状と課題」『障害児保育』第３号，聖和短期大学，35頁。
(22) 佐久間庸子・田部絢子・高橋智（2011）「幼稚園における特別支援教育の現状——全国公立幼稚園調査からみた特別な配慮を要する幼児の実態と支援の課題」『東京学芸大学紀要（総合教育科学系）』第62巻第２号，東京学芸大学，153～173頁。
(23) 文部科学省初等中等教育局特別支援教育課（2012）「通常の学級に在籍する発達障害の可能性のある特別な教育的支援を必要とする児童生徒に関する調査結果について」文部科学省，153～173頁。
(24) 文部科学省（2018）「特別支援教育資料」(http://www.mext.go.jp/a_menu/shotou/tokubetu/material/1406456.htm 2019年１月15日確認)。
(25) 「学校教育法施行令」(昭和28年10月31日)（政令第340号)。
(26) 「通級による指導」とは，小学校・中学校・中等教育学校の通常学級に在籍する軽度障害のある児童生徒が，必要に応じて特別支援学級等への通級により指導を受ける制度を意味している。
(27) 内閣府（2018）「社会参加へ向けた自立の基盤づくり　1．特別支援教育の充実」『平成30年版障害者白書』勝美印刷，55頁。
(28) (27)と同じ，69頁。
(29) Second opinion。患者自身が納得のいく治療法を選択することができるように，治療の進行状況，次の段階の治療選択などについて，現在診療を受けている主治医に了承を得て，別の医療機関の専門医に「第２の意見」を求めることやその意見のこと。
(30) Third opinion。セカンドオピニオンと同様にして，主治医やセカンドオピニオン医とは別の医療機関の専門医に「第３の意見」を求めることやその意見のこと。
(31) 細川匡美（2017）「ジャック=ダルクローズの教育観の発展に関する研究（博士論文32685甲Ｃ第33号)」明星大学，53頁。
(32) 永野泉（2006）「保育研究における環境論の比較」『淑徳短期大学研究紀要』第45号，82頁。
(33) 中田尚美（2008）「モンテッソーリの教育思想における“ケア”について——“子どもの家”における実践を中心に」『神戸海星女子学院大学研究紀要』第47号，68頁。
(34) 高谷清（1997）「障害者と共に生きた人々——ネアンデルタール人の心」『はだかのいのち』大月書店，179～180頁。
(35) 厚生労働省（2018）「障害者雇用率制度」(https://www.mhlw.go.jp/stf/seisakunitsuite/bunya/koyou_roudou/koyou/shougaisha/04.html 2019年１月15日確認)。
(36) 厚生労働省職業安定局（2017）「平成29年障害者雇用状況の集計結果（平成29年12月20日)」(https://www.mhlw.go.jp/stf/houdou/0000187661.html 2019年１月15日確認)。
(37) 村上晃一・千葉卓朗（2018）「障害者雇用，自治体は3809.5人水増し 政府発表」

朝日新聞デジタル，10月22日（https://www.asahi.com/articles/ASLBN5D4MLBNULFA00L.html 2019年1月15日確認）。

(38) 無侵襲性出生前遺伝子学的検査（Non-Invasive Prenatal genetic Testing）。2011（平成23）年にアメリカで開発され，日本では2013（平成25）年4月から導入された新型出生前診断である。妊婦からの採血だけで，母体の血液中を流れる「胎児のDNA」の断片を解析し，胎児の染色体異常等について従来よりも精度の高い診断（99%）を行うことができる検査である。

(39) NIPT コンソーシアム（2019）「検査陽性者の妊婦復帰」（http://www.nipt.jp/nipt_04.html 2019年6月29日確認）。

(40) AKIRA（2014）「生まれてきた意味，そして使命――ステージⅢの胃がんからの這い上がり」『Messenger』Vol. 44，プリ・テック，10～11頁。

(41) (27)と同じ，63頁。

(42) 内閣府（2018）「TOPICS 家庭と教育と福祉の連携“トライアングル”プロジェクト報告」『平成30年版障害者白書』勝美印刷，66頁。

読者のための参考図書

湯浅恭正編（2018）『よくわかる特別支援教育（第2版）』ミネルヴァ書房。

――障害という視点のみならず，いじめ・不登校・虐待等の数多くの課題を抱えている現代の通常学校や特別支援学校において展開される教育理念や内容について具体的事例を含めながら詳細に書いている。

尾崎康子・小林真・水内豊和・阿部美穂子編（2018）『よくわかる障害者保育（第2版）』ミネルヴァ書房。

――幼稚園や保育所に多く在籍する知的障害を含む発達障害を中心として，視覚障害，聴覚障害，言語障害，肢体不自由などの各種障害のある乳幼児への保育や発達支援のあり方や方法について詳細に書いている。

＊ 本章は，立花直樹（2019）「歴史から俯瞰する特別支援教育の課題と展望」『聖和短期大学紀要』第5号，を加筆修正したものである。

第Ⅰ部

障害児支援の意義と役割，制度と体系

第1章

障害児支援の理念と概要

障害児支援を行うために，どのような理念を理解しておく必要があるだろうか。

本章では，まず「障害とは何か」を ICF（国際生活機能分類）や障害者基本法をもとに，国内外の理念や定義について考える。そして，近年の動向として，小学校学習指導要領や幼稚園教育要領の文言，および障害者の権利に関する条約に伴う法整備における障害者観の変化を押さえつつ，保育・福祉・教育における障害児支援の実際を考える上で重要な価値観を理解する。最後に，障害児支援の基本的な理念として，「ノーマライゼーション」「インクルージョン」を理解した上で，実際の保育現場での実例を通して，「統合教育」と「インクルーシブ教育」の違いについて学ぶ。

1 「障害をもつ」のか，「障害がある」のか

障害児のことが話題になるとき，「障害をもつ子ども」「障害のある子ども」を無意識のうちに使用している場合がある。しかし，両者には微妙なニュアンスの違いがあり，当事者である障害児や障害児を育てている家族が心を痛めていることもある。ここでは，「障害」とは「もつものなのか」「あるものなのか」を考えることを通じて，実際に子どもが生活する中での障害というものを理解しよう。

国際生活機能分類

図1－1は，WHO（世界保健機関）が2001年に発表した ICF と呼ばれるもの

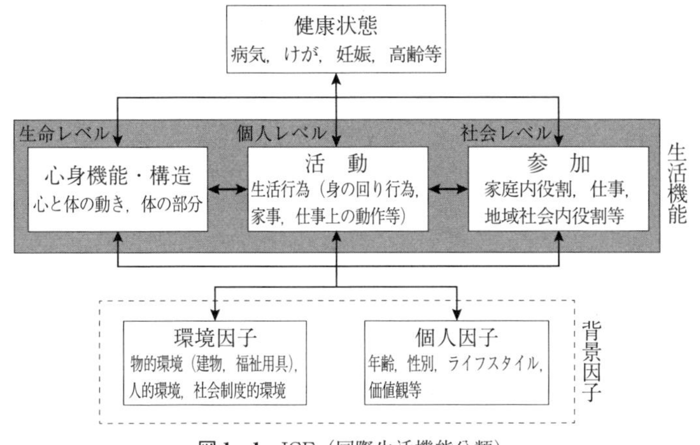

図１－１　ICF（国際生活機能分類）

で，障害を理解する上で，国際的に使用されている概念である。

ICF では，「障害」を「生活機能」（心身機能・構造，活動，参加）が何らかの理由で制限されている状態としている。そして，その「生活機能」に影響を及ぼす背景因子として，環境因子と個人因子の２つがある。環境因子とは，その子どもを取り巻く物的環境，人的環境，社会制度的環境のことである。個人因子とは，その子ども自身の年齢，性別，ライフスタイル，価値観などである。つまり，「障害」とは，この２つの因子が複合的に関連し合って，その人の「生活機能」が制限されるか否かを考えるものである。

法律等にみる「障害」とは

障害者基本法第２条には，下記のように明示されている。

> この法律において，次の各号に掲げる用語の意義は，それぞれ当該各号に定めるところによる。
> 一　障害者　身体障害，知的障害，精神障害（発達障害を含む。）その他の心身の機能の障害（以下「障害」と総称する。）がある者であつて，障害及び社会的障壁により継続的に日常生活又は社会生活に相当な制限を受ける状態にあるものをいう。
> 二　社会的障壁　障害がある者にとつて日常生活又は社会生活を営む上で障壁となるような社会における事物，制度，慣行，観念その他一切のものをいう。

日本の障害者基本法の定義においても，障害は，「日常生活又は社会生活に相当な制限を受ける状態」を指しており，そこには，社会的に障壁となる「事物，制度，慣行，観念その他一切のもの」が存在することを示している。つまり，日本においても，環境因子である社会的障壁の改善により，障害そのものも変化することが含まれているのである。

このように，環境因子も含めて，その人の生活のしづらさを考慮した障害の考え方を社会モデル（障害者が味わう社会的不利は社会の問題だとする考え方）という。一方，医学的な診断はその人個人につけられるということから，障害者が味わう社会的不利はその人個人の問題だとする考え方を医学モデルという。

実際の生活を考えれば，人はあらゆる環境の影響を受けていることがわかる。そういった意味でも，障害者の生活に根づいた支援を考える上では，社会モデルに基づく考え方が欠かせないといえるだろう。

保育・福祉・教育における障害児への配慮

上述した社会モデルに基づく考え方は，小学校以降の学習指導要領や幼稚園教育要領にも反映されている。たとえば，小学校の学習指導要領解説（国語編）には「障害のある児童への配慮についての事項」の中で，下記の文言が記されている（傍線部，波線部：筆者）。

> 文章を目で追いながら音読することが困難な場合には，自分がどこを読むのかが分かるように教科書の文を指等で押さえながら読むよう促すこと，行間を空けるために拡大コピーをしたものを用意すること，語のまとまりや区切りが分かるように分かち書きされたものを用意すること，読む部分だけが見える自助具（スリット等）を活用することなどの配慮をする。

同様に，幼稚園教育要領解説にも，「特別な配慮を必要とする幼児への指導」の中で，次の文言がある（傍線部，波線部：筆者）。

> 集団の中でざわざわした声などを不快に感じ，集団活動に参加することが難しい場合，集団での活動に慣れるよう，最初から全ての時間に参加させるのではなく，短い時間から始め，徐々に時間を延ばして参加させたり，イヤーマフなどで音を遮断して活動に参加させたりするなどの配慮をする。

先述した生活機能分類でいえば，傍線部が個人因子で，波線部が環境因子を改善するための工夫である。つまり，その人が生活のしづらさを感じる個人因子を有していたとしても，環境因子を変えることで生活のしづらさを改善することができるのである。

「障害をもつ子ども」という表現は，その子どもの個人因子にしか目を向けていないことを示している。個人因子のみに目を向けると，その障害の改善には「その子どもの個人的な頑張り」を促すという発想しか生まれない。

一方，「障害のある子ども」とは，その子どもを取り巻く環境因子を含めた表現である。ここで今一度，先述の学習指導要領解説，幼稚園教育要領解説の波線部の最後をみてもらいたい。どちらも「など」で締めくくられているのがわかるだろう。これは，環境因子を変える発想はいくらでもあることを指している。大切なのは，その子どもの生活に寄り添い，その子どもの生活実態に応じた配慮を考えることである。

「障害」は，子どもが「もつ」ものではなく，子どもの周りに「ある」ものである。

2 障害児を有能な学び手とみるために

障害児の支援においては，教師が有している子ども観が問われる。ここでは，近年日本で障害者支援に関して法制化された動向を理解するとともに，有能な学び手としての子ども観について考えを深めたい。

障害者の権利に関する条約における障害者観

2014（平成26）年1月20日，日本は障害者の権利に関する条約（略：障害者権利条約）を批准した。この批准に際して，表1－1のように，障害者支援の理念に関する制度改革がなされた。

この障害者権利条約は，先述した社会モデルの障害観を前提としている。そのため，障害の有無にかかわらず，一人ひとりが人権を尊重され，その人らしさを互いに認め合うこと，そして，そのために配慮が行われるべきであることが示されたのである。さらに「私たちのことを，私たち抜きに決めないで（Nothing about us without us)」という考え方のもと，障害者が自身に関わる問題に主体的に関与することを大切にしている。

表1－1　障害者権利条約に伴う制度改革の理念に関する変更点

2011年　障害者基本法の内容の改正 障害があってもなくても，すべての人に人権があり，一人ひとりを大切にする共生社会を目指すことを明記。 2012年　障害者の日常生活及び社会生活を総合的に支援するための法律（略：障害者総合支援法）の制定（2013年施行） 障害者自立支援法からの改正。「自立した日常生活又は社会生活を営む」の代わりに，「基本的人権を享有する個人としての尊厳にふさわしい日常生活又は社会生活を営む」と文言を変更。 2013年　障害を理由とする差別の解消の推進に関する法律（略：障害者差別解消法）の制定（2016年施行） 障害のある人もない人も，互いに，その人らしさを認め合いながら共に生きる社会を実現することを目指し，障害のある人に「合理的配慮[(1)]」を行うことを明記。

同様に，障害児についても，支援を受ける対象としての受動的な存在ではなく，主体的に自らの生活をよくする力がある有能な学び手としてみることが重要である。1970年代以降，乳児が生まれつきとても有能な存在であり，「ものごとの因果関係がよくわかっている」「人の性格を読み取っている」（ゴプニック，2010）ことなどが確認されている。また，乳児にはそれぞれ生まれもった気質があることも知られ，首が据わり，寝返りに挑戦し，姿勢を保持するような姿にも，一人ひとりの個性があることがわかっている。

当然，障害児も例外でなく，一人ひとりの気質があって，それぞれに育ちの個性がある。障害児の発達を「他の子どもと比べると発達が遅い」「月齢や年齢の発達と目安でみると遅れている」とする見方は，「能力を身につけた結果」を比べるもので，育ちのプロセスの違いを読み解くものではない。日常の生活の中で，障害児を有能な学び手として捉え，育ちのプロセスを理解する態度をもちたい。

資質・能力をつなげる

こういった有能な学び手としての子ども観に基づき，子どもの学びを読み取り，乳幼児期から就労に至るまでをつなげる視点として，文部科学省教育課程部会幼児教育部会（2016）により「資質・能力」が示された。たとえば，幼児期においては，次のように明記されている。

知識や技能の基礎（遊びや生活の中で，豊かな体験を通じて，何を感じたり，何に気付いたり，何が分かったり，何ができるようになるのか）
思考力・判断力・表現力等の基礎（遊びや生活の中で，気付いたこと，できるようになったことなども使いながら，どう考えたり，試したり，工夫したり，表現したりするか）
学びに向かう力，人間性等（心情，意欲，態度が育つ中で，いかによりよい生活を営むか）

資質・能力の３つの柱である，①知識・技能，②思考力・判断力・表現力等，③学びに向かう力，人間性等は，乳幼児期のみならず，その後の教育においても育むべきものである。このように，障害児一人ひとりが，遊びや生活の中で，「何を感じ，何に気づき，何がわかり，何ができるようになったのか」「気づいたこと，できるようになったことなども使いながら，どう考えたり，試したり，工夫したり，表現したりしたのか」「どういう気持ちで時間を過ごしていたのか」を読み取ることで，その子どもの育ちのプロセスや学びの個性を理解することができる。

障害児を有能な学び手とみて，どのような行動を示しても，「必ず何かを学んでいる」と感じられるかどうか，教師の資質・能力も問われているのである。

3　障害児支援の基本的な理念と方法

障害児を学びの主体として考えるために，どのような支援を行うべきか。ここでは，障害児を支援する際の基本的な理念である「ノーマライゼーション」「インクルージョン」に基づき，実際の子どもの生活を想像しながら，支援のあり方を考えよう。

ノーマライゼーションから統合教育へ

ノーマライゼーション（normalization）とは，1960年代に北欧諸国から始まった理念で，「障害者が他の市民と同様に社会の一員として種々の分野の活動に参加することができ，すべての人がノーマルな生活が送れる社会にしていこうとする」考え方である。

この理念では，障害のある人の「生活のしづらさ」を障害のない人と同じように社会的な活動に参加できないという不平等性に求めている。そこで，障害のある人も障害のない人と同じように生活できるような社会にすることを目指している。

教育・保育の分野においては，ノーマライゼーションを実体化するための方法として，統合教育（インテグレーション）が行われた。統合教育は，それまで異なる場で教育を受けていた障害児を健常児とともに受け入れることで，互いに肯定的な影響を及ぼすという効果がみられた。一方で，障害児への配慮がなされないままに，健常児を中心にした教育の中に障害児を入れるだけの教育（ダンピング：放り投げ）もみられた。そのため，障害児が既存の健常児を中心とした教育に無理に適応させられるということも課題であった。

統合教育は，同じ場にいて同じことをするという意味での平等観に基づく教育であったといえる。この方法に一定の成果があったことはいうまでもないが，子どもの思いを尊重しないまま，障害児が参加させられる側面を生んだことも否めない。

インクルージョンからインクルーシブ教育へ

インクルージョンとは，包含するという意味をもつ言葉で，「障害者と健常者が区別なく，共に学ぶ機会をつくっていくこと」を指す。統合教育には，障害者と健常者が別々に区別されたものを合わせる統合という意味があったが，インクルージョンは始めから障害者と健常者を区別せずに一人ひとりの思いを大切に行われる教育である。そのため，インテグレーションに比べると，子どもを主体として考える理念であるといえるだろう。「全ての人々を孤独や孤立，排除や摩擦から援護し，健康で文化的な生活の実現につなげるよう，社会の構成員として包み支え合う」（厚生省，2000）というソーシャル・インクルージョンの理念は，障害児の保育・福祉・教育において，現在の中心的な理念である。

2012（平成24）年７月，文部科学省中央教育審議会によって，「共生社会の形成に向けたインクルーシブ教育システム構築のための特別支援教育の推進（報告）」が出された。その中で，共生社会は「誰もが相互に人格と個性を尊重し支え合い，人々の多様な在り方を相互に認め合える全員参加型の社会」とされており，まさにソーシャル・インクルージョンの実現を目指しているものといえる。さらにインクルーシブ教育の方針として，次の文言が示された（傍線部，波線部：筆者）。

> 基本的な方向性としては，障害のある子どもと障害のない子どもが，できるだけ同じ場で共に学ぶことを目指すべきである。その場合には，それぞれの子どもが，授業内容が分かり学習活動に参加している実感・達成感を持ちながら，充実した時間を過ごしつつ，生きる力を身に付けていけるかどうか，これが最も本質的な視点であり，そのための環境整備が必要である。

上記のように，「できるだけ同じ場で共に学ぶことを目指すべき」とある部分は，以前の統合教育と変わらない。しかし，続けて示されている「それぞれの子どもが，授業内容が分かり学習活動に参加している実感・達成感を持ちながら，充実した時間を過ごしつつ，生きる力を身に付けていけるかどうか」というのが，インクルーシブ教育の本質であるといえる。

つまり，インクルーシブ教育の理念は，一人ひとりの子どもが，同じ意識で同じ充実感を得られるという意味での平等観に基づく教育なのである。そこには，単純に同じ場にいればいいということは当てはまらない。

子どもの視点にみる「統合教育」と「インクルーシブ教育」

ここまで，統合教育とインクルーシブ教育の違いについて述べてきた。浜谷(2005)は，これらの理念の本質を踏まえて，子どもの立場から支援のあり方を考察している。

表1-2の中で，まず「統合」の枠組みに該当するAの「参加」とCの「放り投げ」に着目してもらいたい。統合教育として理想的な状態は，「参加」である。これは，障害の有無にかかわらず，すべての子どもが意欲的に生活を営み，互いに肯定的な関心をもち，影響し合っている状態である。一方，「放り投げ」は先述したように，健常児を中心とした生活に無理に一緒にいるだけであり，障害児への関心はないまま，影響し合うこともない状態である。

次に，「包含（インクルージョン）」の枠組みに該当するAの「参加」とBの「共存・独立」に注目する。「参加」は先に述べたとおりであり，統合教育の理想的な状態とも重なっている。一方，Bの「共存・独立」は，障害児と健常児が別の場で生活することを選択し，それぞれに意欲的に生活していることを指

表1－2　障害児の立場からの参加の分類

<table>
<tr><td></td><td colspan="2">統合（integration）
子どもが場を共有して共に行動する。子どもの間のコミュニケーション手段が確保されている。障害児と他の子どもの行動は相互に影響を及ぼす。</td><td>分離（segregation）
障害児と他の子どもが別の場で生活する。</td></tr>
<tr><td rowspan="2">包含（inclusion）
障害児も他の子どもたちも対等，平等に意見が尊重されて，子どもたちの生活のあり方が決定される。</td><td colspan="2">A　参加（participation）</td><td rowspan="2">B　共存・独立
（coexistence）
障害児と他の子どもたちは，別の場で生活をすることを選択し，それぞれに意欲的に活動している。
お互いに関心をもつと同時に，お互いの行動に肯定的な影響を与える。</td></tr>
<tr><td>A1　共同
（corporation）
障害児を含めたすべての子どもが共に生活できるように生活のあり方を創造し，どの子どもも意欲的に活動している。</td><td>A2　共生
（symbiosis）
障害児を含めたすべての子どもが自然に生活を営み，相互に関心をもち肯定的な影響を与えている。</td></tr>
<tr><td rowspan="2">排除（exclusion）
特定の子どもの意見や立場だけが尊重されて子どもたちの生活のあり方が決定される。障害児の意見は尊重されない。</td><td colspan="2">C　放り投げ（dumping）
障害児は，他の子どもが選択した生活の場にいる。</td><td rowspan="2">D　隔離・孤立
（isolation）
障害児と他の子どもたちは，それぞれ別の場で生活する。
お互いに無関心であり，ときには，意図せずに，お互いの行動が相互に害を及ぼす。</td></tr>
<tr><td>C1　適応・同化
（adaptation）
障害児は，他の子どもたちの活動と同様な行動を強制させられる。</td><td>C2　放置・放任
（neglect）
障害児の行動は他の子どもから関心をもたれない。</td></tr>
</table>

出所：浜谷，2005。

す。ただし，お互いに関心をもち，肯定的な影響を与え合うことも条件に含まれている。

ここで，Bは統合教育には該当しないものの，インクルーシブ教育には該当することに留意する必要がある。理想的な状態が，Aであることは間違いない。ただ，Aを目指すがあまり，無理に障害児を参加させようとして，Cの状態になっては，インクルーシブ教育の理念に反する。Bのように，見かけ上は別々の場にいるとしても，一人ひとりの子どもが自ら生活の場を選択して，お互いに関心をもち合って肯定的な影響を与え合う状態は，先述した「学習活動に参加している実感・達成感を持ちながら，充実した時間を過ごし」と一致する。もちろん，できるだけ同じ場で共に学ぶことを目指すべきではあるが，「一人ひとりの学びが保障されていることに加え，お互いに関心を寄せて肯定的な影響を与え合う状態」であれば，学びの場は別々であってもインクルーシブ教育なのである。

別々の場にいるインクルーシブ教育の実例

ここでは，先述の「B 共存・独立」に当てはまるインクルーシブ教育の実例（運動会に向けた練習）をあげて，理解を深める。対象児であるRくんは，母，祖父，祖母の4人家族である。言語の遅れを母親が心配し，3歳半頃から ST（言語聴覚士）訓練に月1回通っている。現在でも新しい環境や初めて経験することに対しては慎重で，慣れるまでに時間を要することがある。4歳児の12月から ST からの勧めで OT（作業療法士）訓練にも月1回通うようになり，軽度発達障害と診断された。

〈運動会に向けて取り組む中で（Rくん，4歳児）〉

運動会の全体練習が始まると帽子を取りにロッカーへ行くものの，そこで立ち止まってしまう。担任が「Rくん，行こう」と声をかけると「どうしようか，今考えよる」と言う。少し時間をおき「どうするか決めた？」と言うと，「まだ考えよる」と平行線であった。担任は先に行くことを伝え，後は加配職員に任せることにした。階段の降り口まで来たとき，運動場の様子が見える窓の前で，Rくんは足を止め，窓越しにみんなが運動会に向けて取り組んでいる様子を見ていたと加配職員から聞いた。

こういったRくんの様子に対して，どのような支援を行うべきであろうか。

統合教育の理念に則るならば，何とかRくんをみんなと同じ練習の場に連れていくことを優先した支援を行うことになるだろう。しかし，Rくんは，みんなと同じ場に行くことについて「まだ考えよる」と教師に伝えている。これがRくんの意思だとすれば，みんなと同じ練習の場に連れていったとしても，Rくんは充実した学びの実感を得られないだろう。そこで，教師は次のような支援を行った。

〈運動会に向けて取り組む中で：続き〉

「みんながしていることを見ること」をRくんなりの活動への参加とみなし，落ち着いて見られるようにいすを置き，そこに座って見ることを約束とした。クラスの友達や全職員にもそのことを伝え，みんなで様子を見守っていった。Rくんは，友達がしていることは気になるようで，いすに座り活動の様子を見ていた。Rくんが状況を理解できたであろう後日，その日の活動の流れを書いたものをホワイトボードに掲示し，声をかけることで一緒に活動に参加できるようになってきた。

教師は，Ｒくんの選択した学びの場を尊重し，落ち着いて練習の様子が見られるようにいすを置いた。さらに，クラスの友達やすべての職員が，Ｒくんの様子に関心をもてるよう，そのことを伝えて，肯定的に見守っている。結果的に，Ｒくんの学びの場は，全体の練習の場に移行し，他の子どもたちと一緒に練習に参加できるようになった。これは，表１－２でいえば，Ｂの「共存・独立」から，Ａの「参加」へと移行した実例である。

障害児を支援するとは，教師の願いや教育の場のルールを押しつけるものではない。最優先すべきは，子どもの思いなのである。

注

(1)　障害者権利条約第２条によると，合理的配慮とは「障害者が他の者との平等を基礎として全ての人権及び基本的自由を享有し，又は行使することを確保するための必要かつ適当な変更及び調整であって，特定の場合において必要とされるもの」である。障害者差別解消法においては，第７，８条にて，行政機関等や事業者に「障害者から現に社会的障壁の除去を必要としている旨の意思の表明があった場合において，その実施に伴う負担が過重でないときは，障害者の権利利益を侵害することとならないよう，当該障害者の性別，年齢及び障害の状態に応じて，社会的障壁の除去の実施について必要かつ合理的な配慮」をすることが明記された。

参考文献

厚生省（2000）「社会的な援護を要する人々に対する社会福祉のあり方に関する検討会」。

ゴプニック，アリソン／青木玲訳（2010）『哲学する赤ちゃん』亜紀書房。

浜谷直人（2005）「統合保育における障害児の参加状態のアセスメント」『東京都立大学人文学報』359，17～30頁。

文部科学省教育課程部会幼児教育部会（2016）「幼児教育部会における審議の取りまとめ」。

読者のための参考図書

宮田広善（2001）『子育てを支える療育 「医療モデル」から「生活モデル」への転換を』ぶどう社。
——障害児支援の「医療モデル」と「生活モデル」はどのように家族の生活を変えるのか。社会モデルの障害観を理解し，保育・福祉・教育に活かすための良書。

奈須正裕（2017）『「資質・能力」と学びのメカニズム』東洋館出版社。
——なぜ，資質・能力が求められるのか。子どもの学びと資質・能力を育むことの関係を理解し，保育・福祉・教育に活かすための良書。

第2章

ノーマライゼーション社会の実現

「ノーマライゼーション社会」の実現に向けて，保育者・教育者となるためにどのような知識をもち，何を理解する必要があるのだろうか。本章では，まずノーマライゼーションの理念や思想が，どのような背景から誕生し，進められてきたのかを学ぶ。そして，現代社会の中で障害者を取り巻く障壁にはどのようなものが存在するのかを知り，その上で障害者福祉の基本理念を理解する。また，障害の概念と分類では，障害の見方，理解の仕方について社会の流れの中からノーマライゼーション社会へと至る理由を学ぶ。

障害のある子どもの保育形態では，分離保育，統合保育等，現在様々な方法で行われている保育に，それぞれどのようなメリット，デメリットが考えられるのかについて知る。そして，インクルージョンの概念で捉えられる，障害のある子どもと障害のない子どもが完全に統合された保育へ進めるために今後何が必要であるかを考える。

1 ノーマライゼーションの理念

ノーマライゼーションの思想とは，障害のある人もない人も互いに支え合い地域で生き生きと明るく暮らしていける社会を目指すことである。その思想を歴史的にみると，スカンジナビア諸国を発祥の地として，障害のある人ができる限り通常の人々と同様な生活を送れるようにするという意味で使われ始めたとされている。つまり，ノーマライゼーションの思想運動が起こったのは，それまで障害者を取り巻く環境に「常態」とはいえないような状況がみられていたということである。1200年代以降の欧米では，多くの知的障害者は大型施設に収容され，障害者に対する取り組みはその人間性を十分尊重したものではなかった。そこで，デンマークの社会省で知的障害者の施設を担当した N. E. バンク＝ミケルセンが中心となり，知的障害者の親の会とともに，知的障害者の生活条件の改善のための法改正にのりだした。そして，ノーマライゼーションという言葉を盛り込んだ「1959年法」が誕生する。知的障害者施設のサービスの目的は「精神遅滞者の住居，教育，仕事，そして余暇の条件を通常にすること，そしてそれは，すべての人々がもっている法的権利や人権を，彼らにもたらすことを意味する」と定義され，障害者を取り巻く環境をあるべき姿に戻そうというデンマークのノーマライゼーションの流れは，北欧諸国へと広がっていった。

「国際障害者年行動計画」の中に「障害者などを締め出す社会は弱くもろい社会であり，障害者はその社会の他の者と異なったニーズをもつ特別の集団と考えられるべきでなく，通常の人間的ニーズを満たすのに特別の困難をもつ普通の市民と考えられるべきである」と記されている。この記述が，ノーマライゼーションの思想を明確に表しているといえる。

ノーマライゼーションの８つの原理

ノーマライゼーションの運動に携わってきたスウェーデンの B. ニィリエは，「すべての知的障害者に対して，社会生活の通常の環境や方法にできる限り近づけるような生活のパターンや日々の暮らしの条件を得られるようにすること」と述べ，ノーマライゼーションの理念として重要なライフスタイルの特徴を８つに整理し，原理として定義づけた（表２-１）。ニィリエは，ノーマライゼーションの原理を整理・成文化して紹介し，世界中に広げるという役割を果たしたことから，バンク＝ミケルセンが，「ノーマライゼーションの生みの親」といわれるのに対し，「ノーマライゼーションの育ての親」といわれている。

障害者の自立と社会参加の促進を目指して

現在日本では，ノーマライゼーション推進のため障害者の主体性が尊重されるようサービス提供体制の充実への取り組みが行われている。日本の障害者約656万人のうち，精神障害者の総数は約258万人と推計されており，精神障害者

表2-1　ライフスタイルの特徴となる8つの領域

1. 1日のノーマルなリズム（起床し，衣服を着替え，食事をし，就寝するといった1日のリズム）
2. 1週間のノーマルなリズム（週末を余暇の活動として楽しむことを含む1週間のリズム）
3. 1年間のノーマルなリズム（仕事，食事，行事等，季節の変化の中で様々な活動を楽しむことのできる1年間のリズム）
4. ライフサイクルにおけるノーマルな発達経験（幼児期，青年期，成人期，老人期といったライフサイクル段階を通しての向上）
5. ノーマルな個人の尊厳と自己決定権（自由と希望をもち，周囲もそれを認め応援する）
6. 異性との生活（結婚を含む異性との関係の発達）
7. ノーマルな生活水準（公平な賃金の保障，平均的な経済水準の保障）
8. ノーマルな環境水準（その地域におけるノーマルな環境形態と水準の保障）

出所：ニィリエ，2004より筆者作成。

に対する医療・保健・福祉施策は，ノーマライゼーション理念のもと「精神障害者に配慮した精神医療の確保」と「精神障害者の社会復帰の促進，自立と社会経済活動への参加の促進」という2つのテーマを中心に，入院患者の処遇の改善，地域で生活する精神障害者の支援など積極的に進められている。また，障害者の社会参加を推進するため，情報伝達手段の確保（手話・点訳に従事する奉仕員の養成・派遣等）を行っている。また，全国障害者スポーツ大会の開催等にも取り組んでいる。しかし，在宅の障害者やその家族に対して十分な福祉サービスは行われているのか，障害者の社会生活力を高める支援は進んでいるのか等，ノーマライゼーション推進のための取り組みを後退させることのないよう，地域においての支援体制の見直しは引き続き行わなければならない。

2　障害者福祉の基本理念

障害者を取り巻く4つの障壁

障害者を取り巻く環境の中には4つの障壁があげられている（表2-2）。物理的な障壁とは，高さ，長さ，重さ，時間といったものが行く手を阻むことであり，制度的な障壁とは，本人の意思や能力に関係なく一律に制限を受けることである。また，文化・情報面の障壁とは，見る，聞く，話す，嗅ぐ，味わう，触れる等が困難なため情報を取り入れることが困難なこと，意識上の障壁とは，心理的障壁とも呼ばれ，偏見，あきらめ，憐憫の感情で見られること等である。

表2-2　障害者を取り巻く環境の4つの障壁

1. 物理的な障壁（交通機関，建築物等）
2. 制度的な障壁（資格制限等）
3. 文化・情報面の障壁（点字や手話サービスの欠如等）
4. 意識上の障壁（障害者を庇護されるべき存在として捉える等）

出所：総理府，2001より筆者作成。

この4種類の障壁という観点から，様々な現象を想像してどこが障壁なのか，そしてその障壁をどのように解消するのかを考えることが障害者福祉を考える上での第一歩といえる。そして，単純に今ある障壁を取り除くだけでなく，その背景に何があるのかを思考し実行することで壁は少しずつでも取り除かれていくと考えられる。

バリアフリーのまちづくり

バリアフリーの理念とは，障害のある人が安全かつ快適に生活できる社会の構築を目指すことである。障害のある人が地域の中で生活していく際に，今ある障壁（バリア）をなくしていこうという考え方である。バリアフリーの側面には，建物等の段差の解消など施設面の障壁を解消するハード面と，意識上の障壁（心理的障壁）を解消しようというソフト面がある。日本においては，1993（平成5）年の「福祉用具の研究開発及び普及の促進に関する法律」，1994（平成6）年の「高齢者，障害者等が円滑に利用できる特定建築物の建築の促進に関する法律」（略：ハートビル法），2000（平成12）年の「高齢者，身体障害者等の公共交通機関を利用した移動の円滑化の促進に関する法律」（略：交通バリアフリー法）が成立し，まち全体のバリアフリー化に注目が集まった。その後，2006（平成18）年にはハートビル法と交通バリアフリー法を統合・拡充した「高齢者・障害者等の移動等の促進に関する法律」（略：バリアフリー新法）が施行された。さらに，高齢者・障害者等の「移動等円滑化の促進に関する基本方針」において新たな目標値が設定され，全国で目標達成に向けた取り組みが進められることとなった。

また，2002（平成14）年には「身体障害者補助犬法」が公布され，ホテル，デパート等では補助犬を同伴して利用できるようになった。そして，2007（平成19）年には，都道府県・政令市・中核市での補助犬使用者や受け入れ側施設からの苦情や相談を受ける「相談窓口の設置」，一定規模以上の民間企業は，勤務する身体障害者が補助犬を使用することを拒んではならないとする「事業所又は，事業所における身体障害者補助犬の使用の義務化」などの身体障害者補助犬法の一部改正が行われた。

ユニバーサルデザイン

ユニバーサルデザインとは，バリアフリーに対して最初から障壁（バリア）をつくらないことに重点が置かれ，アメリカの設計者である R. L. メイスは，「あらゆる建築物や製品は設計の当初から誰でも利用できるように最大限の努力をはらって設計すべきである」と述べている。メイスは，設備や道路，建物等に最初バリアのあるものがつくられ，それを後から障害のある人のために取り除くということは，「障害のある人のために」という特別扱いや区別をすることにもつながる。それなら初めから全ての人を対象としたものを設計すればよい，と考えたのである。そして，「ユニバーサルデザインの７原則」を提案した（表2-3）。

日本においては，2004（平成16）年に「バリアフリー化推進要綱」が策定され，生活環境，教育・文化，雇用・就業，製品，情報等の各分野でバリアフリーへの取り組みが実施されてきた。そして現在，物理的な障壁のみならず社会的，制度的，心理的なすべての障壁に対処するという考え方（バリアフリー）とともに，施設や製品等については新しいバリアが生じないよう誰にとっても利用しやすくデザインするという考え方（ユニバーサルデザイン）が必要であるとの基本方針が立てられている。そこで，この両方に基づく取り組みを併せたバリアフリー・ユニバーサルデザインの推進が行われている。そんな中，2020（令和２）年東京オリンピック・パラリンピック競技大会を契機として，世界に誇れる水準でユニバーサルデザイン化された公共施設・交通インフラを整備するとともに，「心のバリアフリー」を推進する「ユニバーサルデザイン2020行動計画」が首相官邸より出された。今後，取り組みが継続的に進められていくことによって，バリアフリーやユニバーサルデザインが当然のこととして理解され共生社会の実現が図られることが期待される。

表２－３　メイスによる「ユニバーサルデザインの７原則」

1. 利用の公平性：公平性とは，使う人が誰であろうと公平に操作できること
2. 利用する場合の柔軟性：いろいろな人の好みや能力に適応すること
3. 簡単で直観的な使用方法：経験，知識，言語，技能等によらず，使い方がすぐに理解できること
4. 明確さ：周囲の環境や使用者の感覚能力にかかわらず，必要な情報がわかりやすく伝わること
5. 誤りに対する寛容性：使用するときに安全，安心であり，誤りによって危険や不都合が起きないようにすること
6. 身体的負担の軽減：効率的で快適に，また身体的な負担が少なく使用できること
7. 空間性：使いやすい大きさと十分な使用空間があること

出所：JITSUKEN 内閣府認証特定非営利活動法人実利用者研究機構（http://jitsuken.com/）より筆者作成。

アクセシビリティ

アクセシビリティとは，近づきやすさ，利用しやすさなどの意味をもつ英単語で，年齢や身体障害の有無に関係なく，誰でも必要とする情報に簡単にたどり着け，利用できることをいう。

ICT（情報通信技術）は，現代の社会に大きな変革をもたらすとともに，私たちの生活に様々な恩恵をもたらしている。ICT とは通信技術を活用したコミュニケーションのことを指し，インターネットのような通信技術を利用した産業やサービスの総称である。教育分野においても電子黒板やタブレット端末，デジタル教科書の使用等が進められている。しかし，現状では高齢者・障害者等の中には，ICT の恩恵を十分に受けられない人々がいることも事実である。よって，厚生労働省では，使用文字，色形，文字拡大，音声読み上げ，操作性について等の整備を進め，アクセシビリティの向上に努めている。また，総務省においても情報のバリアフリー環境の整備として，利用環境のユニバーサルデザインの確保（情報アクセシビリティの確保，視聴覚障害者向け放送の普及，アクセシビリティ対応電子辞書の普及促進）と，個別ニーズへの支援，情報リテラシーの確保（高齢者・障害者の利用しやすい機器等の研究開発への支援，高齢者・障害者利用 ICT 活用支援）も推進している。

3 障害の概念と分類

障害の概念

国連において1960年代後半より「障害」に関する議論がなされるようになり，それまでは，その国ごとの見識に任せていた障害者の問題を整理する動きが活発化していく。そして，あらゆる障害を包括する一般的な障害の概念について，1980年，WHO（世界保健機関）が，障害を３つのレベル（階層）に分けることで新たに「ICIDH（国際障害分類）」を定義した。この３つのレベルとは，①impairment（機能・形態障害），②disability（能力障害），③handicap（社会的不利）である。これは，疾患が生じて機能障害となり，それがもとになって能力障害が発生し，さらに社会的不利がもたらされることを示している（図２-１）。

ICIDH においては，「障害」に関して３つのレベルがあるということを打ち出し，レベル分けをしたことの功績は大きい。しかし，この国際障害分類については，成立直後から環境の位置づけが不明確であるとの指摘がなされており，機能障害，能力障害，社会的不利は直線的ではなく環境と双方向に影響し合うものであるとの考え方から，改定作業が進められていった。そして，ICIDH の全面的な改定作業が行われ，2001年５月，WHO 総会で「国際障害分類改定版」（International Classification of Functioning, Disability and Health, ICF）が採択された。この ICF（国際生活機能分類）では，障害は特定の個人に帰属するものではなく社会環境によってつくり出される機能状態であり，ノーマライゼーション社会へと進めていくためには環境の整備を図る必要があることが重要視されることとなった。

障害の分類

人間が受ける障害には，多種多様なものが存在する。そして，それらの分類

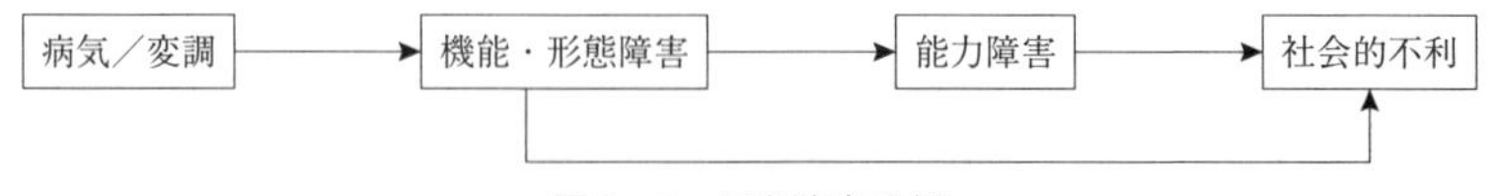

図２-１　国際障害分類

出所：ICIDH: International Classification of Impairments, Disabilities, and Handicaps (1980).

表２－４　各要素の定義

心身機能	身体系の生理的機能（心理的機能を含む）
身体構造	器官，肢体とその構成部分などの，身体の解剖学的部分
活　　動	課題や行為の個人による遂行
参　　加	生活・人生場面への関わり
環境因子	人々が生活し，人生を送っている物的・社会的・態度的環境
個人因子	個人の人生や生活の特別な背景

の仕方は医療・福祉・教育などの学問や制度，施策の違いに伴って異なったものとなる。このように障害の分類に多様性はあるが，WHO は1980年に示された ICIDH から2001年に採択された ICF へと移行していく。これまでの個人の身体の障害によって生活機能を分類するという考え方から，「身体機能・構造（body functions & structures）」「活動（activities）」「参加（participation）」の３つのレベルという機能性によって分類するようになった。そこに「環境因子（environmental factors）」「個人因子（personal factors）」「健康因子（health condition）」が加えられ分類が構成されている（第１章図１－１参照）。

これは，人間の生活機能と障害に関する状況を記述することを目的とした分類であり，心身機能，身体構造，活動と参加，環境因子と個人因子には合計1424の分類項目が示されている。各要素の定義を表２－４に示す。

ICIDH との比較を通した ICF の視点からの児童理解と支援の例

〈運動麻痺がある女子児童（Aさん，小学４年生）〉

- 内向的な性格であり，自分から話すことはほとんどない。
- 脳性麻痺の診断を受けており，下肢に運動麻痺がある。
- 移動は，ほとんどが車いすである。
- 最も近いスーパーは，家から70mほどで緩やかな坂を登ったところにある。
- スーパーに買い物に行きたい気持ちはあるが，Aさん自身の心理的な抵抗があり行くことができない。
- 同居している祖父母が近所の目を気にする。
- 車いすの性能が良くない。

ICIDH の理解である場合，Aさんは病気のため下肢に麻痺があることに

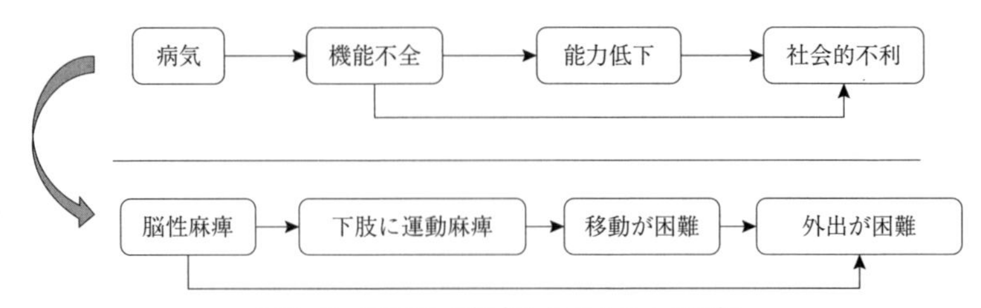

図２－２　ICIDH の視点からのＡさんの理解
出所：文部科学省独立行政法人国立特殊教育総合研究，2006を筆者一部改変。

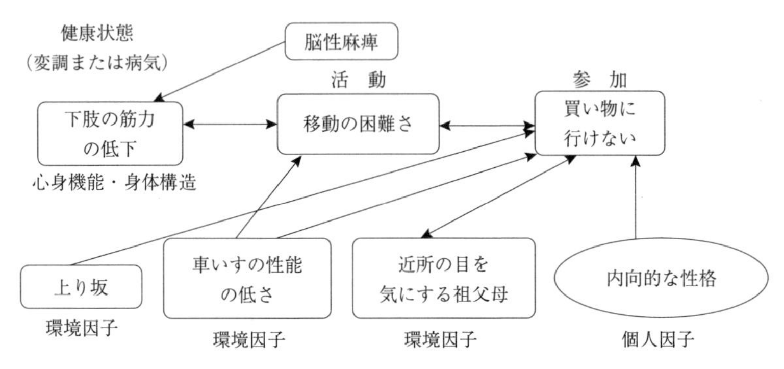

図２－３　ICF の視点からのＡさんの理解
出所：文部科学省独立行政法人国立特殊教育総合研究，2006を筆者一部改変。

よって移動が困難なため外出ができないという理解の仕方となる（図２－２）。

しかし，ICF の視点からＡさんを理解すると，心身機能，活動，参加に加えて周辺の環境因子の視点を取り入れることとなる。それは，家の近くの登り坂であったり，車いすの性能であったりする。そしてそこに，Ａさんの個人因子である性格等の視点が加わる（図２－３）。

次に，ICF の視点からＡさんの支援と指導を考えた場合，まず脳性麻痺には医師の支援が必要となる。下肢の運動麻痺には，PT（理学療法士）の訓練が必要となる。そして，移動の困難さには，家族，PT，教員，友人等の支援が考えられる。車いすの性能の改善には，PT や役所の担当者が，そして，Ａさんの内向的な性格に対しては，家族や近隣の人の協力的かつ支持的な態度が必要となる（図２－４）。このように，ICIDH から ICF への障害に対する理解の変化は，障害のある人にとって大きな変化となっているのである。ICF の特

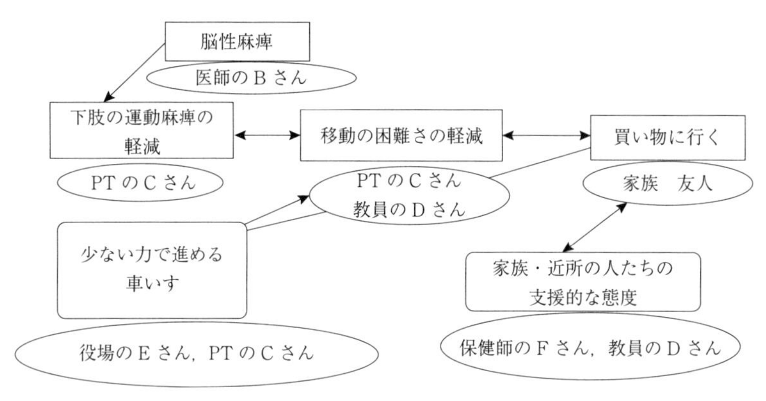

図２－４　ICF の視点からのＡさんの支援と指導
出所：文部科学省独立行政法人国立特殊教育総合研究，2006を筆者一部改変。

徴は，環境因子や個人因子等の視点を取り入れている，構成要素間の相互作用を重視している，「参加」を重視している，診断名等ではなく生活の中での困難さに焦点を当てる視点をもっている，の４つである。

医学モデルと社会モデル

障害と生活機能の理解と説明のために，様々な概念モデルが提案されてきた。それらは，「医学モデル」と「社会モデル」と呼ばれる。「医学モデル」とは，障害という現象を個人の問題として捉え，個人の疾病，疾患そのものに焦点を当て，専門職による個別的な治療というかたちで医療を必要とするものとみる。一方「社会モデル」とは，障害を主として社会の中でつくられた問題とみなし，障害は個人に帰属するものではなく諸症状の集合体でありその多くが社会の環境によってつくり出されたものであるとする。ICF は，これら２つのモデルを合わせたものであり「統合モデル」「生物・心理・社会モデル」とされている。

4　障害のある子どもの保育・教育形態

分離保育

分離保育とは，障害のある子どものみを対象とする保育の形態である。分離保育の場としては，特別支援学校幼稚部や，知的障害児通園施設，肢体不自由児施設，盲ろうあ児施設等がある。分離保育のメリットは，障害のある子どもの保育や教育を行う専門の職員が配置され，施設・設備・教材・教具などが準備されていることによって障害のある子ども一人ひとりの特性や発達に応じて支援・援助ができるという点があげられる。特に障害の重い子どもにとっては，専門機関との連携もスムーズに行われ総合的に指導や訓練を受けられることから意義が大きいといえる。

一方問題点として，子どもは子ども同士の関わりの中で刺激を受けながら社会性を獲得するなど成長を促される面をもつため，分離保育では子ども同士の関係が希薄となり受ける刺激も少なくなると考えられる。また，分離保育を行う専門の施設は数が多いとはいえず，日々の通園が遠距離になることで身体や精神面に困難を抱える子どもと保護者にとって負担が大きくなることも考えられる。

統合保育

統合保育は，一般の保育所・幼稚園で行われる保育であり，障害のない子どもと一緒に日々の活動が行われる。これは，ノーマライゼーションの思想のもとで，今日広がっている保育形態である。

子どもは，年長者に憧れたり模倣をすることで成長が促進されたり，友達との様々な関わりや触れ合いの中で成長していく。周囲の子どもとの交流を通して生活経験も増加し，保護者にとっても周りの保護者との関係の中で，また子ども同士の関わりを通して学ぶことは多い。そして，障害のない子どもたちにとっても，障害のある子どもたちと日々過ごすことによって生活経験が広がる。通園地域も，分離保育が比較的遠隔地となることに比べて比較的近隣の地域に通うことができ，自分たちの生活する地域の中で園生活を送ることができる。これにより，保育所・幼稚園から帰った後の交流も生まれやすくなる。

しかし，障害の種類や程度によって援助や配慮にはきわめて高い個別性が必要となる。したがって，保育者の障害に対する知識や専門性が不十分な場合には，障害のある子どもに対する援助が不適切となりうる可能性もある。障害のある子どもに対する配慮が不十分な場合には，保育の場を混乱させることも考えられる。身体障害児などに関しては，施設設備が整っていない場合も多く，障害児や保育士等，支援員，介助員等の負担が重くなる。

また，集団生活に不適応を起こす子どもには統合保育は困難であるとも考えられるため，統合保育は通園と集団生活が可能な比較的軽度の子どもに限定されてしまう。したがって障害の重度な子どもが統合保育の場から排除されてしまうことも考えられる。

インクルーシブ保育・教育

インクルージョンは，1980年代以降になってアメリカで障害児教育の分野で注目された概念である。インテグレーションが障害のない子どもと障害のある子どもの保育・教育を分離することを前提とした上で交流や統合を目指しているのに対して，インクルージョンは「包み込む」「包括する」の意味で用いられる。つまり，障害の有無や能力にかかわらず，すべての子どもが地域社会の中での保育・教育の場において完全統合されるというものである。多様なサポートと特別なケアを要する子どもにも，個々に必要な環境が整備され支援を保障された上で行われる「包み込まれる」保育・教育といえる。

このインクルージョンの概念を国際的に広めたのは，1994年6月にユネスコとスペイン政府による「特別なニーズ教育に関する世界会議」において採択された「サラマンカ宣言」である。身体的，知的，社会的な条件などにかかわらず，すべての子どもたちは，通常の学校において一人ひとりに応じたサポートを受けることとされた。

日本においても，保育所，幼稚園での障害児の受け入れの拡大，保育所保育指針，幼稚園教育要領の改定（訂），「特殊教育」から「特別支援教育」への移行など，障害児保育・教育のあり方は見直され，インクルーシブ保育・教育に向け進められている傾向ではある。しかし，現実的にインクルーシブ保育・教育が実践されているとはいい難い状況にある。

社会全体としてインクルージョンという考え方が新しいものであることからも，日本においてインクルーシブ社会の実現への道のりは決して平坦であるとはいえないと考えられる。しかし，障害のある子どもと障害のない子どもが共に生活しながら，今後すべての子どもに豊かで質の高い保育・教育が展開されインクルージョンが広がっていくことを期待したい。

参考文献

井村圭壮・今井慶宗編（2016）『障がい児保育の基本と課題』学文社。
厚生労働省監修（2017）『平成29年版厚生労働白書』ぎょうせい。
後藤卓郎編（2012）『新選社会福祉』みらい。
小林重雄監修（2012）『自閉症教育用語辞典』学苑社。
世界保健機関（WHO）（2002）『国際生活機能分類――国際障害分類改定版』中央法規出版。
総理府（2001）「障害者白書のあらまし――バリアフリー社会を実現するもの作り」。
内閣府監修（2008）「バリアフリー・ユニバーサルデザイン推進要綱」。
ニィリエ，ベンクト／河東田博訳（2004）『ノーマライゼーションの原理――普遍化社会変革を求めて』現代書館。
文部科学省学校基本調査（2015）「発達障害の子どもへの教育など特別支援教育について・現状・現行の取り組み・今後の取り組み参考資料１」。
文部科学省独立行政法人国立特殊教育総合研究所（2006）「ICF の視点からの幼児児童生徒理解と支援の例――ICIDH との比較を通して」。

読者のための参考図書

上田敏（2005）『ICF（国際生活機能分類）の理解と活用――人が「生きること」「生きることの困難（障害）」をどうとらえるか』きょうされん。
　――ICF の概要がわかりやすく，かつ読みやすくまとめられている。ICF の入門書となる良書である。
独立行政法人国立特殊教育総合研究所・世界保健機関（WHO）編著（2005）『ICF（国際生活機能分類）活用の試み』ジアース教育新社。
　――ICF の理念が社会に広がりつつある中で，個別の教育支援教育に ICF を活用する等，新しい活用方法が提案されている。実践で役立つ良書となっている。
柏倉秀克（2017）『障害者総合支援法のすべて』ナツメ社。
　――2018（平成30）年４月施行の障害者総合支援法改正の主なポイントが説明されており，内容も項目ごとに分けられていて読みやすい一冊である。

第3章

障害児に対する保育・福祉・教育の歴史的変遷

障害児に対する保育・福祉・教育は，明治初期以降，その教育や療育のあり方を模索してきた先駆者の活動などによって発展した経緯がある。また，第二次世界大戦後に行われた福祉や教育の法制度の整備，障害に関する国際的概念の導入は障害児を取り巻く環境に大きな変革をもたらした。

本章では，保育・福祉・教育の分野において歴史的に注目すべき事柄を取り上げ，その変遷をたどっていく。歴史を通して，先駆者たちが当時の社会情勢の影響を受けながらも試行錯誤を繰り返し，積み上げてきた実践や，障害児に関する法制度改革の経緯を学ぶことは，今後の障害児教育や療育を考える上で意義のあることであろう。

1 障害児教育の歴史と変遷

障害児教育のはじまり

障害児教育は，明治時代以前から始まっていたとされているが、それは視覚に障害がある人の職業教育を中心としたものであった。明治時代に入り盲学校教育が学校としての教育と位置づけられてからも，職業教育的な特徴は継承された。また明治初期に欧米の障害児教育が日本に紹介されるようになり，視覚障害児や聴覚障害児は学校教育の対象とされた。

日本で最初の障害児学校は，1878（明治11）年に開設された京都盲唖院とされる（翌年には京都府盲唖院と改称）。京都府盲唖院は職業教育を中心とし，一時は順調に生徒数を増やしていったが，当時の地方財政の悪化による公的補助の打ち切りなどから経営困難となり，1899（明治22）年に規模を縮小して京都市に移管された。一方，知的障害児や肢体不自由児に対する教育はほとんど行われておらず，1880（明治23）年に設置された長野県松本尋常小学校落第生学級（1894〔明治27〕年廃止）が知的障害児に対する小学校教育のはじまりとされている。

昭和に入ると，恩賜財団愛育会が1938（昭和13）年に設立した愛育研究所で知的障害幼児教育が始まった。当時，この研究所には保健部と教養部があり，第1研究室を教養部とし主として精神発達に関する研究が行われ，保健部として第2研究室では異常児[1]に関する研究が，そして第3研究室では保育に関する研究が行われていた。その中で第2研究室は三木安正が中心となり障害児保育の研究と実践が行われ，「異常児保育室」と称されていた。

異常児保育室は1938（昭和13）年から1944（昭和19）年までのおよそ6年間運営され，そこでは子どもの実情を加味した個別指導が行われており，個別指導を通して障害の実態把握と個々の状況に対応した保育が行われた。戦争の激化により研究は中断されたが，戦後に特別保育室として再開し，のちに愛育養護学校となる。愛育養護学校は1955（昭和30）年6月に学校教育法の養護学校として認可された。

教育の義務制と就学猶予・免除

日本に学校の就学猶予・免除制度が導入されたのは明治時代からである。この制度により障害児は義務教育から合法的に対象外とされていくこととなる。

1886（明治19）年に第一次小学校令において疾病や家計困窮，そのほかのやむを得ない事故などを事由とした就学義務の猶予が規定された。1890（明治23）年の第二次小学校令では就学義務の猶予に加え免除が規定され，そして1900（明治33）年の第三次小学校令において，就学義務の猶予は「病弱または発育不全」等も対象とされ，免除には「重度の知的障害または重度障害」を対象とすると規定された。このことにより障害の重い知的障害児，肢体障害児，重複障害児などは義務教育の対象から外され，病弱・虚弱児は就学の猶予の対象とされるようになる。

ただし，盲唖学校については第二次小学校令において「小学校に類する各種学校」として設置が認められていた。

第二次世界大戦後，障害児教育の教育義務制が進められていくことになるが，1948（昭和23）年の時点では「中学校の就学義務並びに盲学校及び聾学校の就学義務及び設置義務に関する政令」が公布され，盲・聾学校の義務制が実施されたにとどまり，養護学校の義務制は含まれていなかった。その後，一般の小中学校より1年遅れて1953（昭和28）年7月に文部省（現・文部科学省）中央教育審議会の「義務教育に関する答申」において「盲，ろう，精神薄弱，し体不自由，身体虚弱な者等のための特殊教育を一段と振興することが望ましい」とされた。翌1954（昭和29）年12月の中央教育審議会では「特殊教育ならびにへき地教育振興に関する答申」において，視覚障害児・聴覚障害児以外の障害児への教育の具体的な施策がほとんど講じられていない状態が指摘され，視覚障害児・聴覚障害児以外の教育として養護学校の義務制を前提とする設置を推進することを勧告した。さらに1956（昭和31）年には「公立養護学校整備特別措置法[(2)]」（現在は廃止）が公布され，それまで設置が義務化されていなかった養護学校を設置すれば，義務教育学校と同様の国からの補助を受けることできるようになった。

その一方で1953（昭和28）年6月に文部省初等中等教育局長から「教育上特別な取扱を要する児童・生徒の判別基準について」が通知された。これにより障害児教育における就学基準が設けられ，1962（昭和37）年10月には文部省初等中等教育局長通達第380号として「学校教育法および同法施行令の一部改正に伴う教育上特別な取り扱いを要する児童・生徒の教育的措置について」が出された。これにより教育を受けることが可能とされた障害児は，盲・ろう・養護学校での特殊教育を受けることとなる。この通達は1978（昭和53）年までの就学措置の法的基準となるが，同年には障害児に対する就学猶予・免除が廃止となり，重度・重複障害児も就学できるようになった。そして翌1979（昭和54）年にようやく養護学校の義務制が施行された。

特殊教育から特別支援教育へ

戦後の日本の障害者教育の基盤となった特殊教育は，盲・ろう・養護学校など障害の種類や程度に応じて教育の場を整備することにより，それぞれの障害の状況を考慮した教育を効果的に行うとするものであった。

学校以外の教育の場としては，通学が困難な場合には教員が障害児の自宅などにおいて必要な指導を行う訪問教育や，小中学校等に就学して教育を受ける障害児に対しては障害の状況に応じた適切な教育を行うための特殊学級の設置，または通常の学級に在籍し，ほとんどの授業を通常の学級で受けながら，一部については特別指導を受ける追級指導教室の制度化も図られた。このことにより，障害の状態によって就学の猶予または免除を受けることを余儀なくされている障害児に対して教育の機会の確保が進められた。

しかし，特殊教育を実施していく中で，様々な課題も浮き彫りになり始めた。まず盲・ろう・養護学校に在籍する児童生徒は障害が重複している場合も少なくなかった。また肢体不自由の養護施設は医療的ケアが必要な児童生徒が増加傾向にあり，知的障害の養護学校には自閉症の児童生徒も多く在籍していた。さらに（限局性）学習症（LD），注意欠如／多動症（ADHD），高機能自閉症の児童生徒など，それぞれの障害の状況に応じた適切な指導体制の確立が課題となった。

このような障害や支援の多様化を受け，2003（平成15）年3月に文部科学省から「今後の特別支援教育の在り方について（最終報告）」が出され，2004（平成16）年には中央教育審議会で特別支援教育を推進していくための制度のあり方が検討された。これにより障害の種類や程度によって教育の場を分けていた特殊教育に代わって，一人ひとりの教育的ニーズに応じて適切な教育的支援を行う特別支援教育が行われることとなった。特別支援教育では，児童生徒一人ひとりのニーズを把握し，関係機関などの連携による適切な教育的支援を効果的に行うための個別の教育支援計画の策定を重視するとしている。

「特別支援教育を推進するための制度の在り方について（答申）」の提言を踏まえ，2006（平成18）年6月には「学校教育法等の一部を改正する法律」が成立し，2007（平成19）年4月より施行された。この学校教育法等改正により，それまで障害の種類や程度別の教育とされていた盲・ろう・養護学校の体制から，障害児一人ひとりの教育的ニーズに応じることを重視し，複数の障害を教育の対象とする特別支援学校への転換が図られた。

2　障害児保育の歴史と変遷

障害児保育のはじまり

障害のある幼児に対して保育の場が提供されたのは，1916（大正5）年に京都市立盲唖院の聾唖部に設置された幼稚科が最初とされている。その後，1926（大正15）年に聴覚障害幼児のための幼稚園として，京都聾口話幼稚園が創設された。さらに1927（昭和2）年には東京盲学校に幼稚園（初等部予科）が設置された。ただし，盲・ろう・養護学校に幼稚園の設置が法的に認められたのは，第二次世界大戦後の1947（昭和22）年に制定された「学校教育法」によってである。

またこの頃，対象となったのは視覚障害や聴覚・言語障害のある幼児であり，知的障害や肢体不自由のある幼児を対象とした保育は行われておらず，在宅生活を送るか，福祉機関における療育が中心であった。

戦後の障害児保育

第二次世界大戦後に成立した児童福祉法によって設置された保育施設には，保育所・乳児院・母子寮・精神薄弱児施設・療護施設などがある。そのうち，障害児に関わる施設は精神障害児施設・療育施設などに限られていた。

障害児の保育施設への受け入れが進まない中，知的障害児施設「白川学園」において1945（昭和20）年に学園の一角に託児所が整備される。この託児所がのちに「鷹ヶ峰保育園」となり，1951（昭和26）年からは試行的にではあるが発達に遅れのみられる幼児を受け入れた。1954（昭和29）年には全国で初めての発達に遅れのみられる幼児のための特別保育級が設置され，鷹ヶ峰保育園の定員50名のうち30名があてられた。その後，1955（昭和30）年に京都市の協力を受け，特別保育級は「ひなどり」として開所されることとなり，1960（昭和35）年には通所施設「ひなどり学園」となり鷹ヶ峰保育園は廃止された。

またこの頃になると障害児の「親の会」が設立されるようになる。障害児や家族が置かれている状況を社会に訴えるなどのはたらきかけが行われたことによって，1957（昭和32）年に精神薄弱児通園施設が制度化された。ただし受け入れる子どもの年齢制限があり，満6歳以上の子どもが対象であった。

当時，障害児に対する保育施策が進まなかった要因には障害児の就学前教育や療育は親や家族の責務であり，家庭の中で育てるべきであるという考え方が根強かったことがあるとされる。

障害児保育制度の成立

障害児保育は，保育所での障害児受け入れを制度化していく中で進められていった。1951（昭和26）年の児童福祉法の改正では，保育所は「保育に欠ける」とみなされる子どもの受け入れを行うことが明確化された。1963（昭和38）年には中央児童福祉審議会に設置された保育制度特別部会の「保育問題をこう考える（中間報告）」において，「保育に欠ける」の解釈を父母の欠損，父母の労働，父母の同居親族の病気や心身障害，父母の人格的欠陥，保護者以外の家庭状況，地域状況，さらに子ども自身の心身障害による場合をみなすとした[(3)]。

1973（昭和48）年の中央児童福祉審議会の「当面推進すべき児童福祉対策について（中間答申）」では，障害児の早期発見・早期指導の施策の向上や障害の種類と程度によっては障害児を一般児童から隔離せず共に保育し障害児の発達を促すこととし，統合保育の必要性を提言した。翌1974（昭和49）年には厚生省（現・厚生労働省）が通知した「障害児保育事業実施要綱」により，障害の程度が軽度の場合でおおむね4歳以上に対し指定された保育所での障害児の受け入れが行われた（1998〔平成10〕年3月に廃止）。

しかしこの段階では，まだ障害の程度，受け入れ年齢の制限などが厳しかったこともあり，1978（昭和53）年に，新たに「保育所における障害児の受け入れについて」を通知した。この通知により年齢制限は撤廃され，障害の程度も中程度までとし，指定された保育所以外の保育所にも受け入れ対象が広がり，より多くの障害児が利用できるようになった。

その後，保育所における障害児保育は1998（平成10）年から特別保育事業の一環として，障害児保育事業として実施されることになった（これに伴い「保育所における障害児の受け入れについて」は同年3月に廃止）。しかしこの「特別保育事業」は2005（平成17）年に「保育対策等推進事業」と名称が改められるとともに事業内容が大幅に変更され，核家族化や保護者の就労形態の多様化などにより生じる保育のニーズに対応することが目的とされた。そのため障害児保育は市町村単独事業として進められることとなり，市町村の財政状況や障害児保育に対する考え方などが大きく影響することとなった。

3　障害児福祉の歴史と変遷

障害児福祉のはじまり

日本で最初の知的障害児施設は，1891（明治24）年に石井亮一が創設した滝乃川学園（当初，孤女学院）である。当時，障害児に対する教育は視覚障害や聴覚・言語障害児が中心であり，知的障害児は教育の対象とされにくかった。そのため知的障害児は，石井ら篤志家や宗教家によって私的に設立された福祉施設において教育を受けることになっていく。

石井はもともと教育者であり，当時，災害により身寄りのない女児の人身売買の状況を知り，孤女のための教育施設として「孤女学園」を設立した。女児への教育を実践する中で，石井は入所した女児の中に知的障害児がいることに気づき，その女児のための特別な教育を始めたことが日本初の知的障害児施設へとつながっている。

1909（明治42）年には，特殊学校の設立への機運が高まっていた京都府に，京都府教育会付属事業として脇田良吉が「白川学園」を設置した。もともと小学校教師であった脇田は，進級できない子どもの中には特別な学校が必要である者がいるとの考えをもっていた。1916（大正５）年に脇田と同じく小学校教師の経歴をもつ岩崎佐一が，「桃花塾」を設立した。1919（大正８）年に宗教家であった川田貞治郎らが「藤倉学園」を設立し，1923（大正12）年には岡野豊四郎が「筑波学園」を設立している。

このように明治期から大正期にかけて，５つの知的障害児施設が設立されている。これらの施設に共通することは，設立者が知的障害児への教育の必要性を認識していたことである。福祉施設とされる知的障害児施設は，教育の場としての民間の施設事業から始まったのである。

戦後の障害児福祉

戦後，社会福祉事業法（1951〔昭和26〕年）の制定以後，障害児・者施設は障害の種類や施設の機能によって分けられていく[4]。しかし重度障害児を対象とした施設は設置されず，親が家で療育を担っていた。小林提樹はそのような重度障害児やその親のために国に働きかけ，重症心身障害児の施設の実現に取り組み，重症心身障害児施設として1961（昭和36）年に日本で初めて認可された「島田療育園」（現・島田療育センター）を設立した。1963（昭和38）年には日本で２番目の重症心身障害児施設として，糸賀一雄により「びわこ学園」が設立された。びわこ学園の前身となる「近江学園」は，1946（昭和21）年に戦災孤児などの何らかの理由で親の養育を受けられない子どもたちのための児童養護施設と知的障害児施設として開設している。

またびわこ学園の創設者の糸賀は，重い障害があってもありのままに生きることが光であるとして，「この子らを世の光に」を提唱した。

福祉施設の増設期

障害児の保育・福祉・教育に共通する問題として，重度障害児への支援を後回しにしてきたという歴史がある。1970年代に入り福祉の法制度が整えられていく中にあっても，在宅生活を送る重度障害児とその親は十分な公的な支援が受けられない状態が続いた。当時，自宅での療育の負担に耐え切れず，親子心中や障害児殺しなどが頻発していた。しかしその頃の政府は在宅福祉の基盤づくりではなく福祉施設の増設に力を注ぎ，1970（昭和45）年に制定された「社会福祉施設緊急整備５か年計画」により施設の大規模な増設を行っている。

同年には「心身障害者対策基本法」が制定され，重度障害者について「自立することの著しく困難な者」であり，「終生にわたり必要な保護を行う」対象としている。

しかし，当時は重症心身障害児・者の施設がきわめて少なく，その上，職員不足の問題を抱えていた。そこですでに欧米で実践されていた「コロニー」の導入が検討されることになり，1965（昭和40）年に厚生大臣の諮問機関として「心身障害者の村（コロニー）懇談会」が設置された。同年12月にまとめられたコロニー懇談会の「心身障害者のためのコロニー設置についての意見（答申）」

において，コロニーの機能は「基本的には一つの生活共同体」であり，また「障害の程度が重いため長期間医療または介護を必要とする者や，一般社会への復帰は困難であるが，ある程度の作業能力を期待できるものを，健康な人々（職員，ボランティア等）とともに一定の地域内に収容し，または居住させて，保護，治療，訓練等を行うとともに，障害の程度に応じ生産活動と日常生活を営むようにする社会」とされた。そのため，日本のコロニーは重度障害者だけではなく，軽度の障害の場合も対象となり，子どもも成人も対象とした保護，治療，職業訓練などの総合施設が想定された。その後，コロニーは親なき後の入所施設として機能していくこととなる。

しかしこれらの動きに対しては，人里離れた施設で障害者が集団で生活するのは地域社会からの隔離ではないかという批判も出てきた。青い芝の会[(5)]は「重度障害者の問題」の解決方法として人里離れたところに施設をつくり，収容保護するという政策は健常者の考え方であり，障害者のためではないと指摘としている。

また，日本がコロニー政策に着手する頃には欧米諸国ではすでに大規模施設への隔離収容が問題視され，施設の解体が進んでいた。

一時は福祉政策として多額の資金を費やした日本のコロニー政策も脱施設化の流れを受け，徐々に入所受け入れを中止し，地域生活移行を進め入所者を減らしていくなど，コロニーの縮小・解体が進んでいった。

施設から地域生活へ

国連（国際連合）が1981（昭和56）年を「国際障害者年」とし，ノーマライゼーションの理念が広まる中，日本は在宅福祉政策の整備に力を注いでいく。1982（昭和57）年には「障害者対策に関する長期計画」が策定され，「施設利用サービス」については通所施設や生活施設等は障害者の身近に小規模のものを分散的に整備することとされた。これを受け，大規模施設は地域の中の小規模施設へと政策の転換が行われていった。

2002（平成14）年の障害者基本計画では，入所施設について地域の実情を踏まえて，真に必要なものに限定することが方針として掲げられた。その後，2012（平成24）年の児童福祉法の改正により，重複障害に対応するとともに，身近な地域で支援が受けられるよう障害児施設・事業の一元化が図られ，障害種別で分かれていた施設形態は通所・入所施設の利用形態別とされた。また，支援の対象を発達障害などの障害のある子どもや医療的ケア児などにも拡大している。

さらに今後は，家族支援の重視，地域社会への参加やインクルージョンの推進，そしてそれぞれの子どものライフステージに応じた切れ目のない支援のための医療，福祉，教育，就労支援などによる連携した支援体制の確立が求められている。

注

(1)　ここでの異常児とは主に知的障害児のことであり，当時は治療教育が必要であるとされていた。

(2)「公立養護学校整備特別措置法」は第１条（目的）で，「養護学校における義務教育のすみやかな実施を目標として公立の養護学校の設置を促進し，かつ，当該学校における教育の充実を図るため，当該学校の建物の建築，教職員の給料その他の給与等に要する経費についての国及び都道府県の費用負担その他必要な事項に関し特別の措置を定めることを目的とする」としている（現在は廃止）。

(3)　2015（平成27）年の児童福祉法の改正により保育所の定義が変更され，「保育に欠ける」という文言は削除され「保育を必要とする」とされた。

(4)　児童福祉法の制定時には「精神薄弱児施設」と「療育施設」の２種類であったが，1949（昭和24）年の改定により「療育施設」から「盲ろうあ児施設」が分離することになり，翌1950（昭和25）年には「虚弱児施設」と「肢体不自由児施設」が独立している。

(5)「青い芝の会」の正式名称は「日本脳性マヒ者協会　青い芝の会」である。1957（昭和32）年に東京都大田区の数名の脳性麻痺者の呼びかけで結成された。設立当初は未就学の脳性麻痺児のための塾活動や女性障害者の編み物教室，旅行やキャンプ，相談など脳性麻痺者の親睦と互助活動を中心としていた。

参考文献

石部元雄・上田征三・高橋実・柳本雄次編（2013）『よくわかる障害児教育（第３版）』ミネルヴァ書房。

遠藤浩（2014）「国立コロニー開設に至る道のり」独立行政法人国立重度知的障害者総合施設のぞみの園『国立のぞみの園　10周年記念紀要』１～24頁。

尾崎康子・小林真・水内豊和・阿部美穂子編（2018）『よくわかる障害児保育（第２版）』ミネルヴァ書房。

京極髙宣（2014）『障害福祉の父——糸賀一雄の思想と生涯』ミネルヴァ書房。
栗原泰子・野尻裕子編（2012）『保育士養成課程　障がい児保育』光生館。
障害者支援の在り方に関する検討会（2014）『今後の障害児支援の在り方について（報告書）「発達支援」が必要な子どもの支援はどうあるべきか』厚生労働省。
島崎春樹（2007）「障害者の村コロニーを観る　国立コロニーのぞみの園（群馬県高崎市）を訪ねて」『療育援助心身障害児（者）のためのボランティア活動』第396号，社会福祉法人あさみどり会，1～5頁。
杉本章（2008）『障害者はどう生きてきたか　戦前・戦後障害者運動史（増補改訂版）』現代書館，78～82頁。
高野聡子（2018）「精神薄弱幼児教育の着手　異常児保育室」中村満紀男編『日本障害児教育史　戦前編』明石書店，759～760頁。
中村満紀男（2003）「障害児教育の意義・本質と目標」中村満紀男・前川久男・四日市章編『理解と支援の障害児教育』コレール社，13～17頁。
中村満紀男編（2018）『日本障害児教育史　戦前編』明石書店。
平田勝政（2003）「日本編明治前期の障害児教育をめぐる二つの道」中村満紀男・荒川智編『障害児養育の歴史』明石書店，110～113頁。
堀智晴・橋本好市・直島正樹編（2014）『ソーシャルインクルージョンのための障害児保育』ミネルヴァ書房。
渡部信一・本郷一夫・無藤隆編（2009）『新保育ライブラリ保育の内容・方法を知る障害児保育』北大路書房。

読者のための参考図書

京極髙宣（2014）『障害福祉の父——糸賀一雄の思想と生涯』ミネルヴァ書房。
——2014（平成26）年は糸賀一雄生誕100年である。この本は糸賀一雄の生涯から福祉の先駆的実践を通して生まれた思想などが紹介されている。

中村満紀男・荒川智編（2003）『障害児養育の歴史』明石書店。
——日本だけでなく海外の障害児教育の歴史も貴重な資料とともに紹介されており，国内外を比較しながら障害児教育の発展を学ぶことができる。

第4章

障害児に対する福祉・教育・保育の法律と制度

本章では，障害児に対する福祉・教育・保育の法律と制度について最新の動向を中心に学習していくこととする。これまで日本では障害者に対する様々な取り組みが講じられてきたが，2006年の国際連合総会（以下，国連）において「障害者の権利に関する条約」（略：障害者権利条約）（Convention on the Rights of Persons with Disabilities）が採択されたことを契機に，日本の障害児・者法制は大きな転換を迫られることになった。

そこで以下では，まず障害者権利条約の理念と意義，国内の障害児・者法制にもたらしたインパクトを確認し，その上で，障害児に関係する各個別領域（福祉・教育・保育の諸分野）における法律と制度について学ぶことを通して，障害児法制の概要を理解するとともに，これからの障害児支援の方向性について考えてもらいたい。

1 障害者権利条約の理念と意義

障害者権利条約の採択から批准に至るまでの経緯

2006年12月，国連において障害者権利条約が採択された。これまで国連においては，1948年12月に採択された「世界人権宣言」をはじめ，様々な国際的な人権法が採択されてきた。しかしながら，国内外において障害児・者に関する法的拘束力を有する文書はなく，障害児・者を差別・排除する問題が絶えなかった。そうした中，本条約は，「私たちのことを私たち抜きに決めないで（Nothing about us without us）」を合言葉に世界中の障害当事者が参画しながら，障害児を含めた障害のある人々すべての人権と基本的自由を保障し，インクルーシブな社会を実現していくことを目指して策定・採択された。本条約は，21世紀最初の人権法であるとともに，世界中の障害者施策の改善・充実を図っていく上で大きな推進力になることが期待されている。

障害者権利条約が国連で採択されると日本は翌2007（平成19）年9月に署名した。しかしながら，国内の障害当事者等から，条約を実効あるものにするためにも，条約締結前に国内の関連法制度を整備しなければならないとの要請があった。要請を受けた政府は内閣に「障がい者制度改革推進本部」を設置し，「障がい者制度改革推進会議」を開催し，障害児・者に関わる全般的な法制度改革に取り組んだ。

その結果，2011（平成23）年に「障害者基本法」の改正，2013（平成25）年に，「障害者自立支援法」の廃止とそれに伴う「障害者の日常生活及び社会生活を総合的に支援するための法律」（略：障害者総合支援法）の制定，また同年に「障害を理由とする差別の解消の推進に関する法律」（略：障害者差別解消法）の制定や「障害者の雇用の促進等に関する法律」の改正が行われた。障害児施策に関わっては，2006（平成18）年に「教育基本法」の改正と「学校教育法」等の一部改正，2012（平成24）年には「児童福祉法」の改正や中央教育審議会（以下，中教審）による「インクルーシブ教育システム構築」に関する提題，さらには「子ども・子育て支援法」の制定がなされている。ひと通りの障害児・者に関わる法制度の整備・充実が図られた後，2014（平成26）年1月20日，日本は障害者権利条約の批准国（141番目の締約国）となった。

障害者権利条約の目的と意義

障害者権利条約は，その目的を締約国が「全ての障害者によるあらゆる人権及び基本的自由の完全かつ平等な享有を促進し，保護し，及び確保すること並びに障害者の固有の尊厳の尊重を促進すること」（第1条）としている。本条約全体を貫いているのが，「障害のない人との平等を実現すること」，そして「差別や偏見を取り除いていくこと」である。すなわち，「インクルージョン（inclusion）」（包摂する，包み込むの意）ないしは「インクルーシブな社会（inclusive society）」を基本的な理念としている。

その上で，本条約の意義は，①「合理的配慮」概念[(1)]の導入（第2条），②「障害児」の明確化（第7条）および「インクルーシブ教育」の原則化（第24条）である。本条約に照らして，①について，国内では2013（平成25）年に制定された障害者差別解消法（2016年〔平成28〕年4月1日より施行）の中に「合理的配慮」概念が導入された。そして②については，1989（平成元）年に採択された「児童の権利に関する条約」（略：子どもの権利条約）においてすでに明文化されており（第2条の「差別の禁止」と第23条の「心身の障害を有する児童に対する特別の養護及び援助」），日本は1994（平成6）年に同条約に批准している。しかしながらそれにもかかわらず，国内外において障害児の権利を十分に保障することができていない状況があった。そうした状況に鑑みて，子どもの権利条約を前提に，障害者権利条約の第7条において「障害のある児童」に対する権利保障の必要性について改めて明記したことは意義深い。

加えて，「教育」に関して，「完全なインクルージョン」が目標として掲げられたことも注目すべき点である。すなわち，障害者権利条約第24条において，締約国に対して，障害のある子どもが，可能な限り，他の子どもと同じ環境において教育を受けられるよう個々のニーズに応じて合理的配慮を提供することで保障することを求めているのである。

2　障害児施策に関する法律と制度

障害児・者施策の基本理念

2014（平成26）年1月，日本が障害者権利条約に批准したことから，本条約は国内法としての法的拘束力を有することとなった（日本国憲法第98条2）。本条約は，国内の障害児・者法制にどのような影響をもたらしたのか。

日本の障害者施策の中核に位置づけられているのは，障害者基本法（心身障害者対策基本法から改称）（1970〔昭和45〕年制定）である。この法律は障害児・者施策に関する日本の基本理念を示すものである。

そして同法第2条では，障害の定義について「身体障害，知的障害，精神障害（発達障害を含む。）その他の心身の機能の障害（以下「障害」と総称する。）がある者であつて，障害及び社会的障壁により継続的に日常生活又は社会生活に相当な制限を受ける状態にあるもの」としている。この4つの障害分類は，障害者総合支援法（第４条）と児童福祉法（第４条２）にも書かれており，日本の障害児・者福祉の枠組みとなっている。特に，「その他の心身の機能の障害」について，障害者総合支援法と児童福祉法では「治療方法が確立していない疾病その他の特殊の疾病であつて障害者の日常生活及び社会生活を総合的に支援するための法律第４条第１項の政令で定めるものによる障害の程度が同項の厚生労働大臣が定める程度である児童」とされており，難病等が含まれることが明記されている。

さらに障害者基本法第11条においては，「障害者の自立及び社会参加の支援等のための施策の総合的かつ計画的な推進を図るため」に，国に対して「障害者基本計画」の策定を義務づけている。また，都道府県や市町村に対しては，障害者の状況等を踏まえて，障害者のための施策に関する基本的な計画として「都道府県障害者計画」と「市町村障害者計画」の策定を義務づけている。すなわち，国・都道府県・市町村のそれぞれに対して，障害者基本法の理念に則り，障害者基本計画等を基本にして，障害児・者施策に取り組むよう求めているのである。

障害者基本法は，障害者施策に関わる基本的な事項や理念，基本計画の策定についての規定を定めているが，具体的な給付のしくみや手続きについては書かれていない。それらは各個別の分野ごとに編成されている法律と制度に規定が定められている。以下では，障害児施策として，福祉・教育・保育の各分野にどのような法律と制度が組み立てられているのかをみていきたい。

福祉領域——専門施策としての障害児支援

福祉分野における障害児に対する固有の支援やサービスは，身近な地域で支援を受けられるようにする等のため，2012（平成24）年４月から児童福祉法に一元化され，実施されている（一部のサービスのみ，大人の障害者と同様の支援・サービスであることから障害者総合支援法に根拠規定が置かれている[(2)]）。障害児が利用可能な支援・サービスについては表４-１の通りである。

教育領域——インクルーシブ教育システムの構築に向けて

教育の分野では，特別支援教育の発展を通じてインクルーシブ教育システム

表4－1　障害児が利用可能なサービスの概要

①　障害児支援サービス（訪問・通所・入所・相談・用具給付貸与）

		サービス	内　容
訪問系	介護給付	居宅介護（ホームヘルプ）	自宅で，入浴，排せつ，食事の介護等を行う
		同行援護	視覚障害により，移動に著しい困難を有する者が外出するとき，必要な情報提供や介護を行う
		行動援護	自己判断力が制限されている者が行動するときに，危険を回避するために必要な支援，外出支援を行う
		重度障害者等包括支援	介護の必要性がとても高い者に，居宅介護等複数のサービスを包括的に行う
一時入所系		短期入所（ショートステイ）	自宅で介護する者が病気の場合などに，短期間，夜間も含め，施設で，入浴，排せつ，食事の介護等を行う
障害児通所系	障害児に係る給付	児童発達支援	日常生活における基本的な動作の指導，知識技能の付与，集団生活への適応訓練などの支援を行う
		医療型児童発達支援	日常生活における基本的な動作の指導，知識技能の付与，集団生活への適応訓練などの支援および治療を行う
		放課後等デイサービス	授業の終了後または休校日に，児童発達支援センター等の施設に通わせ，生活能力向上のための必要な訓練，社会との交流促進などの支援を行う
障害児訪問系		居宅介護型児童発達支援	重度の障害等により外出が著しく困難な障害児の居宅を訪問して発達支援を行う（2018年新規）
		保育所等訪問支援	保育所，乳児院・児童養護施設等を訪問し，障害児に対して，障害児以外の児童との集団生活への適応のための専門的な支援などを行う
障害児入所系		福祉型障害児入所施設	施設に入所している障害児に対して，保護，日常生活の指導および知識技能の付与を行う
		医療型障害児入所施設	施設に入所または指定医療機関に入院している障害児に対して，保護，日常生活の指導および知識技能の付与並びに治療を行う
相談支援系	相談支援に係る給付	計画相談支援	【サービス利用支援】 • サービス申請に係る支給決定前にサービス等利用計画案を作成 • 支給決定後，事業者等と連絡調整，必要に応じて新たな支給決定等に係る申請の勧奨
		障害児相談支援	【障害児利用援助】 • 障害児通所支援の申請に係る給付決定の前に利用計画案を作成 • 給付決定後，事業者等と連絡調整等を行うとともに，利用計画を作成 【継続障害児支援利用援助】
その他	用具の給付・貸与	日常生活用具給付等事業	障害者等の日常生活上の便宜を図るための用具の給付または貸与を行う（例 電気式たん吸引器等の「在宅療養等支援用具」や特殊寝台等の「介護・訓練支援用具」等） ※具体的な対象用具は，告示で定める「用具の要件」をすべて満たし，「用具の用途および形状」のいずれかに該当するものについて，市町村が定める。

② 障害児手帳・手当に関する制度

サービス	内　容	対象者
身体障害者手帳	身体障害者福祉法に定める身体上の障害がある者に対して，都道府県知事，指定都市市長，中核市市長が交付する	身体障害者福祉法別表に掲げる身体上の障害がある者
療育手帳	知的障害児・者への一貫した指導・相談を行うとともに，これらの者に対して各種の援助措置を受けやすくするため，児童相談所または知的障害者更生相談所において知的障害と判定された者に対して，都道府県知事または指定都市市長が交付する	児童相談所または知的障害者更生相談所において知的障害であると判定された者
障害者総合支援法の対象疾病（難病等）	対象疾病に該当する者は，障害福祉サービス等の対象となり，障害者手帳を持っていなくても，必要と認められた支援が受けられる	治療方法が確立していない疾病その他の特殊の疾病であって政令で定めるものによる障害の程度が厚生労働大臣が定める程度である者
特別児童扶養手当	精神または身体に障害を有する児童について手当を支給することにより，これらの児童の福祉の増進を図ることを目的にする	20歳未満で精神または身体に障害を有する児童を家庭で監護，養育している父母等
障害児福祉手当	重度障害児に対して，その障害のため必要となる精神的，物質的な特別の負担の軽減の一助として手当を支給することにより，特別障害児の福祉の向上を図ることを目的とする	精神または身体に重度の障害を有するため，日常生活において常時の介護を必要とする状態にある在宅の20歳未満の者
障害者扶養共済制度	障害のある者を育てている保護者が毎月掛金を納めることで，保護者が亡くなったときなどに，障害のある者に対し，一定額の年金を一生涯支給するもの	障害のある人を扶養している保護者

出所：厚生労働省「１　障害児支援施策の概要」(https://www.mhlw.go.jp/stf/seisakunitsuite/bunya/0000117218.html) および，厚生労働省・文部科学省「医療的ケアとその家族への支援制度について（資料１－２）」『平成30年度医療的ケア児の地域支援体制構築に係る担当者会議』(https://www.mhlw.go.jp/content/12200000/000365180.pdf 2019年５月１日にいずれも確認）を筆者一部加工・修正。

の充実が目指されている。インクルーシブ教育は，1994年，スペインのサラマンカ市でユネスコとスペイン政府の共催により開かれた「特別なニーズ教育に関する世界大会――アクセスと質」において採択された「サラマンカ宣言」を端緒とする。文部科学省（以下，文科省）は，このインクルーシブ教育の理念を反映させるために，2006（平成18）年，教育基本法と学校教育法をそれぞれ改正し，2007（平成19）年４月１日から特別支援教育を本格的に開始した。

そして，文科省は，障害者権利条約（第24条）を踏まえて，共生社会の形成に向けて，インクルーシブ教育システム構築のためには特別支援教育が必要不可欠であるとした。その上で，障害のある子どもとない子どもができるだけ同じ場で共に学ぶことを追求するとともに，個別の教育的ニーズのある子どもに対して，その時点で教育的ニーズに最も的確に応える指導を提供できる，多様で柔軟なしくみを整備することが重要であるとして，小中学校における通常の学級，通級による指導，特別支援学級，特別支援学校といった，連続性のある「多様な学びの場」を用意することを求めた。

これらを踏まえた具体的な施策として，①就学先を決定するしくみの改正と「個別の教育支援計画」および「個別の指導計画」の作成の義務化，②合理的配慮とそのための基礎的環境整備の取り組み，③特別支援教育における教育課程の充実などを図った。

①　就学先を決定するしくみの改正と「個別の教育支援計画」および「個別の指導計画」の作成の義務化

従来，障害の程度（学校教育法施行令第22条の３）に該当する障害のある子どもは，原則として特別支援学校に就学することとされていた。その際，市町村の教育委員会に設置される「就学指導委員会」において，専門家の意見を踏まえて判断・決定が下されていた。

しかし，2002（平成14）年の学校教育法施行令の改正により，「認定就学者制度」が創設された。それにより，小中学校の施設・設備が整っているなどの特別の事情がある場合には，特別支援学校ではなく通常の小中学校へ就学することが可能となった。これは例外的なこととされ，市町村から認められた児童生徒のことを「認定就学者」とした（2002年改正学校教育法施行令第５条）。

その際，適切な就学指導を行うために，従来，障害の種類や程度等の判断について，専門的立場から調査・審議を行うために就学指導委員会を設置することが一般化されていたが，2002（平成14）年の改正では，市町村の教育委員会が教育学，医学，心理学，その他の障害のある子どもの就学に関する専門的知識を有する者の意見を聴くことを義務づけた。さらに2006（平成18）年の施行令改正の際には，保護者からの意見聴取も義務づけられた（学校教育法施行令第18条の２）。その後，2013（平成25）年の学校教育法施行令一部改正から，「認定就学者」制度が廃止され，その代わりに「認定特別支援学校就学者」が規定された。

文科省は，「障害の状態，本人の教育的ニーズ，本人・保護者の意見，教育学，医学，心理学等専門的見地からの意見，学校や地域の状況等を踏まえた総合的な観点から就学先を決定する仕組みとすることが適当である」とし，「その際，市町村教育委員会が，本人・保護者に対し十分に情報提供をしつつ，本人・保護者の意見を最大限尊重し，本人・保護者と市町村教育委員会，学校等が教育的ニーズと必要な支援について合意形成を行うこと」を原則として，最終的な決定を市町村教育委員会に委ねている（文部科学省中央教育審議会初等中等教育分科会，2012）。

②　合理的配慮とそのための基礎的環境整備の取り組み

文科省は，障害者権利条約（第２条や第24条）に照らし，「合理的配慮」を次のように定義している。

> 3. 障害のある子どもが十分に教育を受けられるための合理的配慮及びその基礎となる環境整備
> 「合理的配慮」とは，「障害のある子どもが，他の子どもと平等に『教育を受ける権利』を享有・行使することを確保するために，学校の設置者及び学校が必要かつ適当な変更・調整を行うことであり，障害のある子どもに対し，その状況に応じて，学校教育を受ける場合に個別に必要とされるもの」であり，「学校の設置者及び学校に対して，体制面，財政面において，均衡を失した又は過度の負担を課さないもの」である，と定義した。
> （文部科学省中央教育審議会初等中等教育分科会，2012）

上述の通り，障害者権利条約において「合理的配慮」の否定は，障害を理由とする差別に含まれるとされている。その上で，中教審は，「合理的配慮に関する報告」において「合理的配慮」の基礎となる環境整備として，「基礎的環境整備」という理念を提示している。そして国，都道府県，市町村は，必要な財源を確保し，インクルーシブ教育システムの構築に向けた取り組みとして，「合理的配慮」の基礎となる環境整備を図っていくことが求められている。「合理的配慮」は「基礎的環境整備」に基づいて個別に決定されるものであり，各学校における「基礎的環境整備」の状況により，提供される「合理的配慮」は異なるものとなる。

③　特別支援教育における教育課程

各学校（幼稚園，小学校，中学校，高等学校，特別支援学校等）においては，教育基本法や学校教育法，その他の法令，「学習指導要領」などに示すところに基づいて，児童生徒の障害の状態や特性，心身の発達段階や，学校・地域の実態を十分に考慮して，適切な教育課程を編成し，各学校の教育目標を達成するよう教育を行うことが求められている（文部科学省，2018，61頁）。

(1)　特別支援学校における教育課程

特別支援学校は，学校教育法第72条において，「視覚障害者，聴覚障害者，知的障害者，肢体不自由者又は病弱者（身体虚弱者を含む。以下同じ。）に対して，幼稚園，小学校，中学校または高等学校に準ずる教育を施すとともに，障害による学習上又は生活上の困難を克服し自立を図るために必要な知識技能を授けることを目的とする」。

2017（平成29）年に改訂された「特別支援学校幼稚部教育要領　小学部・中学部学習指導要領」でも，他の「学習指導要領」と同様に，「社会に開かれた教育課程」の実現（図４-１）や，３つの資質・能力の育成，主体的・対話的で深い学び（アクティブ・ラーニング）の視点を踏まえた指導の改善，各学校におけるカリキュラム・マネジメントの確立など，初等中等教育全体の改善・充実の方向性を重視したものとなっている。また，障害のある子どもたちの学びの場の柔軟な選択を踏まえて，幼稚園，小中高等学校の教育課程との連続性も重視したものとなっている。さらに，障害の重度・重複化，多様化への対応と卒業後の自立と社会参加に向けたキャリア教育の充実を図ることも示された。

上記の学校教育法第72条の規定を踏まえて，特別支援学校の教育課程は，幼稚園に準ずる領域，小学校，中学校および高等学校に準ずる各教育，特別の教科である道徳，特別活動，総合的な学習の時間，外国語活動のほか，障害による学習上または生活上の困難の改善・克服を目的とした領域である「自立活動」で編成されている。なお，知的障害のある児童生徒に対する教育を行う特別支援学校の教育課程（各教科の種類と内容の示し方など）については，障害の特徴や学習上の特性等を踏まえ，独自の各教科等の目標と内容等が示されている（学校教育法施行規則第126条２項，第127条２項，第128条２項）。

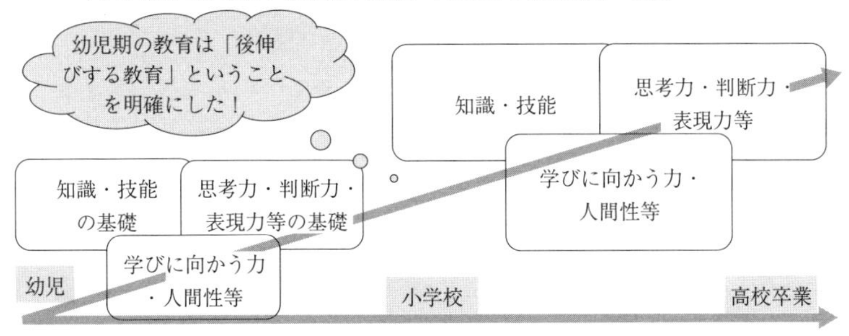

図4－1　「社会に開かれた教育課程」という考え方

出所：文部科学省資料。

そしてまた，障害の重度・重複化に対応し，個に応じた指導ができるように学校教育法施行規則（第130条）や特別支援学校の「学習指導要領」には，障害の状態などを考慮した教育課程の取り扱い（「重複障害者等に関する教育課程の取扱い」）が示されており，弾力的な編成ができるようになっている。

(2) 通常学校における教育課程

2017・18（平成29・30）年に改訂された各学校の「学習指導要領」（「幼稚園教育要領」「小学校学習指導要領」「中学校学習指導要領」「高等学校学習指導要領」）は，特別支援教育に関する記述が充実したものとなった。

(i) 特別支援学級における教育課程（小中学校）

幼稚園，小学校，中学校，高等学校等における特別支援教育について，学校教育法第81条では，幼稚園，小学校，中学校，義務教育学校，高等学校および中等教育学校において，知的障害者，肢体不自由者，身体虚弱者，弱視者，難聴者，その他障害のある者に対して，文部科学大臣の定めるところにより，障害による学習上または生活上の困難を克服するための教育を行うものとして，特別支援学級を置くことができると規定されている。

小中学校における特別支援学級の教育課程は，基本的には，小学校・中学校の「学習指導要領」に基づいて編成される。特に必要がある場合には，特別支援学校小学部・中学部の「学習指導要領」を参考として学校の実態や子どもの障害の程度等を考慮の上，「特別の教育課程」を編成する必要がある（学校教育法施行規則第138条）。また，この場合，学校教育法に定める小学校の目的及び目標を達成するものでなければならない[(3)]。

(ii)　通級による指導における教育課程（小中学校）

通級による指導は，小中学校の通常学級に在籍している障害のある児童生徒が，通常の学級で各教科等の指導を受けながら，障害の状態に応じた特別の指導（自立活動の指導等）を特別の指導の場（通級指導教室）で受けることとなるため，小中学校（通常の学級）の教育課程に加え，またはその一部に替えた特別の教育課程を編成することができる。通級による指導において，特別の指導（自立活動の指導等）を行う場合は，特別支援学校小学部・中学部の「学習指導要領」を参考として実施することとされている（学校教育法施行規則第140条，第141条）。

(iii)　通常の学級における障害児のための教育課程（幼稚園・小中学校・高等学校）

通常の学級に在籍する障害のある児童生徒については，その実態に応じ，指導内容や指導方法を工夫することとされている。「幼稚園教育要領」，小学校・中学校・高等学校の「学習指導要領」に基づいた教育課程を編成している。通級による指導の対象とならない児童生徒に対して，個別に特別の教育課程を編成することはできないことから，児童生徒の障害の状態等に応じて，適切な配慮のもとに指導を行うことが求められている。各教科等の指導については，学習上の困難に応じた指導内容や指導方法の工夫を計画的，組織的に行うこととしている。ただし，通常学級における障害児に対する教育課程の編成のあり方についてはいまだ十分な議論や検討がなされていない現状があり，インクルーシブ教育の時代において大きな課題が残されている（佐藤，2018）。

保育領域——一般施策における障害児支援

保育所等における障害児の受け入れは，1974（昭和49）年に厚生省（現・厚生労働省）が「障害児保育事業実施要綱」を公布したことや，同年に文部省（現・文部科学省）が「心身障害児幼稚園助成事業補助金交付要綱」（公立幼稚園用）と「私立幼稚園特殊教育費国庫補助金制度」を公布したことにより，障害児保育制度が実施されることとなった。それ以降，障害児保育は，全国的に実施されるようになるとともに幾度もの制度改正を経ながら，2003（平成15）年度より一般財源化し，2007（平成19）年度より地方交付税の算定対象を特別児童扶養

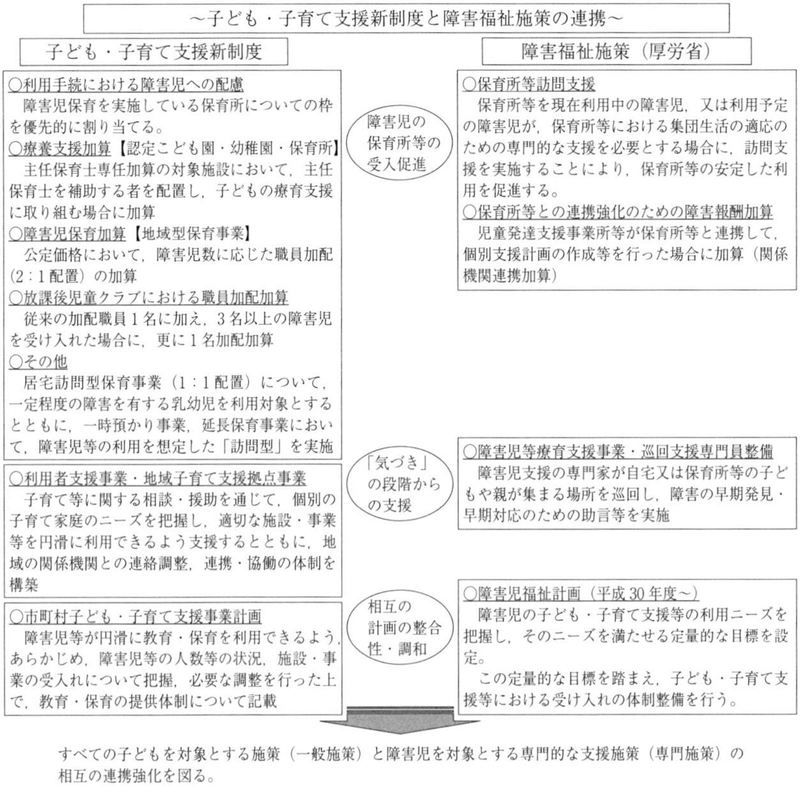

～子ども・子育て支援新制度と障害福祉施策の連携～

子ども・子育て支援新制度

○利用手続における障害児への配慮
障害児保育を実施している保育所についての枠を優先的に割り当てる。
○療養支援加算【認定こども園・幼稚園・保育所】
主任保育士専任加算の対象施設において，主任保育士を補助する者を配置し，子どもの療育支援に取り組む場合に加算
○障害児保育加算【地域型保育事業】
公定価格において，障害児数に応じた職員加配（2：1配置）の加算
○放課後児童クラブにおける職員加配加算
従来の加配職員１名に加え，３名以上の障害児を受け入れた場合に，更に１名加配加算
○その他
居宅訪問型保育事業（1：1配置）について，一定程度の障害を有する乳幼児を利用対象とするとともに，一時預かり事業，延長保育事業において，障害児等の利用を想定した「訪問型」を実施

○利用者支援事業・地域子育て支援拠点事業
子育て等に関する相談・援助を通じて，個別の子育て家庭のニーズを把握し，適切な施設・事業等を円滑に利用できるよう支援するとともに，地域の関係機関との連絡調整，連携・協働の体制を構築

○市町村子ども・子育て支援事業計画
障害児等が円滑に教育・保育を利用できるよう，あらかじめ，障害児等の人数等の状況，施設・事業の受入れについて把握，必要な調整を行った上で，教育・保育の提供体制について記載

障害児の保育所等の受入促進

「気づき」の段階からの支援

相互の計画の整合性・調和

障害福祉施策（厚労省）

○保育所等訪問支援
保育所等を現在利用中の障害児，又は利用予定の障害児が，保育所等における集団生活の適応のための専門的な支援を必要とする場合に，訪問支援を実施することにより，保育所等の安定した利用を促進する。
○保育所等との連携強化のための障害報酬加算
児童発達支援事業所等が保育所等と連携して，個別支援計画の作成等を行った場合に加算（関係機関連携加算）

○障害児等療育支援事業・巡回支援専門員整備
障害児支援の専門家が自宅又は保育所等の子どもや親が集まる場所を巡回し，障害の早期発見・早期対応のための助言等を実施

○障害児福祉計画（平成30年度～）
障害児の子ども・子育て支援等の利用ニーズを把握し，そのニーズを満たせる定量的な目標を設定。
この定量的な目標を踏まえ，子ども・子育て支援等における受け入れの体制整備を行う。

すべての子どもを対象とする施策（一般施策）と障害児を対象とする専門的な支援施策（専門施策）の相互の連携強化を図る。

図４－２　障害児支援の体系

出所：厚生労働省雇用均等・児童家庭局総務課，厚生労働省・援護局障害保健福祉部障害福祉課，内閣府子ども・子育て本部「障害児支援における子ども・子育て新支援制度と障害福祉施策の連携について」（http://www.city.habikino.lg.jp/material/file/group/26/201707s2-4.pdf 2019年３月１日確認）。

手当の対象児童から軽度の障害児に広げる等の拡充を図っている。また，2015（平成27）年からすべての子どもとその子育て家庭を対象とした「子ども・子育て支援新制度」（一般施策）の中で進められている。この制度は，子ども・子育て支援法（2012〔平成24〕年法律第65号）に基づいて始まった制度である。その中での障害児支援に関しては，各自治体に対して，下記の①～③の枠組みに沿って実施するよう求められている（図４－２の左側参照）。

具体的には，①障害等のある特別な支援を必要とする子どもを受け入れ，地域の関係機関との連携や，相談対応等を行う場合に，地域の療育支援を補助す

る者を保育所，幼稚園，認定こども園に配置すること，②新設された地域型保育事業について，障害のある児童を受け入れた場合に特別な支援が必要な児童２人に対し保育士１人の配置を行っている（内閣府，2018，69頁）。

さらに③2018（平成30）年度からは，障害児保育に係る地方交付税について，措置額を約400億円から約800億円に拡充するとともに，障害児保育に係る市町村の財政需要を的確に反映するため，各市町村の保育所等における「実際の受入障害児数」に応じて地方交付税を算定することとした。

その他，2017（平成29）年度より「保育士等キャリアアップ研修」に「障害児保育」の研修分野が盛り込まれ，保育現場におけるリーダー的職員の育成とともに障害児保育を担当する職員の専門性の向上を図ったり（研修を修了し，リーダー的職となった者に対してはその取り組みに応じた人件費の加算を実施している），障害児を受け入れるにあたり，バリアフリーのための改修等を行う事業を実施したりするなどの取り組みが行われている（内閣府，2018，69頁）。

なお，子ども・子育て新制度における障害児支援（すべての子どもを対象とする一般施策）と障害児を対象とする専門施策（図４-２の右側参照）の相互の連携強化を図ることが通知されている。

また，保育所等での障害児保育の受け入れや実施にあたっては，各自治体が策定している「障害児保育実施要綱」の規定に基づいて行われていること，そして，具体的な保育の計画や評価等を行う際には，「保育所保育指針」「幼稚園教育要領」「認定こども園保育・教育要領」を参照しなければならない。

注

⑴ 「合理的配慮」という概念は，「①個々の場面における障害者個人のニーズに応じて，②過重な負担を伴わない範囲で，③社会的障壁を除去すること」を条件とするものである（川島・飯野・西倉・星加，2016）。すなわち，個々の障害者のニーズに応じて，画一的・形式的に処遇するのではなく，平等な機会や権利の保障を目的として，必要に応じて異なった処遇を行うというものである。

⑵ 従来，障害福祉サービスは，障害種別ごとに異なる法律（身体障害者福祉法〔1949（昭和24）年制定〕，知的障害者福祉法〔1960（昭和35）年制定〕，精神保健及び精神障害者福祉に関する法律〔1950（昭和25）年制定〕）がその根拠とされていたが，2005（平成17）年の障害者自立支援法の制定を機に，障害の種別にかかわらず障害のある人々が必要とするサービスを利用することができる一元的なサービ

ス提供システムが創設された。その後，障がい者制度改革推進本部等における検討を踏まえて，地域社会における共生の実現に向けて障害児・者を権利の主体と位置づけた基本理念を定め，制度の谷間を埋めるために障害児については児童福祉法を根拠法に整理しなおすとともに，難病を対象とするなどの改正を行い，2013（平成25）年には，障害者自立支援法の廃止・改題に伴い障害者総合支援法（平成17年法律第123号）が制定された。2018（平成30）年４月１日の改正では，①障害者の地域生活に対する支援の一層の充実，②障害児支援のニーズの多様化への対応，③サービスの質・確保と向上を図るための環境整備などが主眼とされた。なお，障害者総合支援法の制定に伴って，従来の障害種別ごとの法律――身体障害者福祉法，知的障害者福祉法，精神保健及び精神障害者福祉に関する法律――が改正され，障害者基本法の基本的理念に則り，障害の定義や市町村に設置する機関・手帳制度などについての規定が示されている。2004（平成16）年には，発達障害を有する者に対する援助等について定めた発達障害者支援法が成立し，翌年から施行されている。

(3)　なお，教科用図書については，当該学年の教科書に代えて，他の適切な教科用図書を使用することも認められている（学校教育法施行規則第139条）。

参考文献

伊藤良高・冨江英俊編（2017）『教育の理念と思想のフロンティア』晃洋書房。

川島聡・飯野由里子・西倉実季・星加良司（2016）『合理的配慮――対話を開く，対話が拓く』有斐閣。

菊池馨実・中川純・川島聡編著（2015）『障害法』成文堂。

佐藤貴宣（2018）「インクルーシブ教育体制に関する社会学的探究――全盲児の学級参画とメンバーシップの配分実践」『フォーラム現代社会学』第17号，188～201頁。

内閣府（2018）『平成30年版 障害者白書』。

長瀬修・川島聡編（2018）『障害者権利条約の実施――批准後の日本の課題』信山社。

肥下彰男・阿久澤真理子編著（2015）『地球市民の人権教育――15歳からのレッスンプラン』解放出版社。

文部科学省（2018）「特別支援学校幼稚部教育要領　小学部・中学部学習指導要領」。

文部科学省中央教育審議会初等中等教育分科会（2012）「共生社会の形成に向けたインクルーシブ教育システム構築のための特別支援教育の推進（報告）」。

読者のための参考図書

ふじいかつのり著／里圭イラスト（2015）『えほん障害者権利条約』汐文社。

――障害者権利条約をやさしく解説する絵本。「障害者権利条約」である「ボク」が世界中を旅して，条約の素晴らしさを伝えている。障害のある人もない人も，誰もが大切にされる社会をどうすればつくれるのかを考える手がかりが条約にあることを学ぶことができる。

肥下彰男・阿久澤真理子編著（2015）『地球市民の人権教育――15歳からのレッスンプラン』解放出版社。

――障害者権利条約だけでなく，世界人権宣言，日本国憲法（第３章），子どもの権利条約，女性差別撤廃条約，人種差別撤廃条約，国際労働条約，難民条約などついて身近な事例とともにワーク形式でわかりやすく具体的に学ぶことができる。

第5章

人権擁護と障害児

「人間には誰にでも必ずあり，誰もが幸せになれる権利」「すべての人がかけがえのない人間として，安心して暮らせる権利」など，様々ないい方ができるのが人権である。人権を大切にすることを常日頃より意識していないと「知らず知らずのうちに他人の人権を傷つけてしまっていた」ということが起こりうる。

「人権」と聞いてどんなことを思い浮かべるであろうか。多くの人は「抽象的で捉え難いもの」，あるいは「自分とは距離のあるもの」といったイメージを抱きがちである。しかし，人は一人ひとりが，平等に「尊く」「大切な」存在であり，人権はいつでも，どこでも，誰であっても平等に保障されるべきものである。本来，人権は難しいものではなく，まして自分と距離のあるものでもなく，誰もが心で理解し，感じることのできるものであるべきでもある。

社会的少数派である障害児と社会的多数派である健常児，両方の子どもたちと日々の生活を共にする保育，教育に携わる大人の基本とするべきは，子どもの最善の利益を基とした「子どもの人権」という感覚をもつことである。現職は当然のことながら，未来の教師や保育者が人権という目で見ることのできないものを学んでいくことは，教育や保育の質の向上につながり，より豊かな子どもたちの成長に直結すると考えられる。本章では人権とその擁護，その対象の中でも障害児に焦点をあてて考えていく。

1 人権についての認識

世界中の至るところで様々な理由から「生きる権利」「育つ権利」「守られる権利」「参加する権利」など，本来保障されるべき多くの権利が保障されていないのが現状である。岡村は2017（平成29）年度焼津市保育者資質向上研修会（乳幼児教育推進会議）において，子どもの権利条約ができる1989年のカメルーン代表のコメントを紹介している。内容は以下である。「カメルーンは極端な貧困で飢えていて，子どもが何人も亡くなっています。かたや先進国は，消費社会で，第三世界と先進国が遊離されています。しかし，子どもが置かれている状況は両方とも大変危機的です。いわゆる後進国は食べる物がなく，飢えに苦しんでいます。一方，先進国の子どもたちは，いじめや非行，麻薬など，内的な汚染が進んでいます。つまり，人のことを考えるのではなく，自分の利益だけで人はどうでもいい。だから人が困っていても，自分の利益のために快楽を求める。いじめも非行も麻薬もそうです。現れているものは違いますが，両方とも子どもの権利が侵されているのです[(1)]」。

子どもの権利が侵されている内容に違いはあるが，両方とも子どもの権利が脅かされているということに違いはない。近年の高度情報化社会の進展，インターネットによるプライバシー侵害や名誉毀損，社会の情報や高齢化に伴う少子化など，ますます人権は重要になってくる。幼少期において人権を意識された環境下での日々の生活の営みこそが子どもの人権を保障し，「子どもの最善の利益」を基盤に，子どもたちの成長発達を支援していくことが，各所，教育，保育関係者には求められると考える。

内閣府の調査から日本国民の人権についての意識をみてみたい。内閣府が2017（平成29）年10月５～15日に全国の日本国籍を有する18歳以上の3000人（有効回収数1758人：回収率58.6％）を対象にして行った「人権擁護に関する世論調査」（５年に１度実施）の結果において，関心のある人権課題としてあげた人が多かった項目の中から「障害者」と「子ども」の項目を詳しく取り上げる。

「子ども」については，「いじめを受けること，体罰を受けること，虐待を受けること，いじめ，体罰や虐待を見て見ぬふりをすること，学校や就職先の選択等の子どもの意見について，大人がその意見を無視すること，児童買春・児童ポルノ等の対象となること」の全６項目（その他，特にない，わからないを除く），「障害者」については「職場，学校等で嫌がらせやいじめを受けること，結婚問題で周囲の反対を受けること，就職・職場で不利な扱いを受けること，差別的な言動をされること，悪徳商法の被害が多いこと，アパート等への入居を拒否されること，宿泊施設や公共交通機関の利用，店舗等への入店を拒否されること，スポーツ・文化活動・地域活動に気軽に参加できないこと，じろじろ見られたり，避けられたりすること」の全９項目（その他，特にない，わからないを除く）を人権課題としてあげている。子どもと関わる大人として教育，保育関係者にとって人権を意識することの重要性がみえてくる。

2　児童の権利とは

人権についての各宣言や条約は，大人，子どもに関係なく世界大戦（第一次，第二次）での数え切れないほどの多くの人間が被害を受けたことをきっかけにしており，第一次世界大戦後の児童の権利に関するジュネーブ宣言，第二次世界大戦後の世界人権宣言が代表的な国際的取り組みとなる。この２つの国際的な宣言の間に1946（昭和21）年の日本国憲法制定，1947（昭和22）年の児童福祉法制定があるのは，日本の誇るべきところではないだろうか。また，1948（昭和23）年の世界人権宣言から３年後の1951（昭和26）年に児童憲章が宣言されたのも注目に値する。

日本には「子どもの権利」に関する法令が３つ存在する。日本国憲法や児童福祉法において，基本的人権の尊重や福祉の保障などの基本理念が明文化された。加えて，1951（昭和26）年に制定された児童憲章においては「児童は，人として社会の一員として重んぜられる」と謳われている。これらの法令が国際的な宣言や条約と関連し合っているのは明白である。これら３つと子どもの権利に関する世界的なスタンダードである「児童の権利に関する条約」（略：子どもの権利条約）において，児童の権利が具体的にどのように示してあるのかを整理していく。

日本国憲法・児童福祉法・児童憲章

人間が人間らしく生活していくために生まれたときからもっている権利を基本的人権といい，基本的人権の尊重は数多くある法の中においても最高位に位置する1946（昭和21）年11月３日公布，翌1947（昭和22）年５月３日に施行された日本国憲法によって保障されている。また，「基本的人権の尊重」の理念は，日本国憲法において「国民主権」「平和主義」と合わせ，最も大切な三原則の一つとされ，この権利は侵すことのできない永久の権利として保障されている。

この「基本的人権の尊重」を保障している日本国憲法は，子どもの人権を守る上で非常に大切である。たとえば日本国憲法第13条には「すべて国民は，個人として尊重される。生命，自由及び幸福追求に対する国民の権利については，公共の福祉に反しない限り，立法その他の国政の上で，最大の尊重を必要とする」と定められており，これは「自分らしく生きる」という個人の尊重を示している。第25条には「①すべて国民は，健康で文化的な最低限度の生活を営む権利を有する。②国は，すべての生活部面について，社会福祉，社会保障及び公衆衛生の向上及び増進に努めなければならない」とあり，①は一般に生存権といわれるもので，「人間らしく生きる」権利を示している。また，②ではこの「人間らしく生きる」という権利に対して，国は責任をもって，あらゆる生活部分において向上に努める義務があることを示している。

このように日本国憲法第13条と第25条において，「すべての国民は人間らしく，そして自分らしく生きる権利を有する」ということが明文化されており，これは大人・子ども，まして障害児・者で区別・類別するものであるはずもなく，「すべて国民」が関連性を有し，教育・保育に携わる専門職である私たちが留意することを忘れてはいけないものである。

次に児童福祉法をみていく。1947（昭和22）年，制定時は戦後間もない時期であり，戦争により保護者を亡くした戦争孤児たちの中には住む家もなく，路上での生活を余儀なくされる子どもたちも多く存在した。そのような社会的背景から子どもの健やかな成長と最低限度の生活を保障するため，児童福祉法は制定された。制定から半世紀以上が経過する中，子どもたちを囲む社会状況も変化を繰り返し，そのつど子どもたちのよりよい生活の実現のため改正が行われてきた。最近では2016（平成28）年６月に行われたが，この改正は1989（平成元）年に国連採択された子どもの権利条約に強く影響を受けている。改正前の法令冒頭の総則を示す。

児童福祉法　総則
第１条　すべて国民は，児童が心身ともに健やかに生まれ，且つ，育成されるよう努めなければならない。すべて児童は，ひとしくその生活を保障され，愛護されなければならない。
第２条　国及び地方公共団体は，児童の保護者とともに，児童を心身ともに健やかに育成する責任を負う。
第３条　前２条に規定するところは，児童の福祉を保障するための原理であり，この原理は，すべて児童に関する法令の施行にあたつて，常に尊重されなければならない。
（2016年改正前「児童福祉法」）

改正後まず第１条では，「全て児童は，児童の権利に関する条約の精神にのつとり，適切に養育されること，その生活を保障されること，愛され，保護されること，その心身の健やかな成長及び発達並びにその自立が図られることその他の福祉を等しく保障される権利を有する」とあり，これは今までの大人の目線からの子どもを保護する対象から子ども目線での権利主体となっていることを示しており，大きな改正であろう。

次に第２条では「全て国民は，児童が良好な環境において生まれ，かつ，社会のあらゆる分野において，児童の年齢及び発達の程度に応じて，その意見が尊重され，その最善の利益が優先して考慮され，心身ともに健やかに育成されるよう努めなければならない」とあり，これは，後ほどみていく「子どもの権利条約」の大きなポイントでもある「最善の利益」について述べてある。

これらを読むと，児童福祉法が保護者，自治体，国が一体となり子どもたちの健全な成長の手助けにならなければならないということを定めた法律であると読み取ることができる。

次に，児童憲章をみてみる。法律ではなく児童の福祉を図るための国民的規範である。法的拘束力はないが，児童福祉や教育，保育を考える上で，現在も基本となるべき児童憲章は，日本国憲法制定の５年後，児童福祉法制定の４年後の1951（昭和26）年５月に上記２つを基準にして制定された。

児童憲章　前文
　われらは，日本国憲法の精神にしたがい，児童に対する正しい観念を確立し，すべての児童の幸福をはかるために，この憲章を定める。
　児童は，人として尊ばれる。
　児童は，社会の一員として重んぜられる。
　児童は，よい環境のなかで育てられる。

母子手帳は児童憲章前文からはじまる。生まれた瞬間より子どもは独立した存在であると人権的に意識することは重要である。しかし子どもの特質上，養護が必要な期間が長いだけに「子どもが育つ」のではなく「大人が育てている」という意識が強く残ることが多いのではないかと考える。児童憲章からは「子どもを育てる」のではなく「子どもが育つのを待つ」，そんな感覚も必要なのではないかと考えさせられる。

児童の権利に関する条約

①　日本が批准するまでの経緯

1948年に世界人権宣言が採択され，その後，様々な人権文書が採択された。その中で，子どもの権利条約は特に弱い立場に置かれている人に焦点をあてた文書をつくっていこうという動きから生まれた「児童権利宣言」の有名無実化を避けるために，ポーランドより条約化が提起された。また，「子どもの権利条約」の批准運動の中では，「保護の客体から権利行使の主体へ」というフレーズがよく使われた。1978年２月に，ポーランドによって国連の第34回人権委員会に提案され，11年間にわたる論議ののち，「児童の権利宣言」30周年，「国際児童年」10周年の記念すべき年にあたる1989年，第44回国連総会において採択された。翌1990年に子どもの権利条約は発効し，日本では1994（平成６）年３月に国会で承認された。

②　条約の内容

児童の権利に関する条約の内容を図５－１に示す。18歳未満を「児童（子ども）」と位置づけ，「子どもは権利を守られている存在である」という考え方に代わり「子どもは自分自身の権利を行使する存在である」という考え方が生まれた。「子どもは権利の主体」であるという理念のもと，「生きる権利」「育つ権利」「守られる権利」「参加する権利」の４つを柱に，これらの権利を実現するための前文と本文54条からなっている。

第３条第１項に「児童に関するすべての措置をとるに当たっては，公的若しくは私的な社会福祉施設，裁判所，行政当局又は立法機関のいずれによって行われるものであっても，児童の最善の利益が主として考慮されるものとする」（下線筆者）とある。ここで注目したいのは，下線部のところである。近年よく

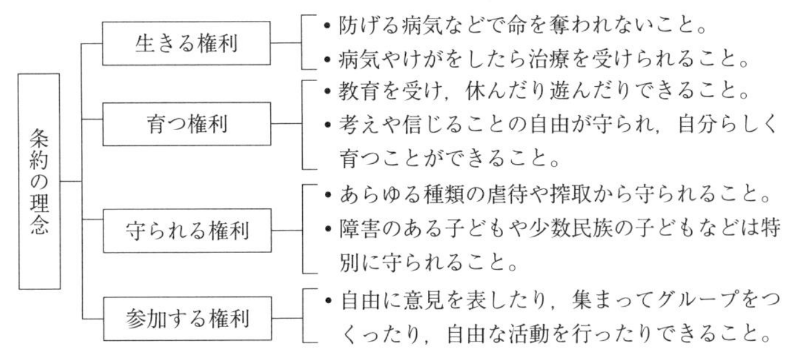

図５－１　児童の権利に関する条約の内容

出所：「児童の権利に関する条約」より筆者作成。

耳にするフレーズ「児童の最善の利益」とはどういうことだろうか。これは「いつどんなときであっても，子どもにとって最もよいことは何かを考えて物事にむかう」ということである。現在もしくは将来，子どもの教育，保育に携わる人間として教師や保育士，施設職員といった大人の都合で物事を決めていくのではなく，子どもにとって何が最善なのかを考えて行動しなければならないということである。「当たり前だ」という意見が多くあがるかもしれないが，乳幼児期の子どもにおいて，実際にそれが難しい場合がある。条文の中にもあるように，子どもは権利を使う主体であるが，発達上，子どもが自分で自分の権利を使うことは難しいのが実際である。権利の使用にあたって大人の援助が必要不可欠ということである。子どもとの関わりの中で様々な場面で判断に迷うことは必ず起こってくる。そんなときに判断基準とすべきものが，この「子どもにとっての最善の利益とは何か」である。

3　障害児の権利

上述したが，人権課題として意識をもっている人が最も多かった項目が「障害者」である。本節では障害児・者に関する条約や制度を整理しながら，「障害児の権利」について考えていくこととする。

障害児とは

一言で「障害」といってもそれは多様な要因や条件が関係しており，これから実際的な障害児支援を講ずる前提として，いわゆる「障害」をどのように捉え，理解するかということが大切であり，法的な定義も必要である。そこで障害児の権利について考える前に，まず障害について考えてみたい。そもそも健常児と障害児の線引きはどこでされているのであろうか。子どもの権利条約の第23条には障害児について次のように示してある。

児童の権利に関する条約　第23条（障害児の権利）

1．締約国は，精神的又は身体的な障害を有する児童が，その尊厳を確保し，自立を促進し及び社会への積極的な参加を容易にする条件の下で十分かつ相応な生活を享受すべきであることを認める。

2．締約国は，障害を有する児童が特別の養護についての権利を有することを認めるものとし，利用可能な手段の下で，申し込みに応じた，かつ，当該児童の状況及び父母又は当該児童を擁護している他の者の事情に適した援助を，これを受ける資格を有する児童及びこのような児童の擁護について責任を有する者に与えることを奨励し，かつ，確保する。

3．障害を有する児童の特別な必要を認めて，2の規定に従って与えられる援助は，父母又は当該児童を擁護している他の者の資力を考慮して可能な限り無償で与えられるものとし，かつ，障害を有する児童が可能な限り社会への統合及び個人の発達（文化的及び精神的な発達を含む。）を達成することに資する方法で当該児童が教育，訓練，保健サービス，リハビリテーション・サービス，雇用のための準備及びレクリエーションの機会を実質的に利用し及び享受することができるように行われるものとする。

4．締約国は，国際協力の精神により，予防的な保健並びに障害を有する児童の医学的，心理学的及び機能的治療の分野における適当な情報の交換（リハビリテーション，教育及び職業サービスの方法に関する情報の普及及び利用を含む。）であってこれらの分野における自国の能力及び技術を向上させ並びに自国の経験を広げることができるようにすることを目的とするものを促進する。これに関しては，特に，開発途上国の必要を考慮する。

（外務省「児童の権利に関する条約」第23条抜粋）

その他，各法令における障害児・者についての定義を表5-1に示す。

また，厚生労働省（2014）において，障害児について各会は図5-2のように示している。

障害児と健常児の「判断」については，国際的診断基準（Diagnostic and Statistical Manual of Mental Disorders：DSM「精神障害の診断と統計マニュアル」「精神疾患診断統計マニュアル」など）により，問診で行われ，また知能検査を重要視する傾向が強い。しかし，図5-2の中で当事者団体が方向を示しているよ

表５－１　各法令における障害児についての定義

障害者基本法	第２条 　この法律において「障害者」とは，身体障害，知的障害又は精神障害，その他の心身の機能の障害（以下「障害」と総称する。）があるため，継続的に日常生活又は社会生活に相当な制限を受ける者をいう。
障害者の日常生活及び社会生活を総合的に支援するための法律	第４条 　この法律において「障害者」とは，身体障害者福祉法第４条に規定する身体障害者，知的障害者福祉法にいう知的障害者のうち18歳以上である者及び精神保健及び精神障害者福祉に関する法律第５条に規定する精神障害者（知的障害者福祉法にいう知的障害者を除く。以下「精神障害者」という。）のうち18歳以上である者をいう。 　この法律において「障害児」とは，児童福祉法第４条第２項に規定する障害児及び精神障害者のうち18歳未満である者をいう。
発達障害者支援法	第２条 　この法律において「発達障害」とは，自閉症，アスペルガー症候群その他の広汎性発達障害，学習障害，注意欠陥多動性障害その他これに類する脳機能の障害であってその症状が通常低年齢において発現するものとして政令で定めるものをいう。 　２　この法律において「発達障害者」とは，発達障害を有するために日常生活又は社会生活に制限を受ける者をいい，「発達障害児」とは，発達障害者のうち18歳未満のものをいう。
児童福祉法	第４条 　２　この法律で，障害児とは，身体に障害のある児童又は，知的障害のある児童，精神に障害のある児童をいう。

出所：各法令から筆者抜粋，加筆にて作成。

• 全国児童発達支援協議会

障害児は「小さな障害者」ではなく「障害のある子ども」

• 日本知的障害者福祉協会

障害児は，「小さな障害者」（障害者である子ども）ではなく「子ども」

• 全日本手をつなぐ育成会，同旨：全国地域生活支援ネットワーク

「何らかの障害（疑いを含む）によって保育や教育，地域生活に特別な配慮と支援を必要とする子ども」

図５－２　各会における障害児についての基本的考え方

出所：厚生労働省，2014より筆者作成。

うに，一人の子どもとしてもっている権利に違いはなく，一人の子どもとして必要な援助を必要な頻度で提供することが求められると考える。

障害者差別解消法

障害者差別解消法は正式名称を「障害を理由とする差別の解消の推進に関する法律」といい，障害者基本法の基本理念をもとに，障害者基本法第４条の「差別の禁止」の規定を具体化するものとして位置づけられている。

> 障害者基本法　第４条（差別の禁止）
> 第１項（障害を理由としての差別等，権利侵害行為の禁止）
> 何人も，障害者に対して，障害を理由として，差別することその他の権利利益を侵害する行為をしてはならない。
> 第２項（社会的障壁除去を怠ることで生まれる権利侵害の防止）
> 社会的障壁の除去は，それを必要としている障害者が現に存し，かつ，その実施に伴う負担が過重でないときは，それを怠ることによつて前項の規定に違反することとならないよう，その実施について必要かつ合理的な配慮がされなければならない。
> 第３項（国による啓発・知識の普及を図るための取り組み）
> 国は，第１項の規定に違反する行為の防止に関する啓発及び知識の普及を図るため，当該行為の防止を図るために必要となる情報の収集，整理及び提供を行うものとする。

「障害者差別解消法リーフレット」（内閣府，2016）では，「障害を持った人に対する，合理的配慮の実施を通し，共生社会の実現の理念の下，障害のある人もない人も，互いに，その人らしさを認め合いながら，共に生きる社会をつくる事を目指す。障害者差別解消法を通し，障害を持った人と持たない人が関わる機会が増え，そういった機会を通して互いの理解を深めることが共生社会の実現につながる」とある。この法律では障害者を障害者手帳を持った人だけに

表５−２　合理的配慮の11項目

1	学習上又は生活上の困難を改善・克服するための配慮
2	学習内容の変更・調整
3	情報・コミュニケーション及び教材の配慮
4	学習機会や体験の確保
5	心理面・健康面の配慮
6	専門性のある指導体制の整備
7	幼児児童生徒，教職員，保護者，地域の理解啓発を図るための配慮
8	災害時等の支援体制の整備
9	校内環境のバリアフリー化
10	発達，障害の状態及び特性等に応じた指導ができる施設・設備の配慮
11	災害時等への対応に必要な施設・設備の配慮

出所：文部科学省中央教育審議会初等中等教育分科会，2012b。

表５－３　学習上又は生活上の困難を改善・克服するための配慮

障害による学習上又は生活上の困難を主体的に改善・克服するため，また，個性や障害の特性に応じて，そのもてる力を高めるため，必要な知識，技能，態度，習慣を身に付けられるよう支援する。	
視覚障害	見えにくさを補うことができるようにするための指導を行う（弱視レンズ等の効果的な活用，他者へ積極的に関わる意欲や態度の育成，見えやすい環境を知り自ら整えることができるようにする　等）
聴覚障害	聞こえにくさを補うことができるようにするための指導を行う（補聴器等の効果的な活用，相手や状況に応じた適切なコミュニケーション手段（身振り，簡単な手話等）の活用に関すること　等）
知的障害	できるだけ実生活につながる技術や態度を身に付けられるようにするとともに，社会生活上の規範やルールの理解を促すための指導を行う。
肢体不自由	道具の操作の困難や移動上の制約等を改善できるように指導を行う（片手で使うことができる道具の効果的な活用，校内の移動しにくい場所の移動方法について考えること及び実際の移動の支援　等）
病　弱	服薬管理や環境調整，病状に応じた対応等ができるよう指導を行う（服薬の意味と定期的な服薬の必要性の理解，指示された服薬量の徹底，眠気を伴い危険性が生じるなどの薬の副作用の理解とその対応，必要に応じた休憩など病状に応じた対応　等）
言語障害	話すことに自信をもち積極的に学習等に取り組むことができるようにするための発音の指導を行う（一斉指導における個別的な発音の指導，個別指導による音読，九九の発音等の指導）
自閉症・情緒障害	自閉症の特性である「適切な対人関係形成の困難さ」「言語発達の遅れや異なった意味理解」「手順や方法に独特のこだわり」等により，学習内容の習得の困難さを補完する指導を行う（動作等を利用して意味を理解する，繰り返し練習をして道具の使い方を正確に覚える　等）
学習障害	読み書きや計算等に関して苦手なことをできるようにする，別の方法で代替する，他の能力で補完するなどに関する指導を行う（文字の形を見分けることをできるようにする，パソコン，デジカメ等の使用，口頭試問による評価　等）
注意欠陥多動性障害	行動を最後までやり遂げることが困難な場合には，途中で忘れないように工夫したり，別の方法で補ったりするための指導を行う（自分を客観視する，物品の管理方法の工夫，メモの使用　等）

出所：文部科学省中央教育審議会初等中等教育分科会，2012b。

限定しておらず，障害や社会の中にあるバリアによって，日常生活や社会生活に制限を受けている人すべてを対象としている。また，「不当な差別的取扱い（役所，事業者が障害を持った人に対して，正当な理由なく，障害を理由とした差別をすること）」を禁止し，「合理的配慮」の提供を求めることで，障害のある人もない人も共に暮らせる社会を目指している。

合理的配慮とは

障害者の権利に関する条約（障害者権利条約），障害者基本法，障害者差別解消法のいずれにおいても重要なポイントである合理的配慮についてみていく。「障害者差別解消法リーフレット」（内閣府，2016）には，合理的配慮について「障害のある人は，社会の中にあるバリアによって生活しづらい場合がある。役所や事業所に対して，障害のある人から，社会の中にあるバリアを取り除くために何らかの対応を必要としているとの意思が伝えられたときに，負担が重すぎない範囲で対応すること」とある。「共生社会の形成に向けたインクルーシブ教育システム構築のための特別支援教育の推進（報告）」（文部科学省中央教育審議会初等中等教育分科会，2012a）では，合理的配慮とは「障害のある子どもが，他の子どもと平等に教育を受ける権利を享有・行使することを確保するために，学校の設置者及び学校が必要かつ適当な変更・調整を行うことであり，障害のある子どもに対し，その状況に応じて，学校教育を受ける場合に個別に必要とされるもの」とし，この教育を受ける権利の保障として文部科学省は以下の内容を合理的配慮の具体例としている。

- 聴覚過敏の児童生徒のために机・いすの脚に緩衝材をつけて雑音を軽減する。
- 視覚情報の処理が苦手な児童生徒のために黒板周りの掲示物の情報量を減らす。
- 支援員等の教室への入室や授業・試験でのパソコン入力支援，移動支援，待合室での待機を許可する。
- 意思疎通のために絵や写真カード，ICT 機器（タブレット端末等）を活用する。
- 入学試験において，別室受験，時間延長，読み上げ機能等の使用を許可する。

さらに「共生社会の形成に向けたインクルーシブ教育システム構築のための特別支援教育の推進（報告）別表」（文部科学省中央教育審議会初等中等教育分科会，2012b）では以下の11の項目について具体的な配慮を示している（表5-2）。

表5-2の「1　学習上又は生活上の困難を改善・克服するための配慮」の詳細を表5-3に示す。

合理的配慮を「いつ，誰が，どのタイミングで，どの程度の頻度で，具体的にどのような方法」を提供すればよいのか疑問が出てくるのは当然であるが，合理的配慮はその配慮を受けたいとする人の障害の程度，その場の状況，他の支援者の有無等で大きく違いが生まれる個別性の高いものである。文部科学省も実践事例を積み上げることを重要視していることから，保育，教育現場においても同様の取り組みが必要であろう。

4　今後の人権擁護について

ここまで子どもの人権についてみてきた。子どもの教育，保育に携わる人間にとって人権を意識した関わりができるかどうかが，子どもの成長に大きな影響を及ぼすことは明白である。子どもの人権を守るためには大人が人権を理解し子ども自身の人権に対する関心を育てる必要もある。たとえば運動が得意な担任のクラスの子どもたちは同様に運動に積極的である，音楽が好きな担任のクラスの子どもたちは歌が好きになるといったような「クラスのカラーがでている」という言葉をよく聞くが，人権も同様であると考える。保護者や担任，身近な大人が子どもの人権を意識した関わりを子どもたちに対して行うことが重要である。そのような関わりが子どもたちの中に成長とともに育ってしまう自分と違うという違和感や偏見，そこから始まる虐待やいじめ，負の連鎖に打ち勝つ人権の大切さを育んでいくのではないだろうか。最後に全国保育士会が発表している「人権擁護の為のセルフチェックリスト」(2017)（表5－4）の一部を紹介してまとめとしたい。子どもが朝，登園してくる場面である。毎日必ず訪れる場面である。子どもと関わる大人たちにとって，一度振り返ってみて

表5－4　人権擁護の為のセルフチェックリスト

	一日の流れ	よくないと考えられる関わり	チェック欄	よりよい関わりへのポイント
1	登園時	朝，登園時に母親に抱かれて，なかなか離れられない子どもに「ずっと抱っこしてもらっていると恥ずかしいよ」と言葉をかける。	□していない □している （したことがある）	「恥ずかしい」という表現は，大人の価値観の押しつけになる可能性があります。たとえば，「お母さんの抱っこって嬉しいね」等，子どもの気持ちを受け止め，子どもが好きな遊びに誘うなどして気持ちを切り替えられるよう働きかけるとよいでしょう。

出所：全国保育士会，2017。

もよい場面である。

注

(1)　岡村由紀子による「平成29年度 保育者資質向上研修会」（焼津市乳幼児教育推進会議主催）での発言。

参考文献

厚生労働省（2014）「障害児支援の在り方に関する検討会――障害児支援の基本的考え方」。

全国保育士会（2017）「人権擁護の為のセルフチェックリスト」。

内閣府（2016）「障害者差別解消法リーフレット」。

内閣府（2018）「人権擁護に関する世論調査」。

文部科学省中央教育審議会初等中等教育分科会（2012a）「共生社会の形成に向けたインクルーシブ教育システム構築のための特別支援教育の推進（報告）」。

文部科学省中央教育審議会初等中等教育分科会（2012b）「共生社会の形成に向けたインクルーシブ教育システム構築のための特別支援教育の推進（報告）別表」。

読者のための参考図書

アムネスティ・インターナショナル日本支部，谷川俊太郎（1990）『世界人権宣言』金の星社。

――大きな争いをもう二度と起こさないため，世界が平和であるため，そのためには国境にこだわらず，みんな互いに自分と同じ人間だと認め，互いに権利を大切にし合うことが必要だということが実感できる。

全国保育士会（2017）「人権擁護の為のセルフチェックリスト」。

――「子どもを尊重する」ことや「子どもの人権擁護」についてあらためて意識を高め，自らの保育を振り返ることができる。

第6章

障害児支援のための計画と連携・協働

子どもの教育や保育は計画を作成し，それに基づく実践，記録，省察・評価からまた次の計画を作成するという循環的な過程で行われる。計画には全体的な計画と，これらを具体化して作成される指導計画がある。これは障害児や特別の支援を要する子どもについても同様であり，特にそれぞれの施設に在籍する期間だけではなく，生涯にわたる発達の可能性に考慮した計画を立てることが必要である。そこで第1節では，障害児や特別な支援を要する子どもを支える様々な支援の計画を概観し，第2節で全体的な計画にあたる「個別の（教育）支援計画」を，第3節では「個別の（教育）支援計画」を踏まえて作成される「個別の指導計画」について学ぶ。

1 子どもを支える計画

保育所保育指針，幼稚園教育要領，幼保連携型認定こども園教育・保育要領，児童福祉法における個別の計画

2018（平成30）年4月に施行された保育所保育指針，幼稚園教育要領，幼保連携型認定こども園教育・保育要領では，「個別の（教育）支援計画」と「個別の指導計画」を障害のある子どもに作成・活用することについて，以下のように示している。

保育所保育指針第1章3では，「障害のある子どもの保育については，一人一人の子どもの発達過程や障害の状態を把握し，適切な環境の下で，障害のある子どもが他の子どもとの生活を通して共に成長できるよう，指導計画の中に位置付けること。また，子どもの状況に応じた保育を実施する観点から，家庭

や関係機関と連携した支援のための計画を個別に作成するなど適切な対応を図ること」と示されている。

幼稚園教育要領第１章第５，幼保連携型認定こども園教育・保育要領第１章第２の３では，「障害のある幼児（園児）などへの指導に当たっては，集団の中で生活することを通して全体的な発達を促していくことに配慮し，（適切な環境の下で，障害のある園児が他の園児との生活を通して共に成長できるよう，）特別支援学校などの助言又は援助を活用しつつ，個々の幼児（園児）の障害の状態などに応じた指導内容や指導方法の工夫を組織的かつ計画的に行うものとする。また，家庭，地域及び医療や福祉，保健等の業務を行う関係機関との連携を図り，長期的な視点で幼児（園児）への教育（及び保育）的支援を行うために，個別の教育（及び保育）支援計画を作成し活用することに努めるとともに，個々の幼児の実態を的確に把握し，個別の指導計画を作成し活用することに努めるものとする」と示されている。

以上のように，保育所，幼稚園，認定こども園は，障害の有無にかかわらず，日々の生活や遊びを通して，子どもたちが共に育ち合う場であると同時に，子どもたちが共に過ごすという経験が，将来，個性を尊重し合いながら共生する社会の基盤になるという共通の認識をもっており，その中で障害児に対して個別の計画を作成することは努力規定とされている。

また，児童福祉法第６条の２の２では，保育所等訪問支援や放課後等デイサービスなど障害児通所支援を利用する子どもに対し，「障害児支援利用計画」の策定が義務づけられている。この計画は成人障害者の場合「サービス等利用計画」と称され，個別の（教育）支援計画とは表裏一体の関係である。

個別の計画の種類

障害のある子どもを支える支援を行うための計画には，いくつかの種類がある。以下に整理して，それぞれの役割について述べる。

• 個別の支援計画…生まれて障害があるとわかった時点から生涯にわたり，教育，医療，保健，福祉，労働等の関係機関が連携して一貫した支援を行うために作成される計画。

• 個別の教育支援計画…学校や教育委員会など教育機関が中心となって「個別

の支援計画」を作成する場合に,「個別の教育支援計画」と呼ぶ。障害のある子ども一人ひとりの教育的ニーズを把握し,長期的な視点で乳幼児期から学校卒業までを通じて一貫して的確な支援を行うために作成される計画。現在,すべての特別支援学校において「個別の教育支援計画」を策定している。

- **個別の指導計画**…幼児児童生徒一人ひとりの障害の状態等に応じたきめ細やかな指導が行えるよう,指導目標や指導内容・方法等を具体的に表した計画。
- **サービス等利用計画・障害児支援利用計画**…障害児・者が自立した生活を送るために,どのような障害福祉サービスをどのように利用するかを明らかにする総合的な計画。障害福祉サービス等の利用にあたっての課題や,支援の目標などが記載される。

「個別の支援計画」および「個別の（教育）支援計画」は,子どもの実態に応じた支援を可能にすることはもちろんのこと,子どもの生涯の発達を見据えて多職種間での連携を促進するため,また「個別の指導計画」は特定の教育段階や場における教員間での共通理解を促進するためのツールであるといえる。

近年,その他の情報共有のためのツールとして各自治体が作成する「相談支援ファイル」がある。このファイルはそれぞれの機関による記録を保護者が管理するものであり,切れ目のない支援を行うために活用されている。

2　個別の（教育）支援計画

個別の（教育）支援計画とは

個別の（教育）支援計画とは,子ども一人ひとりのニーズに基づき,乳幼児期から学校卒業までの長期的な視点で,一貫して適切な支援を行うことを目的に作成される計画である。個別の（教育）支援計画は,教育に限らず,福祉,医療,労働等の様々な側面からの取り組みを含めた関係機関の連携協力のもと作成され,教育や保育を行う場での活用が目指されている。

図6-1は,個別の（教育）支援計画の構造と方向性を時系列に示したものである。この図では,就学前は「保育所」「幼稚園」「NPO」「特別支援学校」を含む,「福祉・医療等関係機関」の横に広がる支援ネットワークが形成されている。同様に,在学中,卒業後においてもネットワークの構成内容は変化す

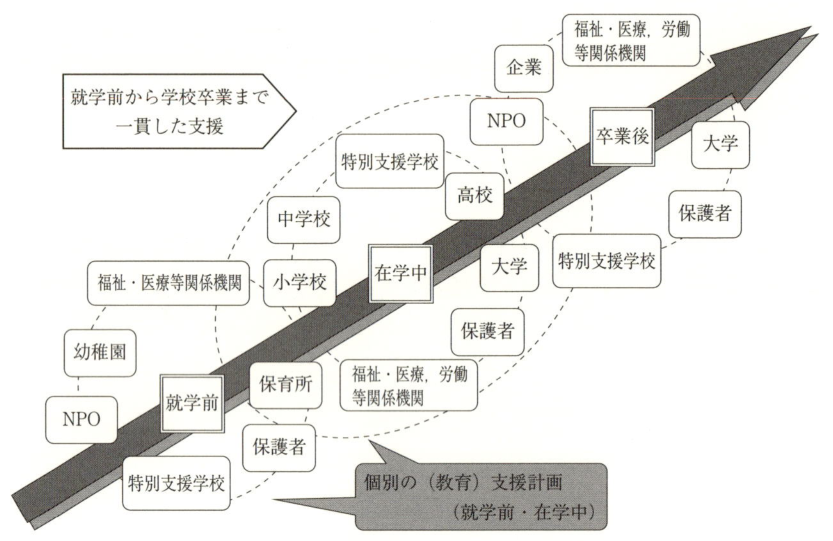

図6－1　個別の（教育）支援計画の構造と方向性

出所：独立行政法人国立特別支援教育総合研究所，2005，17頁。

るものの「福祉・医療，労働等関係機関」によって横に広がる支援のネットワークが形成されており，それらが１本の時間を表す矢印で縦につながる支援として表現されている。

個別の（教育）支援計画の作成

個別の（教育）支援計画の作成は，保護者からの相談または保育者による支援の必要な子どもの発見から始まる。保護者から子どもの困難な状況，願いを受けながら，子どもの実態を把握し共通理解を図った後，計画の内容を検討することになる。作成者は保護者との信頼関係を構築することに努め，保護者の同意のもとで計画の作成を進める必要がある。また，本来はコーディネーターにより保護者，園，関係機関等が調整を図り，それぞれの役割と支援内容について協議しながら作成することが望ましいと考えられるが，一堂に会しての協議が難しい場合には，互いに連絡を取り合いながら進めていくようにしたい。

個別の（教育）支援計画に記載する内容と留意点

個別の（教育）支援計画の様式は，必ずしも決まった形があるわけではなく，市町村や各園によって異なっている。記載する内容も様々ではあるが，おおよそ以下のような内容を記載することが一般的である。

①　子どもの生育歴

出生体重や出産時の異常の有無など，母親の妊産期から計画作成までの期間で，子どもの育ちに直接関連する情報を記入する。乳幼児健診の所見や，発達の状況，罹患歴なども記入する。

②　子どもの現在の状況

現在の発達の状況，障害の状態等を記入する。障害の診断がない場合は，本人や家庭の困難な状況等を記入する。運動発達，基本的生活習慣の獲得，言語発達，社会性の発達など，いくつかの視点を設定することで，詳細な内容を記入することができる。

③　本人・保護者の願い

園・家庭・地域での生活を豊かに送るために必要と思われる，本人・保護者の願いを将来の生活を見通した内容で記入する。

④　支援の目標

本人・保護者の願いに基づいて，園，家庭，関係機関が連携して支援するための目標を記入し，共有する。自己肯定感を損なわないよう留意し，実現を見通した現実的で具体的な目標を設定する。

⑤　支援の内容

支援の目標を達成するため，どのような場面で，どのように関わるのか具体的に検討し，支援内容の概要を記入する。

個別の（教育）支援計画に記載されている情報は，きわめて重要な個人情報となるため，保護者には計画作成にあたって，作成の目的，活用方法および保管・引継ぎ方法等について説明を十分に行う必要がある。また，園所内での管理はもちろんのこと，関係機関との情報のやりとりについても，データを暗号化するなど細心の注意が必要である。

個別の（教育）支援計画の実際

表6-1は，個別の（教育）支援計画の様式例である。計画は作成することが目的ではなく，関係者と連携して支援を実施していくことが本来の目的であ

表6－1　個別の（教育）支援計画　様式例

<table>
<tr><td rowspan="2">本人</td><td>ふりがな</td><td></td><td>性別</td><td>年齢</td><td>生年月日</td></tr>
<tr><td>氏名</td><td></td><td>男・女</td><td></td><td></td></tr>
<tr><td rowspan="2">保護者
（家族）</td><td>氏名（続柄）</td><td colspan="4"></td></tr>
<tr><td>住所</td><td colspan="2"></td><td>電話番号</td><td></td></tr>
<tr><td rowspan="3">在籍園</td><td rowspan="2">園名
園長名</td><td colspan="2" rowspan="2"></td><td>担任</td><td></td></tr>
<tr><td>コーディネーター等</td><td></td></tr>
<tr><td>住所</td><td colspan="2"></td><td>電話番号</td><td></td></tr>
<tr><td colspan="6">本人の状況（実態）</td></tr>
<tr><td colspan="6"></td></tr>
<tr><td colspan="6">現在受けている支援の内容，家庭・地域生活の様子</td></tr>
<tr><td colspan="6"></td></tr>
<tr><td colspan="6">本人・保護者の願い（ニーズ）</td></tr>
<tr><td colspan="6"></td></tr>
<tr><td colspan="6">支援の目標</td></tr>
<tr><td colspan="6"></td></tr>
<tr><td colspan="6">支援の内容</td></tr>
<tr><td rowspan="2">園</td><td colspan="2">支援機関</td><td colspan="2">担当者</td><td>連絡先</td></tr>
<tr><td colspan="5">支援内容：</td></tr>
<tr><td rowspan="2">家庭</td><td colspan="2">支援機関</td><td colspan="2">担当者</td><td>連絡先</td></tr>
<tr><td colspan="5">支援内容：</td></tr>
<tr><td rowspan="2">療育機関</td><td colspan="2">支援機関</td><td colspan="2">担当者</td><td>連絡先</td></tr>
<tr><td colspan="5">支援内容：</td></tr>
<tr><td></td><td colspan="5">支援会議の記録</td></tr>
<tr><td>日時</td><td colspan="2">参加者</td><td colspan="3">協議内容</td></tr>
<tr><td colspan="6">支援内容の評価と引継</td></tr>
<tr><td colspan="6"></td></tr>
<tr><td colspan="6">作成日　　　年　　　月　　　日〈新規・更新（　回）〉</td></tr>
</table>

出所：渡邉，2010，14頁。

る。しかし現在，対象児の増加や支援機関の不足，計画作成に必要な時間の確保の困難など，個別の（教育）支援計画の作成や活用方法の工夫には課題も少なくない。これらの課題の改善に取り組んでいくことが，今後の障害児保育・教育に携わる支援者に求められている。

3　個別の指導計画

個別の指導計画とは

個別の指導計画とは，子ども一人ひとりの障害の状態等に応じたきめ細かな指導が行えるよう，学校における教育課程や指導計画，該当する子どもの「個別の（教育）支援計画」等を踏まえて，より具体的に幼児児童生徒一人ひとりの教育的ニーズに対応して，指導目標や指導内容・方法等を盛り込んだ計画のことをいう。指導内容・方法は園のデイリープログラムや環境等の具体的な実情にあわせて項目を立てて記入する。「個別の（教育）支援計画」と個別の指導計画では内容が異なるが，作成に当たっては相互に関係させたり，参考にしたりして，それぞれの計画がより効果的に活用されるようにすることが望まれる。

個別の指導計画の作成

個別の指導計画の作成に当たっては，担任保育士が一人で行うのではなく，保護者から家庭生活の様子を聞いたり，他の保育者から情報を得たりしながら実態を把握し，計画の作成を進めていく。「個別の（教育）支援計画」を踏まえて立案されることが望ましいが，「個別の（教育）支援計画」が作成されていない場合でも個別の指導計画を作成して，指導や支援を計画的，組織的に進めることが大切である。

個別の指導計画に記載する内容と留意点

個別の指導計画には決まった様式がない。自治体によって統一した形式がある場合もあるが，園もしくは担当者に任されているところもある。対象となる子どもや園の状況に合わせて項目を立て，実行可能な指導計画を作成することが大切であるが，おおよそ以下のような内容を記載することが一般的である。また，個別の指導案を作成した後でも，子どもの姿に応じて柔軟に対応していくことが必要である。

①　長期目標

子どもの何を育てていきたいのか，１年後の姿を見通して目標を設定する。障害の状態や発達段階を考慮し，子どもや保護者のニーズに合った目標にする。このとき，担任が一人で指導目標を設定するのではなく，子どもに関わる教職員間で目標の優先順位を考え，具体的な記述を検討していくことで共通理解を図ることが可能となる。

②　子どもの姿

行動観察や聞き取り，チェックリスト等を通して，子どもの生活面，行動面の困難さを把握し，個別の指導計画の具体的な支援の項目を検討する。表６-２の様式例では子どもの姿を分類して記入する欄は設けていないが，目安が必要な場合「情緒の安定」「社会性・行動面」等の項目別に記入する方法も有効である。

③　中・短期目標

長期目標を受けて，学期ごとに達成するスモールステップを目標として設定する。ここでは曖昧な表現（例「きちんと」「ちゃんと」）を避け，客観的に評価できるように注意すること。表６-２の様式例では「ねらい」がこれに当たる。

④　目標に対応する指導の方法・手立て

中・短期目標を達成するために保育者が行う支援の方法を記述する。援助には子どもに直接的にはたらきかける方法もあれば，保育環境を調整する等の間接的にはたらきかける方法もある。指導の手立ては子どもの育ちに伴って柔軟に調整する必要があるため，そのつど，加筆修正を加えていく。

⑤　評　価

評価は，子どもの行動ではなく保育者の支援の方法が対象となる。そのため，目標が達成できたかのみにこだわらず，目標の達成に向けてどのように変容したのかを記すようにする。

表6－2　個別の指導計画　様式例

氏名　　　　　　　　　　　　（4歳2か月）			
作成者			
目標 友達との関わりで必要な，気持ちをコントロールする方法を知る。			
子どもの姿 好きな遊び（ブロック玩具）は友達と関わりながら楽しんでいるが，思い通りにならないことがあると友達や保育者に対して攻撃的になりトラブルになる。			
	ねらい	方法・手立て	評　価
情緒の安定	場面に応じて気持ちを切り替える。	活動ごとに終わり方や終わりの時間をあらかじめ伝え，急な活動の変更を少なくする。朝の集いでは全体で1日のスケジュールを確認する場面をもつ。	片づけの時間を伝えると大きな声で怒ったり，保育者の声を聞き入れなかったりする場面が多い。しかし，少し前から時計に興味をもち始め，遊びながら気にする様子が見られることから，今回の手立てを継続して行っていきたい。
社会性・行動面	順番があることがわかり，守ろうとする。	順番がある場面では，どこに並ぶか具体的に伝え，最初は保育者も一緒に並ぶようにする。順番が守れたときはすぐに褒め，次に同じ場面になったときは本児一人でも並べるようにする。	順番を抜かして先を急ごうとする行動が多い。保育者の見守りがあれば順番を守ろうとする場面も増えてきている。同様の場面で自分から順番を守れるよう認めたり，褒めたりする言葉がけをしていきたい。
遊び・活動	体を動かす遊びにも興味をもち，自分から遊ぶ。	マットの上を転がる，線の上を飛び越えるなど簡単にできる運動の環境を設定し，認められることで体を動かす遊びの楽しさに気づけるようにする。	簡単な運動ができる環境には興味をもって自分からやってみようとする。他児が遊ぶ縄跳びの様子にも興味をもっているようだが，やってみようとはしない。保育者も一緒に体を動かし，ときにはひっかかる様子も見せながら本児が参加しやすい環境をつくっていきたい。
生活習慣	朝の身支度の流れがわかる。	身支度に集中して取り組めるよう，ノートの提出→手洗い・うがい→かばんの片づけとわかりやすい動線を見直し，絵カードを掲示するなど具体的に方法を伝える。	動線を見直し，絵カードで視覚的に見せたことで身支度の手順がわかり，集中して取り組めるようになった。また，身支度の後は好きな遊びができるという時間の見通しがもてるようになり，より積極的に取り組んでいる。
健康・身体機能	よく噛んで，適切な量や時間をかけて食べるようになる。	紙芝居や絵本などの教材を用いて，よく噛んで食べることで健康な体づくりになることを伝える。食べ過ぎないように食事量を調整する。	保育者が側で見守ることで，噛む回数や時間を気にしながら食事をする様子が見られるが，離れると早食いになってしまい，食事の量も加減できなくなる。運動量と合わせて調整できるように言葉がけを続けていく。

出所：筆者作成。

個別の指導計画の実際

表６－２は個別の指導計画の様式例である。「個別の（教育）支援計画」と同様に，個別の指導計画は作成することが目的ではなく，子どもの障害の状態等に応じた適切な指導を計画的，組織的に行うために作成することが本来の目的である。また，個別の指導計画を作成したとしても，これだけにとらわれすぎることなく柔軟に対応することが大切である。たとえば，子どもの様子に変化が見られたときはそのつど書き加えたり，目標に対応する手立てが合わないようであれば，新しい手立てを上書きしたりする等の必要がある。このことはPDCA サイクルによって個別の指導計画が作成されることにより可能になると考えられる。個別の指導計画に基づく指導が，計画（Plan）―実践（Do）―評価（Check）―改善（Action）の過程で進められることで，よりよい改善，充実を図ることが望まれる。

参考文献

独立行政法人国立特別支援教育総合研究所（2005）『「個別の教育支援計画」の策定に関する実際的研究』。

西牧謙吾（2005）『「個別の教育支援計画」の策定に関する実際的研究』国立特別支援教育総合研究所。

渡邉健治（2010）『幼稚園・保育園等における手引書『個別の（教育）支援計画』の作成・活用』ジアース教育新社。

読者のための参考図書

尾崎康子・小林真・水内豊和・阿部美穂子編著（2018）『よくわかる障害児保育（第２版)』ミネルヴァ書房。

――個別の計画について複数の様式例があげられており，さらに支援の実際について記されていることから，具体的なイメージをもちながら理解が深められる。

前田泰弘・立元真・中井靖・小笠原明子（2016）『実践に生かす障害児保育』萌文書林。

――エピソードが豊富に掲載されており，基本的な知識とともに，保育実践に生かせる具体的な内容を学ぶことができる。

第7章

家庭・自治体・関係機関との連携

障害のある子どもの保護者は，自分の子どもの障害に気づき始めてからの不安やストレス，障害が明らかになったときのショックを体験し子育てを行っている。

本章では，保護者が体験する困難さを知ることにより，保育所・幼稚園等や小学校等の保育士や教員，福祉に関わるものとして，どのように保護者と連携や支援をすべきなのかについて考えていく。また，障害のある子どもに関わる自治体や関係機関とそこで働く専門職について解説を行い，障害のある子どもと家族を支える専門職間の連携のあり方について考える。

1 障害のある子どもの保護者の理解と支援

障害のある子どもの健やかな成長を願うとき，家庭，地域，学校等，子どもが実際に生活している環境のあり方が重要になる。とりわけ，子どもを育てる保護者の存在は環境因子として大きい。本節では，障害のある子どもの保護者の抱える困難さと保護者への支援，保護者との連携のあり方について考える。

障害のある子どもの保護者の困難さについて

保護者は自分の子どもの発達の遅れなどに気づき始めた段階から，ストレスを抱え不安な状態が続く。そして専門家から発達の遅れを告知されたとき，大きな精神的な衝撃を体験する。子どもが学齢を迎えてもその傷が癒しきれていない母親は少なからずいる。障害のある子どもをもつ親の障害受容については，D. ドローターらによる5段階仮説がある（Drotar et al., 1975）。先天性の障害の

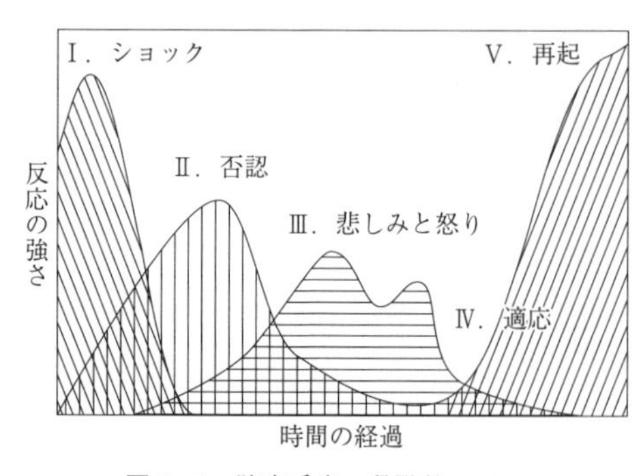

図7－1　障害受容の段階的モデル

出所：Drotar et al., 1975：先天奇形をもつ子どもの誕生に対する正常な親の反応の継起を示す仮設的な図に基づいて筆者作成。

ある子どもの親がショック，否認，悲しみと怒りを経験し，その後，適応，再起に至るというものである（図7－1）。一方，S. オルジャンスキーは，知的障害児の親が子どもの障害を知った後に絶え間なく悲しみ続けるという慢性的悲哀（chronic sorrow）を提唱した（Olshansky，1962）。そして，中田（1995）は親の内面には障害を肯定する気持ちと障害を否定する気持ちの両方の感情が常に存在するとし，障害受容の過程を段階ではなく，肯定と否定の両面をもつ螺旋状の過程と考える螺旋形モデルを提唱した。障害の発見の時期は障害の種類等により異なる。四肢の障害やダウン症など出産後早期に発見される障害の場合，保護者は大きなショックを受けるが，本人・保護者への相談支援も早期から行うことができる。一方，知的発達の遅れがないか，あまりない自閉スペクトラム症（ASD）や注意欠如／多動症（ADHD）などの発達障害や軽度の知的発達症の場合，発見が遅くなったり診断に至るまで長い期間を要したりする場合が多い。

乳幼児期の子どもの発達の遅れ等に関する相談支援の主な流れを図7－2に示した。発達の遅れについては保護者の気づき，市町村保健センターが実施する乳幼児健康診査，保育所等での気づきなどにより発見され，その後，保健師のフォローや専門家による心理相談等を経て，継続的な観察および相談が必要と判断された子どもは，市町村に設置されている親子教室を紹介されることが多く，支援が必要だと判断された子どもには児童発達支援センター等の療育の場が紹介される。診断・治療は病院等の専門医が行う。

保護者は，子育てをする中で何らかの違和感をもっている場合が多い。このような保護者の経験する心理的な困難さと障害受容に至る変化について，保護者の言葉から解説する。たとえば「言葉は遅いと思っていました」「歩き始めてから飛び出すことがよくありました」「抱っこされるのを嫌がりました」「絵

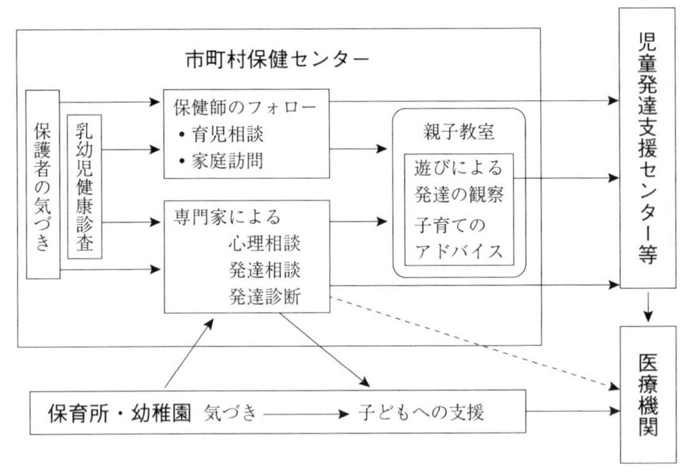

図7－2 乳幼児期の子どもの発達の遅れ等に関する相談支援の主な流れ
出所：筆者作成。

本を読んであげても興味をもってくれず，ページをパラパラめくっていました」などである。しかし，「気にはなっていたのですが，いつか言葉が出ると思っていました」「主人も小さい頃，言葉が出るのが遅かったと言っていたので」「母がまだ大丈夫と言ってくれたので」「何か他の子と違うと思っていたけれど，怖くて電話ができませんでした」など，保護者自身から地域の保健センターなどの機関に相談することは多くない。近年は「ネットで見た発達障害の子どもの様子とそっくりだったので怖くなりました」など，発達障害に関する情報が手に入れやすくなり，相談につながるケースもある。発達の遅れ等の気づきの多くは，乳幼児健康診査や保育所などである。子どもの発達の遅れを指摘されたときは，「やっぱりそうなのかと思いました」という保護者がいる一方で，「納得できなかったです」「家庭では何も困っていなかったので」など，最初は受け入れられない保護者もいる。近年は，市町村の早期スクリーニングのシステムと保健師等のフォローが充実し相談につながりやすくなった。そして，専門家から子どもの発達の遅れや障害等について説明を受けたとき，保護者は精神的衝撃を体験する。多くの保護者は，「なぜ私だけ？」「自分のせい？」「この子を育てていけるのだろうか？」など，一時的に子育てのエネルギーを失ったりネガティブな思考になったりする。この時期には，母親が孤立し心理状態が悪化することを防ぐため，夫や祖父母など身近な人の支えや専門家等からの支援が不可欠である。

保護者の子どもの障害等に対する受け入れは，一人ひとり違い，ゆっくりと進んでいく。子どもの発達の状態により新たな悩みが出てくることもあるが，少しずつ気持ちが落ち着き，子どものためにできることをやろうとする。同じ悩みをもつ保護者との出会いは，「気軽に子どもの話ができる」「わかってくれる人がいる」「アドバイスがもらえて助かった」など，回復への貴重な手助けになる。「こんなことができるようになった」「以前よりは楽になった」「子どもの成長がわかるようになってきた」など，子どもへの療育や支援の効果を保護者が実感することも重要である。子育てが落ち着き，子どもの成長を実感できるようになった頃，保護者は就学先を決定するという重大事に直面する。

障害のある子どもの子育てをしている保護者は，いろいろな機関で専門家からの助言を受けたりインターネットや書物などから積極的に情報を得たりしようとする。親ゆえに，保育所や学校に対して様々な思いがあり，ときにはその思いが要求として出ることもある。また過去のつらい体験を理解したり共感したりしてくれる人が得られずに，心理的孤立の状態で子育てを続けている保護者もいる。保護者との連携や保護者支援は重要である。保護者への支援は，子どもの支援や保育・教育の充実だけでなく，保護者自身の理解を深め，子育てする上での安心感や自己肯定感の保持，加えて家族全体の幸福を支えることにもつながると考えられる。

保護者・家族への支援について

保護者・家族への支援として，①子どもの発達や障害の状態の理解への支援，②子育て上の困難さへの支援，③保護者・本人への心理面のサポート，④祖父母など保護者の周囲の人たちへの働きかけ，⑤兄弟姉妹へのサポート，⑥支援等に関する様々な情報提供などが考えられる。障害のある子どもの保護者への相談支援を行っている機関や施設としては，市町村保健センター，児童発達支援センター，教育センター，児童相談所，社会福祉事務所，発達障害者支援センター等がある。放課後等デイサービスでも保護者への相談などを行っている事業所がある。また，保護者が自主的に運営している「親の会」は，療育や育児の相談を行っている（次項参照）。

保育所や学校での保護者への相談支援は，学級担任，特別支援教育コーディネーター，養護教諭，通級指導教室担当教諭，管理職等が連携しながら役割を分担して行われる。スクールカウンセラーやスクールソーシャルワーカーが役割を担う学校もある。保育所や学校は，相談室を整備したり相談窓口を保護者に知らせたりするなどして，保護者が安心して相談できるような体制を整備することが求められる。

保育士や教師が保護者と連携したり相談を受けたりするスタンスとして，「保護者を理解する」「保護者の気持ちに寄り添う」ことが必要である。相談にあたっては，障害の受容度，子育てのスキル，特別支援教育に関する知識の有無など，保護者の状態を理解することが必要である。また，保護者が直面している子育て上の困難さだけでなく，過去に体験した子育ての困難さやショックの大きさを含めて理解する必要がある。相談時にはまず保護者の考えを受け止め，これまでの頑張りを肯定的に伝えることが大切である。保護者に強い不安を与えないように配慮することも重要である。「……が難しいようで本人が困っているようです」「そこで，こんな支援をしようと考えているのですが……」など，子どもの困難な様子に加え，保育所や学校の具体的な対応を伝えたり，「こんな支援をしてみると……ができるようになりました」など，子どもの具体的な成長や頑張っている様子を伝えたりすることも大切である。

就学先の決定は，保護者にとって容易ではないことである。就学先決定にあたっては，本人・保護者に対し十分な情報提供をしつつ，本人・保護者の意見を最大限に尊重し，本人・保護者と市町教育委員会，学校等が教育的ニーズと必要な支援について合意形成を行うことを原則としている（文部科学省初等中等教育局特別支援教育課，2013）。それゆえに，就学に係る相談は，早い時期から始めて丁寧に進めることが求められる。「情報提供」については，小学校の通常の学級での配慮・支援，通級による指導，特別支援学級や特別支援学校での指導・支援など，学びの場について具体的に説明することが重要である。加えて，小学校や特別支援学校の校内支援体制や合理的配慮について，できるだけ資料を提供しながら，保護者の理解を深めるようにすることが必要である。子どもの障害の状態などの事実を伝えることは重要であるが，たとえ周囲が最善と思っている方法であっても，保護者の状態により受け入れにくいこともある。必要に応じてキーパーソン（保護者が信頼している関係者）を中心に，複数の関係者が連携することも考えられる。実際には，支援者によって見解が異なることもあるが，「A先生とB先生の言われていることが違うので，どう決めたらいいのか悩んでいます」など，保護者が困惑しないよう関係者が共通認識をもつことも大切である。

保護者間の交流について

保護者間の交流の場として，保護者自身が運営する「親の会」がある。そこでは，障害のある子どもの保護者と知り合いになることができ，障害に関する保護者の立場からの情報を入手できる。また，「親の会」は，先輩の保護者に相談できる場所でもあり，保護者にとって，子どもの障害を受け入れる手助けをしてくれる効果も期待できる。「親の会」は，視覚障害，聴覚障害，肢体不自由，知的障害などの障害名やダウン症，自閉症などの疾病名の団体が多く名称も様々である。全国規模の「親の会」の活動内容は様々であるが，主には，社会的理解の向上，権利擁護活動，相談活動，保護者研修等を行っている。療育キャンプなどを行っている会もある。これら全国規模の会のほか，各地域で自主的に運営している小規模の「親の会」も多くあり，市町村等の福祉関係部署に問い合わせることができる。

その他の保護者の交流の場としては，市町村保健センターなどの自治体や発達支援センター等の療育機関によっては「保護者交流会」などの行事を実施している。医療・福祉・特別支援教育関係の学会や団体などが実施する「保護者のための研修会・交流会」などもある。

2　障害のある子どもを支える自治体・関係機関

障害のある子どもの健全な成長のため，乳幼児期から思春期・青年期まで，子どもへの専門的な相談支援が受けられる体制を市町村レベルで確立することが必要であり，そのためには保健，医療，教育，福祉等との連携システムの構築が求められる。本節では，障害のある子どもを支える自治体や関係機関の機

表７－１　障害のある子どもを支える関係機関等と支援等の内容

自治体・関係機関・施設名	障害のある子どもに関する支援等の内容
医療機関（病院等）	•子どもの疾病・障害の診断・治療
保健所（都道府県，政令指定都市・中核都市等に設置）	•母子相談，障害のある子どもの療育等を行う事業所への指導など
市町村保健センター	•乳幼児健康診査，発達に関する相談，親子教室，障害児の子育て支援に関する企画・実施　など
児童相談所（都道府県，政令指定都市・中核都市・特別区等に設置）	•子どもの発達や障害に関する相談，療育手帳交付に伴う障害の判定，子どもの一時保護，入所等措置　など
家庭児童相談室等（市町村）	•子ども・家庭に関する相談
福祉事務所（都道府県，市町村等）	•福祉に関する相談，障害者手帳に関する手続き，特別児童扶養手当　など
市町等教育委員会	•障害のある子どもの教育に関する相談，就学に関する相談　など
障害児入所施設	障害のある子どものための入所施設 •福祉型（保護，日常生活の指導，独立自活に必要な知識技能の付与） •医療型（保護，治療，日常生活の指導，独立自活に必要な知識技能の付与）
放課後等デイサービス	•学校に就学している障害のある子どもへ，授業の終了後または休業日に必要な訓練，社会との交流の促進などの活動を行う
児童発達支援センター	障害のある子どものための通所施設であり，子どもへの支援に加えて保育所等訪問支援の機能を有する •福祉型（日常生活における基本動作の指導，独立自活に必要な知識技能の付与，集団生活への適応のための訓練） •医療型（日常生活における基本動作の指導，独立自活に必要な知識技能の付与，集団生活への適応のための訓練および治療）
特別支援学校地域支援部等	地域の特別支援教育のセンターとしての役割を有する •障害のある子ども・保護者等への教育相談，保育所・幼稚園・学校等へのコンサルテーション，研修会の講師派遣　など

出所：筆者作成。

能と連携のシステムについて解説する。

障害のある子どもを支える自治体・関係機関および施設について

障害のある子どもを支援する保育所，幼稚園，認定こども園，小学校等以外の自治体・関係機関・施設を表７－１に示した。機関や施設の名称は地域や自治体によって異なるので，在住の市町等でこれらの機関がどのような名称や役割を担っているのか調べてみよう。

自治体・関係機関および施設の連携について

市町村主催の障害のある子どもの支援に関する連携会議の主なものとして，次のものがあげられる。

- **地域障害者自立支援協議会**…福祉部署を事務局とし関係機関の担当者が一堂に会する協議会として各市町村で行われている。障害福祉保健に関する情報の共有と普及啓発，地域における障害者支援ネットワークの持続的構築，地域のニーズや課題への対応の検討を行っている。幼児や学齢に関することについては，下部組織として子ども部会などを設置している市町村もある。
- **特別支援連携協議会**…発達障害を含む障害のある幼児児童生徒に対する特別支援教育を総合的に推進するため，保健，医療，教育，福祉，労働等の関係機関，特別支援学校・親の会等の関係者からなり，特別支援教育の啓発とネットワークの形成，研修・情報提供・相談に関する総合的な支援体制の構築などの協議を行っている。就学までの幼児を対象に協議を行う早期支援のための連絡会を設置している市町村もある。
- **要保護児童対策地域協議会**…虐待を受けた子ども，非行の子ども，障害のある子ども，不登校の子どもなど，保護を必要とする子どもを早期に発見し必要な支援を行うため，保健，医療，教育，福祉等の関係者によるケース会議などが行われる。

3　専門職の役割と連携

障害のある子どもには様々な専門職が関わっている。子どもにとって効果的な支援を実施するためには，専門職同士が連携し必要な情報を共有しながら役割を果たすことが求められる。本節では，障害のある子どもに関わる専門職の役割と実際の連携について解説する。

障害のある子どもに関わる専門職

幼児期・学齢期の障害のある子どもには，保育所の保育士，幼稚園の教諭，小中学校等の教諭が保育所保育指針，幼稚園教育要領，学習指導要領のもとで保育，教育に関わる。そして，障害のある子どもに専門的な立場から支援を行う人が多くいる。

・**特別支援学校教諭**…特別支援学校では，小学校等に準ずる教育を行うとともに，障害による困難を改善または克服するため，個々の幼児児童生徒の教育的ニーズに対応した指導を行っている。特別支援学校教諭は，小中学校，幼稚園の教員免許状に加えて，様々な障害についての基礎的な知識・理解と，特定の障害についての専門性を確保する資格として，特別支援学校教諭免許状を原則として取得している。

・**心理士**…心理士は，心理に関する支援を必要とする人や関係者に，心理のアセスメント，相談，援助等を行う専門職で，臨床心理士，臨床発達心理士，学校心理士などの資格がある。公認心理師は，2018（平成30）年に公認心理師法により国家資格となり，保健医療，福祉，教育その他の分野において活躍が期待されている。

・**言語聴覚士**…言語の発達に遅れや障害がある人に専門的治療等を行ったり，摂食・嚥下の問題にも専門的に対応したりする専門職である。

・**作業療法士**…日常生活の動作，運動遊び，工作などの作業活動等を通して感覚運動面のリハビリテーションを行う専門職である。

・**理学療法士**…障害などによって運動機能が低下した状態にある人に対し，運動その他の手段を用いてリハビリテーションを行う専門職である。

・**視能訓練士**…視機能に問題がある人に対して，視能検査，訓練，補助具等の選定と使い方等の指導を行う専門職である。

・**医師**…児童精神科医は小児・児童期に発症する精神障害・行動障害の診断・治療を専門とする精神科医であり，小児科医は小児期の疾患等全般の診断・治療を行う。小児神経科医はけいれん，運動・知能・感覚・行動または言葉の障害など，脳，神経，筋に何らかの異常がある小児の診断，治療，指導を行うことを専門とする小児科医である。その他，眼科医，耳鼻科医，外科医，歯科医なども障害のある子どもの治療に関わっている。

• **看護師**…障害のある子どもへの看護を行う専門職である。看護師は，小児科や精神科などの医療機関だけでなく，施設や学校など障害のある子どもが生活する様々な場所で看護にあたっている。
• **社会福祉士**…社会福祉士とは，障害がある子どもの福祉に関する相談に応じ，助言，指導，福祉サービス，医師その他の保健医療サービスの提供，その他の関係者との連携および調整，その他の援助を行う専門職である。
• **相談支援専門員**…障害のある人や家族への福祉等に関する相談および援助，関係機関との連絡・調整，サービス等利用計画の作成などを行う専門職である。
• **スクールソーシャルワーカー**…いじめや不登校など，学校や日常生活における問題に直面する子どもを支援するため，子ども本人だけでなく，家族や友人，学校，地域など周囲の環境に働きかけて，問題解決を図る専門職である。

専門職同士の連携について

専門職間の連携は学校園所内で行われる委員会等，機関間で行われる連携会議，市町村主催の連携会議，広域の連携会議，関係機関担当者間の訪問による情報のやりとり，個別の教育支援計画を通した情報の共有などがあげられる。連携には，対象の子どもの障害等の状態に応じた適切な支援を行うための情報共有や役割分担を行うなどの横断的な連携と，学校等で実施されている支援が学年の修了や学校等の卒業後も適切に継続するための移行期における情報の引継ぎのための連携等の縦断的な連携があり，いずれも重要である（第6章の図6-1参照）。

保育所，幼稚園，小学校等の組織の中では，学校園所内の委員会がある。委員会では配慮・支援が必要な子どものための個別の教育支援計画の作成に基づく支援体制などの協議を行う。参加者としては，管理職，特別支援教育コーディネーター，教務担当，養護教諭，通級指導教室担当，学年主任等，担任などが考えられる。

ケース会議は個々の子どもの配慮・支援のために組織される。必要に応じて開催される場合が多い。学校園所内のケース会議の場合，参加者は管理職，特別支援教育コーディネーター，学年主任等，担任，養護教諭などが考えられ，スクールカウンセラーやスクールソーシャルワーカー，医療関係者など学校園所に関わる専門職が参加することもある。家庭や地域での問題等が主訴となる場合は，市町村の福祉や子育て担当部署が主催して実施されるケース会議もある。

市町村教育委員会には，保健，医療，心理，特別支援教育等の専門職で組織する専門家チームによる巡回相談がある。専門家チームの組織は，市町村により異なるが，保育所，幼稚園，小学校等の巡回では，保健師，教育委員会担当者，心理士，言語聴覚士，療育関係者などが考えられ，学校園所での子どもの様子を観察した後，支援のためのケース検討会等を行うことが多い。

配慮・支援が必要な子どものための移行期の支援継続のための連携としては，学年修了後の情報の引継ぎと就学移行期の連携があげられる。学校園所内での情報の引継ぎは校内での引継ぎ会等を実施して，前担任から新しい担任に個別の教育支援計画・個別の指導計画をもとに引き継がれる。就学移行期の引継ぎは，学校園所間で特別支援教育コーディネーター等担当者による連携が行われる。引継ぎの方法等は自治体等により異なる。兵庫県赤穂市では，「赤穂市における配慮・支援が必要な幼児児童生徒の移行期の支援継続の手引き」(2018)を作成し，就学に関する保護者相談，就学先の特別支援教育コーディネーターによる在籍学校園所の訪問，就学決定後の引継ぎ会の実施，就学後の連携を行っている。兵庫県では「中学校から高等学校への支援継続のための引継ぎのガイドライン」(2017) により，生徒の支援に関する情報を文書化した「連携シート」を活用した情報の引継ぎと必要な支援の継続を行っている。このように各自治体では，障害のある子どもに必要な支援を確実に引き継いでいくシステムの構築を進めている。

参考文献

秋田喜代美・馬場耕一郎監修，松井剛太編（2018）『障害児保育』中央法規出版。

赤穂市教育委員会（2018）「赤穂市における配慮・支援が必要な幼児児童生徒の移行期の支援継続の手引き」。

杉本敏夫監修，立花直樹・波田埜英二編著（2017）『児童家庭福祉論（第２版）』ミネルヴァ書房。

杉本敏夫監修，立花直樹・波田埜英二編著（2017）『社会福祉概論』ミネルヴァ書房。

中田洋二郎（1995）「親の障害の認識と受容に関する考察――受容の段階説と慢性的

悲哀」『早稲田心理学年報』第27号，83～92頁。
兵庫県教育委員会事務局特別支援教育課（2017）「中学校から高等学校への支援継続のための引継ぎのガイドライン」。
文部科学省（2017）「発達障害を含む障害のある幼児児童生徒に対する教育支援体制整備ガイドライン――発達障害の可能性の段階から，教育的ニーズに気づき，支え，つなぐために」。
文部科学省初等中等教育局特別支援教育課（2013）「教育支援資料――障害のある子どもの就学手続きと早期からの一貫した支援の充実」。
Drotar, D., Baskiewicz, A., Irvin, N., Kennell, J. and Klaus, M.（1975）“The adaptation of parents to the birth of an'infant with a congenital malformation : A hypothetical model,” *Pediatrics,* 56（5）, pp. 710-717.
Olshansky, S.（1962）“Chronic sorrow : A response to having a mentally defective child,” *Social Casework,* 43, pp. 190-193.

読者のための参考図書

中川信子（2018）『Q&Aで考える保護者支援――発達障害の子どもの育ちを応援したい全ての人に』学苑社。
――発達障害の子どもをもつ保護者の困難さと支援者側の対応について，事例を踏まえてわかりやすく解説している。

第8章

乳幼児に対する特別支援教育・保育に関する現状と課題
——教育課程との関わりを中心に——

本章では障害のある子どもに対するインクルーシブ保育・教育の現状と課題を理解することをねらいとする。保育所・幼稚園等で障害のある子どもに対する保育・教育の実際，個別指導計画・個別教育支援計画を理解する。そしてインクルーシブ保育・教育をよりよい内容とするために，教育課程編成上の基本的事項に留意しながら，保育所・幼稚園等での支援体制を充実させていることを理解する。また保育所・幼稚園等と巡回相談，乳幼児健診・就学時健診，児童発達支援センター等の専門機関等との連携の実際や実践上の課題を理解する。

1　インクルーシブ保育・教育の現状と課題

インクルーシブ保育・教育の理念

インクルーシブ保育・教育とは，1980年代以降，アメリカにおける障害児教育の分野で注目された理念である。ノーマライゼーションの理念をもとにインテグレーション（統合）の発展型として提唱された。インクルーシブ保育・教育とは「包み込む」「包括する」等の意味であり，障害の有無や能力にかかわらず，すべての子どもが地域社会における保育，教育の場において「包み込まれ」，個々に必要な環境が整えられ，個々に必要な支援が保障された上で，保育，教育を受けることである。

またインクルーシブ保育・教育の理念の普及とともに保育のユニバーサルデザイン（以下，UD）化の考え方も広まってきている。UD とは，障害の有無や年齢，性別の違いなどにかかわらず，すべての人の快適さや便利さを考えて環境やものをデザインする考え方である。

高知県教育委員会（2011）では，すべての子どもが「わかる」「できる」保育・教育を目指して，保育所・幼稚園における UD に基づく保育・教育を進めるために，次のような取り組みを行っている。

保育者は幼児と生活を共にしながら，それぞれの生活する姿から，今，何に興味をもっているか，何を実現しようとしているか，必要な体験は何かを捉え，それに応じた援助を行うことが大切である。これらの幼児理解に基づいた保育・教育は，まさに UD の視点である。発達障害等のある子どもたちにとってわかりやすいように，いつ，どこで，何を，どのようなやり方でするのか，子どもの理解に合わせて環境の構成をすることが大切である。日常生活の中で視覚支援や環境の構成などの様々な配慮を行うことで，子どもの理解を助け，子どもたちが集中して活動に取り組むことができるようになる。すべての子どもたちが活動しやすい環境や支援を取り入れた保育・教育を進める上で，UD の視点を取り入れることは，発達障害等のある子どもだけでなく，すべての子どもにとって，より充実した保育・教育につながる。

各地で UD の考え方を取り入れた保育・教育の取り組みが広がっており，今後さらなる発展・広がりが期待されるところである。

インクルーシブ保育・教育システム

インクルーシブ保育・教育システムにおいては，同じ場で共に学ぶことを追求するとともに，個別の教育的ニーズのある幼児児童生徒に対して，自立と社会参加を見据えて，その時点で教育的ニーズに最も的確に応える指導を提供できる，多様で柔軟なしくみを整備することが重要である。

日本でも，保育所・幼稚園等での障害のある子どもの受け入れの拡大，「保育所保育指針」の改定，「特殊教育」から「特別支援教育」への移行など，障害児保育・教育のあり方が見直され，インクルーシブ保育・教育の実現に向けて進んでいる傾向にある。

小学校や特別支援学校小学部へ就学するにあたっては「個別の教育支援計画」（第6章参照）をもとに「教育課程」を編成して適切な指導や必要な支援を行うことが，一貫性のある継続した教育につながる。教育課程を編成するためには，まず子どもの実態を把握し，重点目標を設定することが必要となる。その重点目標について主な支援の方法・内容等を検討して，各教科・領域の目標，指導計画，指導方法および指導体制などの教育課程を編成することになる。

保育所・幼稚園等ではそれぞれの保育計画・教育課程を踏まえつつ，子どもの実態に合わせた個別の計画を作成し，保育を行うことが大切である。

インクルーシブ保育・教育システムと合理的配慮

合理的配慮とは，障害のある子どもが障害のない子どもと同じように保育・教育を受ける権利を行使するために，保育所・幼稚園等が必要かつ適当な変更を行うことである。子どもの障害の状態は一人ひとり異なるので，合理的配慮は個別に行われる。またあまりに費用等がかかり過ぎるような過度な負担は課されないこととなっている。

保育所・幼稚園等においても極端な負担がない限り，子どもの実態や教育的ニーズに応じた個別的な配慮が求められている。具体的内容の決定や提供にあたっては，保育所・幼稚園等と本人，保護者との合意形成が重視される必要がある。合理的配慮の決定後も，一人ひとりの発達の程度，適応の状況等を勘案しながら，必要に応じて合理的配慮を見直していくことも求められる。

障害のある子どもに対する支援については，法令や財政措置により国・都道府県・市町村の役割として教育環境の整備をそれぞれ行う。これらは，「合理的配慮」の基礎となる環境整備であり，それを「基礎的環境整備」としている。

基礎的環境整備は以下の８観点によって行われている（文部科学省初等中等教育局特別支援教育課，2016）。

1）ネットワークの形成・連続性のある多様な学びの場の活用
2）専門性のある指導体制の確保
3）個別の教育支援計画や個別の指導計画の作成等による指導
4）教材の確保
5）施設・設備の整備
6）専門性のある教員，支援員等の人的配置
7）個に応じた指導や学びの場の設定等による特別な指導
8）交流および共同学習の推進

なお合理的配慮の対象は，障害者手帳の所持者に限定していないため，今後，

保育所・幼稚園等ではより幅広い対応が求められる。

2　基本的生活習慣と生活援助

基本的生活習慣

基本的生活習慣を確立することは，障害の有無にかかわらず大切なことである。昼間にしっかりと活動を行い，夜にぐっすりと眠るという規則正しい生活リズムを身につけることが日常生活習慣の基本となる。また障害のある子どもにとっては将来の自立を目指す上でも重要である。

基本的生活習慣について，谷田貝・高橋（2016）は「人間が社会人として，生活を営む上で不可欠かつ最も基本的な事柄に関する習慣をいう。具体的には『食事，睡眠，排泄，着脱，清潔の５つの習慣』とする。そして食事，睡眠，排泄の習慣は生理的基盤に立つものであり，清潔，着脱の習慣は社会的，文化的，精神的基盤に立つものと捉えられる」としている。

こうした食事，睡眠，排泄，着脱，清潔等の日常生活習慣を身につけることは自立した生活や社会参加に欠かせない行動である。保育所保育指針では心身の健康に関する領域「健康」のねらいで「健康，安全な生活に必要な習慣や態度を身につける」を取り上げており，それらを通して子どもの自立心や自主性を養うこととしている。

子どもが「やりたい」「がんばってみる」「自分でできた」と思えるような場面を設定し，援助を受けながらも達成感や喜びを味わい，子どもの自尊心を成長させることで，自己効力感を育てることが保育・教育では大切なことである。

生活援助

障害のある子どもは，障害特性や個人特性によって基本的生活習慣の定着のしやすさや身につけたことの応用のしやすさ等が異なっている。小林（2018，50頁）は，障害のある子どもの生活援助の基本的な考え方を以下のように述べている。

「たとえば睡眠の習慣や食事の習慣を『できる―できない』という２分法で評価するのではなく，一つの習慣が完成するためにはどんな小さな行動があるかを考える必要があります。健常な子どもであれば一気に身につけられるような習慣でも，知的障害児にとっては小さな階段を１段ずつ上っていかなければならない場面がたくさんあります。このように小さな段階に分けて指導していく考え方を，スモールステップの原理といいます」。

このように子どもの課題を詳細に分析し，身につけやすいようにスモールステップを設定したり，保育場面で自然と練習ができるような機会を工夫することが生活援助をしていく上で大切である。

また生活援助の基本について，鶴（2018，148頁）は次の５点を述べている。

1）子どもの発達状況を正しく把握すること。つまり子どもがある基本的生活習慣に関わる行為を獲得できる発達の状況かどうかの見極めが大切である。

2）子どもの意欲を育み，大切にすること。

3）子どもの模倣を大切にすること。模倣は自発性や意欲とも関係するので，模倣できる機会を設定し，活用することが重要である。

4）繰り返すこと。基本的生活習慣とは，意識せずにできるパターン化された行為である。毎日繰り返し指導をすることで，その行動を日常的なものとして形成することが可能になる。

5）環境を整えること。たとえば子どもが自分で手洗いをしようとしても，蛇口が手の届かない高さであれば自分では洗えない。子どもが自発的に取り組めるような環境を整えることが重要である。

基本的生活習慣の生活援助は，生活の中で援助されることを考えて行う必要がある。保育所・幼稚園等の特定の場所や保育者を相手にしなければできないのでは，意味が半減してしまうことを頭に入れておく必要がある。また短期間で目にみえるような効果を期待するのではなく，長い目でみた保育のねらいや方法を検討する必要がある。それと当然のことではあるが，障害のある子どもと保育者には良好な信頼関係が形成されていることが生活援助の基本となる。

表８-１は発達障害があるため支援が必要な５歳１か月の男児への保育所での指導例である。環境構成，約束の自己決定，目標や報酬の明確化，行動の言語化コントロール，視覚支援等の配慮が行われており，衝動的な行動の減少等が認められた。

表 8 - 1　複数の担当でつくる日案形式の個別の指導計画

平成28年度９月１日（木曜日）

No 1	名前：なつ　（男）・女）	５歳児（くじら組） 男児16名　女児16名	担　任：かい先生 パート：たこ先生
入園前・前年度からの 引き継ぎ事項	・１歳児クラスから在園している子ども ・３歳児健診後，注意欠如／多動症（ADHD）の診断を受けている ・４歳児クラスではほぼ保育に参加できる		家族構成 父・母・兄（小２）の４人家族

時　間	活動内容	◎個別の目標	☆手だて （特性に合わせた支援）	評価（担当）
8：00～	早朝保育	◎持ち物を棚にしまう	☆なつの動線を考えて，整理する箱やかごを並べる （動線を考えた環境構成）	自分の持ち物が全部置けたことを認める（早出　えび先生）
9：00～	好きな遊び （園庭）・室内）	◎サッカーのシュート遊びでは，順番を守る	☆順番をいすにして，番号を振り，蹴ったら１番後ろのいすに座って応援できるようにする	「じっと座りたくない」とゴールできなかったボールを拾う係をかってでた。最後まで拾っていた　（かい先生）
10：00～	クラスの遊び （制作）・ゲーム・音楽・表現）	◎玉入れ競技で使う大きな張り子のキャラクターをつくる	☆紙をちぎって貼るのは嫌がるので，大きい和紙にはけで水のりをつけて仕上げる。何枚貼るか最初に目標を決めさせる （約束の自己決定）	「10枚貼るって言わなかったらよかった」と言いながら約束通り貼った　（かい先生）
（木）曜 10：30 ～ 11：30	課題遊び （リトミック・英語・体育遊び）等）	◎組体操の土台を嫌がらないでする	☆「練習は２回」「土台が２回とも崩れなかったらおしまい」と最初に決めて始める ★終わったら，思いっきり走って止まる，なつの好きなストップ＆ゴーの遊びをする （ゴールと報酬を明確にする）	「終わり」を決めてやると「男同士の約束だ」となつくんの土台は２回とも崩れなかった。褒めて，好きなゲームをするととても楽しんだ （体育遊び担当きゅう先生）
11：30～	お弁当・給食）	◎配膳係をする	☆汁物は，「そーっと」と声に出して言いながら置くようにさせる （行動の言語化コントロール）	「難しい，こぼした，ごめん」と自分から台ふきで処理していた　（かい先生）
12：30～	お昼寝	◎お昼寝の時間，学童保育の広場でサッカーをする	☆ボールを蹴りながら進む方向がわかるようにコーンを立てる （視覚支援）	「今日は，どんな練習？」と自分から声をかけてきてくれた （たこ先生）
15：00～	おやつ	◎３歳児クラスの手伝いをする	☆準備の間，音楽をかけ，３歳児と一緒に手遊びをする。３歳児に合わせて，ゆっくり歌う	３歳児の様子をよく見て「上手」と褒めながらしていた （３歳児クラス担任なみ先生）
16：00～	延長保育	◎園庭で好きな砂遊びをする	☆友達と一緒に，塩ビ管を使い，葉っぱの流れる川をつくる	友達と話し合いが上手にできるようになった （延長担当わかめ先生）

出所：高畑，2017，123頁より筆者改変。

3　個別指導計画・教育支援計画

個別指導計画・教育支援計画作成の必要性

保育所・幼稚園等における保育・教育は保育者の意図に基づいて立案された具体的な計画により実施・展開されている。保育所・幼稚園等では障害のある子どもに対して，保育所保育指針，幼稚園教育要領，認定こども園教育・保育要領において，個別の計画を作成するように示されている。

個別指導計画は保育所・幼稚園等において障害のある子ども一人ひとりの保育・教育を充実させるために，担任が作成するものである。また個別支援計画は乳幼児期から学校卒業後まで障害のある子どもやその保護者に対する一貫した相談・支援と地域の福祉，教育，医療，労働等の関係機関が連携・協力するための生涯発達を見据えた長期的な計画である。

保育所・幼稚園等と小学校の個別指導計画の違いとしては保育内容の項目などがあげられる。保育所・幼稚園等では，「健康，人間関係，環境，言葉，表現」が計画化されるのに対して，小学校では教育課程上の教科指導等「国語，算数，音楽，体育，生活単元学習，作業学習等」について，目標・指導内容・指導方法が計画化されている。

個別指導計画・教育支援計画を作成する必要性やメリットについて高畑（2017，79頁）は次のように述べている。

1）一人ひとりの子どもの障害の状態に応じたきめ細やかな保育・教育が行える。

2）保育・教育目標や指導内容，子どもの様子などについて，関係者が情報を共有できる。

3）保育所・幼稚園等職員の共通理解や支援体制がつくりやすい。

4）個別の指導だけでなく，集団・保育活動の中での個別的な対応について検討できる。

5）子どもの目指す姿が明確になる。

6）指導を定期的に評価することで，より適切な指導の改善になる。

7）学年・担当者の引き継ぎの資料となり，より一貫性のある指導ができる。

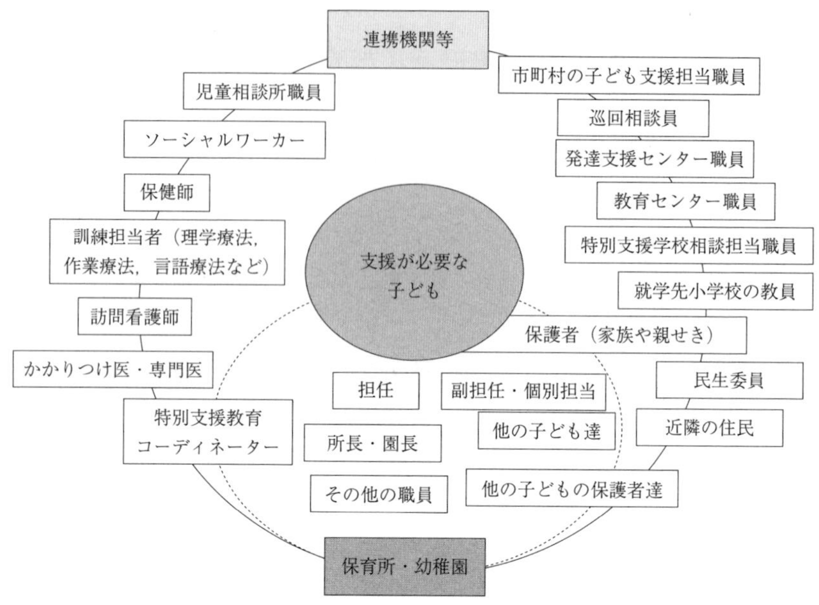

図8-1　インクルーシブ保育のための協働システム

出所：阿部，2018，145頁。

個別指導計画・教育支援計画を用いた連携

個別指導計画・教育支援計画は子どもの在籍する担任保育者と加配保育者が作成することが多いが，関わるすべての専門職が情報を提供し，協力しながら作成することが望ましい。園長，主任保育者，保護者にも個別指導計画・教育支援計画作成のための話し合いに入ってもらうことが必要である。より多くの保育者・関係者に作成に関わってもらうことで，より子どものニーズに応じた個別指導計画・教育支援計画が作成されることになる。結果として保育所・幼稚園等内での情報共有がより緊密になり，支援体制も手厚くなることが期待される。

また障害のある子どもの支援に関しては，保育所・幼稚園等だけですべてが実施されるのではなく，医療，福祉，教育等の専門機関での支援やサービスを受けることも多く，専門機関との連携が必要になる。なお図8-1は個別指導計画・教育支援計画を実践する際における，インクルーシブ保育のための協働システムの一例である。

専門機関との連携にあたっては，連携する専門機関から助言を受けることも効果的である。そのために保護者の了解を得た上で，医療機関や療育機関から情報提供をしてもらい，そこでの支援方針や療育方法を把握し，保育所・幼稚園等との保育・教育方針と関連づけることも有効となることが期待できる。

専門機関に子どもの様子を的確に伝えるためには，個別指導計画・教育支援計画を活用しながら説明することが効果的である。たとえば就学にあたっては，入学予定の小学校，特別支援学校との打ち合わせや引継ぎなどの連携が必要になる。特に個別教育支援計画は引き続き学校での教育支援計画につながっていく。結果として個別教育支援計画により障害のある子どもが小学校生活にスムーズに移行することにつながることが期待できる。

4　保育所・幼稚園内での連携，地域の関係機関，特別支援学校・特別支援学級との連携

保育所・幼稚園内での連携

障害のある子どもへの保育・教育を担任保育者一人で対応することは困難である。子どもの正確な実態を把握するにも，複数の保育者が対等の立場で話し合い，連携して保育・教育を実施することが必要である。たとえば，幼稚園教育要領第１章第３にも，「幼稚園生活が幼児にとって安全なものとなるよう，教職員による協力体制の下，幼児の主体的な活動を大切にしつつ，園庭や園舎などの環境の配慮や指導の工夫を行うこと」と幼稚園内での連携の中で教育をすることの重要性が述べられている。

障害のある子どもへの保育・教育を適切に行うためには，園長以下全職員の共通認識に基づいて同じ方向を目指すことが重要である。保育課程・教育課程の描く理念をもとに保育所・幼稚園全体で園内支援体制を整備する。具体的には保育所・幼稚園等全体で話し合いを行い，役割分担を決めて障害のある子どもに配慮することが必要である。そして事例検討会などを通じて子どもの情報を共有し，よりよい支援を学習することが効果的である。

専門機関との連携

専門機関との連携は，保育所保育指針第１章１にも「家庭や地域の様々な社

会資源との連携を図りながら，入所する子どもの保護者に対する支援及び地域の子育て家庭に対する支援等を行う役割を担うものである」とされているように重要な視点である。

①　巡回相談

巡回相談とは，子どもの発達や障害を専門とする相談員が保育所・幼稚園等に出向き，保育所，幼稚園等での保育や生活の様子をみながら，子どもの生活や行動の理由を考えていく。そして子ども本人への具体的な支援，保育所・幼稚園等の現状に即した保育者の役割や子どもを新たな視点で捉えていくことを保育者と協働して検討する。

巡回相談の実施状況は自治体により回数や位置づけが異なっているが，必要性の高まりが認識され確実に整備が進んでいる。なお巡回相談は保育所・幼稚園等からの要請に基づいて相談員が派遣されるシステムである。巡回相談は地域の専門機関との連携にとり重要なものの一つであり，積極的な活用が期待される。

②　乳幼児健診・就学時健診

乳幼児健診は「母子保健法」に基づいて実施され，１歳６か月～２歳未満児を対象とした「１歳６か月健診」，３～４歳未満児を対象とした「３歳児健診」がある。

乳幼児健診は保健師と子どもと保護者が面談をする形式で実施され，健康状態の把握，病気の把握と早期発見，発達の遅れや障害を早期に発見して，適切な支援につなげていくことを目的にしている。また保護者の養育態度や心理状態等，育児の問題についても把握される。乳幼児健診で気になる様子があった場合は，精密検査や専門機関での発達相談を勧められる場合もある。

就学時健診は「学校保健安全法」第11章に基づいて実施され，小学校に入学する予定の子どもに対して行われる健康診断である。就学時健診では，就学前の子どもの身体の疾患や精神発達の状態の検査を受け，その子どもに適切な教育の場を検討することを目的としている。学習に特別な支援が必要と考えられる場合には，就学相談を勧められる場合もある。

③　児童発達支援センター

障害のある未就学の子どものための通所支援の一つが児童発達支援である。

2012（平成24）年の児童福祉法改正で，障害のある子どもが住んでいる地域で療育や支援を受けやすくするために設けられた制度である。このうち児童発達支援センターは施設に通う子どもの通所支援のほか，地域にいる障害のある子どもや家族への支援，保育所・幼稚園等との連携・相談・支援も行っている。

児童発達支援センターは，福祉型児童発達支援センターと医療型児童発達支援センターに分かれている。福祉型児童発達支援センターは，日常生活における基本的動作の指導，自活に必要な知識や技能の付与または集団生活への適応のための訓練を行う施設である。医療型児童発達支援センターは，福祉型児童発達支援センターの機能に加えて治療（医療）を行う施設である。

④　発達障害をはじめとする障害のある子どもたちへの支援

行政分野を超えた切れ目のない連携が不可欠であり，一層の推進が求められる。特に教育と福祉の連携については，学校と児童発達支援事業所，放課後等デイサービス事業所等との相互理解の促進や，保護者も含めた情報共有の必要性が指摘されている。こうした課題を踏まえ，各地方自治体の教育委員会や福祉部局が主導し，支援が必要な子どもやその保護者が，乳幼児期から学齢期，社会参加に至るまで，地域で切れ目なく支援が受けられるよう，文部科学省と厚生労働省では，「家庭と教育と福祉の連携『トライアングル』プロジェクト」を発足し，家庭と教育と福祉のより一層の連携を推進するための方策を検討した。具体的な取り組みは図８-２の通りである。

特別支援学校・特別支援学級との連携

特別支援学校とは，視覚障害，聴覚障害，知的障害，肢体不自由，病弱（身体虚弱を含む）やそれらを併せ有する子どものために設置された学校であり，専門的知識を有する教員が子どもの教育的ニーズに合わせて手厚い指導を行う場である。特別支援学校は，学校教育法第１条に明示されているように，小学校，中学校，高等学校と同等の教育機関として位置づけられている。また幼稚園，小学校，中学校または高等学校に準ずる教育を行うとともに，障害による学習上または生活上の困難を克服し自立を図るために必要な知識技能を身につけることを目的としている。

特別支援学級とは，通常の小中学校に設置された特別な学級である。学校教

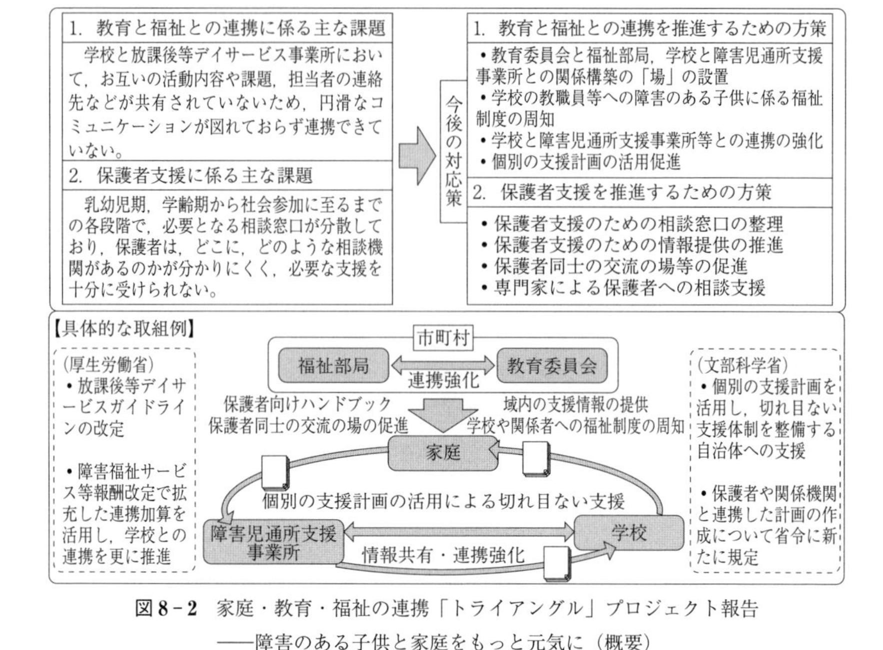

図8－2　家庭・教育・福祉の連携「トライアングル」プロジェクト報告
――障害のある子供と家庭をもっと元気に（概要）

出所：文部科学省特別支援教育について「家庭と教育と福祉の連携『トライアングル』プロジェクト」（http://www.mext.go.jp/component/a_menu/education/micro_detail/__icsFiles/afieldfile/2018/06/11/1405916_02.pdf 2019年５月28日確認）。

育法第81条第２項には特別支援学級の対象となる障害種についての記載があり，知的障害者，肢体不自由者，身体虚弱者，弱視者，難聴者，その他の障害のある子どもで特別支援学級において教育を行うことが適当な子どもである。障害による学習上または生活上の困難を克服するための教育を行うことを目的としている。

障害のある児童生徒の就学先決定の手続きの流れは第10章の図10－1の通りである。障害のある子どもの就学先決定に関しては，特別支援学校に就学する原則が改められ，本人，保護者の意向を聴取し，可能な限り尊重することが求められている。障害のある子どもの就学先決定は短期間でする必要があるため，保護者と保育者，小学校，特別支援学校が緊密に連携をして支援を行うことが求められる。

参考文献

阿部美穂子（2018）「インクルーシブ保育のための支援体制づくり」尾崎康子・小林真・水内豊和・阿部美穂子編著『よくわかる障害児保育（第２版）』ミネルヴァ書房。

伊藤健二編（2016）『新・障害のある子どもの保育（第３版）』みらい。

井村圭壯・今井慶宗編著（2016）『障がい児保育の基本と課題』学文社。

河合康・小宮三彌編著（2018）『特別支援教育と障害児の心理・行動特性』北樹出版。

厚生労働省（2017）「保育所保育指針」。

高知県教育委員会ホームページ（2011）「発達障害等のある幼児児童生徒の指導及び支援の充実に関する指針――特別支援教育の理念のいっそうの広がりをめざして」（http://www.pref.kochi.lg.jp/soshiki/311001/files/2011091600091/2011091600091_www_pref_kochi_lg_jp_uploaded_life_58102_215954_misc.pdf 2019年５月28日確認）。

小林秀之・米田宏樹・安藤隆男編著（2018）『特別支援教育――共生社会の実現に向けて』ミネルヴァ書房。

小林真（2018）「基本的生活習慣の確立」尾崎康子・小林真・水内豊和・阿部美穂子編著『よくわかる障害児保育（第２版）』ミネルヴァ書房。

高畑芳美（2017）「個別の指導計画の作成」那須川知子・大方美香監修／伊丹昌一編著『インクルーシブ保育論』ミネルヴァ書房。

鶴宏史（2018）『障害児保育』晃洋書房。

堀智晴・橋本好市・直島直樹編著（2014）『ソーシャルインクルージョンのための障害児保育』ミネルヴァ書房。

前田泰弘（2018）『実践に生かす障害児保育』萌文書林。

文部科学省（2017）「幼稚園教育要領」。

文部科学省初等中等教育局特別支援教育課（2016）「インクルーシブ教育システム構築事業」。

谷田貝公昭・高橋弥生（2016）『データで見る幼児の基本的生活習慣（第３版）』一藝社。

読者のための参考図書

松坂清俊（2006）『発達障害のある子の発達支援――保育・教育臨床と心理臨床の統合』日本評論社。

――発達に偏りのある子どもの発達特性と行動特性の理解を深めることで，保育・教育臨床と心理臨床との統合の重要性を再確認するのに絶好の書である。

日本発達障害連盟編(2018)『発達障害白書　2019年版』明石書店。

――知的障害をはじめとする発達障害全般の動向について，医療，福祉，教育，労働など様々な分野から記述されている。統計資料も充実している。

第９章

特別支援学校・小学校等での
特別支援教育に関する現状と課題

日本においても近年，インクルーシブ教育システムの推進が社会的潮流となっている。文部科学省の報告では，障害のある子どもとない子どもが，同じ場で学ぶことを追求するとともに，個別の教育的ニーズに最も的確に応える指導を提供できる，多様で柔軟なしくみを整備することが重要であるとしている。多様な学びの場としては，通常の学級，通級による指導，特別支援学級，特別支援学校があげられる（文部科学省中央教育審議会初等中等教育分科会，2012）。

本章では，特別支援学校，小中学校等で行われている特別支援教育について解説する。それぞれの校種の特徴や教育課程の概要を理解しよう。個別の教育支援計画と個別の指導計画，および校内支援体制の構築と特別支援教育コーディネーターの役割についても押さえておきたい。なお，関係する法令等を（　）で示す。

1　特別支援学校

特別支援学校の障害種と目的

特別支援学校は，視覚障害，聴覚障害，知的障害，肢体不自由または病弱（身体虚弱を含む），およびそれらを併せもつ幼児児童生徒に対応した学校であり，子どもの障害の状態や発達段階等に合わせ，手厚い指導が行われている。特別支援学校には幼稚部，小学部，中学部，高等部あるいはそれらのいずれかが置かれている。

特別支援学校では，幼稚園，小学校，中学校，高等学校に準ずる教育を行うとともに，障害に基づく種々の困難を改善・克服するために，「自立活動」という特別な指導領域が設けられている。準ずるとは，原則「同一」という意味である。また，子どもの障害の状態等に応じた弾力的な教育課程が編成できるようになっている（学校教育法第72条）。

特別支援学校の教育課程

①　特別支援学校の教育課程

特別支援学校の教育課程については，学校教育法施行規則（第126条～第128条）で定められている。特別支援学校の教育課程の編成を示す（図9-1）。小学校，中学校，高等学校で扱う内容に加え，自立活動が加わっている。指導にあたっては障害の特性からくる学びにくさに十分に配慮し，基礎的・基本的な事項から着実に習得できるよう指導内容を精選したり工夫したりする必要がある。なお，知的障害の児童生徒を対象とする特別支援学校の教育課程における各教科については次に示す。

②　知的障害の児童生徒を対象とする特別支援学校の教育課程

知的障害のある児童生徒の場合，机上の学習によって得た知識や技能が断片的になりやすく，実際の生活の場で応用・定着されにくい。そのため，実際的・具体的な内容の指導がより効果的であると考えられ，教育課程の編成にあたっては，児童生徒の発達段階や特性を踏まえ実生活に結びついた内容の構成となっている。そうしたことから知的障害特別支援学校では，他の障害種とは異なる教科が設定されている。知的障害特別支援学校の教育課程について小学部を例に示す（図9-2）。

また，知的障害の特性や集団内での児童生徒の個人差に対応し「各教科等を合わせた指導」が実施されている。各教科等を合わせた指導とは，各教科，道徳，外国語活動，特別活動および自立活動を分けず，これらの全部または一部を合わせ授業を行う指導形態である（学校教育法施行規則第130条第2項）。各教科等を合わせた指導として，次のようなものがある。

• 日常生活の指導…児童生徒の日常生活が充実し，高まるように日常生活の諸活動を適切に指導するもので，生活の流れに沿って，実際的な状況下で毎日反復して行い，望ましい生活習慣の形成を図る（例：更衣，洗面，排泄，食事，整理整頓等の基本的生活習慣に関する内容やあいさつ，決まりを守ること等，生活に必要

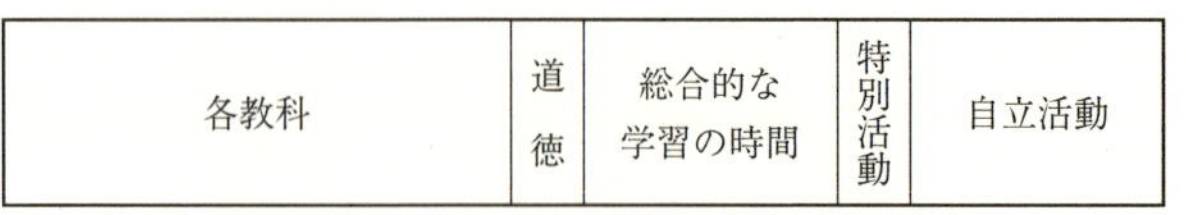

図９－１　特別支援学校の教育課程の基準

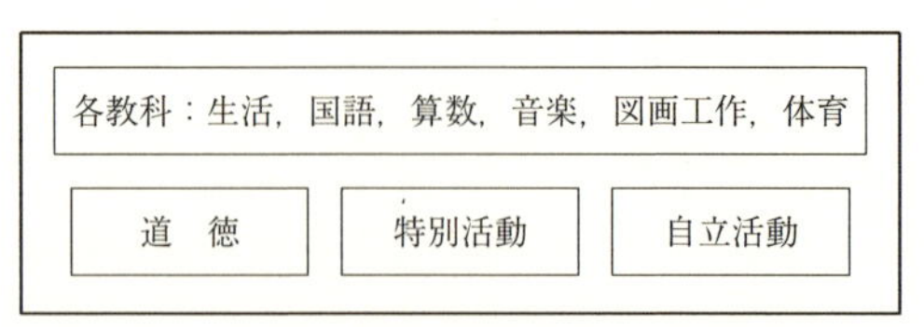

図９－２　知的障害特別支援学校小学部の教育課程

な基本的な内容）。

• **生活単元学習**…児童生徒が生活上の目標を達成したり，課題を解決したりするために，一連の活動を組織的に経験することによって，自立的な生活に必要な事柄を実際的・総合的に学習するもの（例：運動会などの行事，季節のテーマ，生活的な課題等について単元を設定）。

• **遊びの指導**…遊びを学習活動の中心に据えて，身体活動を活発にし，仲間との関わりを促し，意欲的な活動を育てていくもの。

• **作業学習**…作業活動を学習の中心に据え，児童生徒の働く意欲を培い，将来の職業生活や社会自立に必要な事柄を総合的に学習する（例：農耕，園芸，木工，縫製，織物，金工，窯業，食品加工，販売，清掃，接客など）。

③　重複障害のある子どもの教育課程

重複障害のある子ども（複数の障害を併せ有する児童または生徒）の個々の障害の状態は様々であり，教育課程の編成にあたっては，障害の状態に応じ弾力的に編成される。たとえば知的障害を併せ有する場合，下学年や下学部の目標に下げて「下学年代替」「下学部代替」を行ったり，視覚障害・聴覚障害・肢体不自由・病弱の特別支援学校に在籍する子どもが知的障害特別支援学校の各教科に替える場合「知的障害代替」を行ったりする。また，特に必要がある場合「自立活動を主とした教育課程」を編成する場合がある。さらに重度障害または重複障害のため通学が困難な子どもに対し「訪問教育」を行う。訪問教育では個々の実態に応じ「特別の教育課程」を編成する。

④　自立活動

自立活動は特別支援学校の教育課程に設けられた指導領域である。自立活動の目標は「個々の児童又は生徒が自立し，障害による学習上又は生活上の困難を主体的に改善・克服するために必要な知識，技能，態度及び習慣を養い，もって心身の調和的発達の基盤を培う」ことである（文部科学省，2018b）。

自立活動の内容は6区分27項目で構成されている（表9-1）。指導にあたってはこれらをすべて扱うのではなく，個々の子どもの障害の状態や特性，心身の発達段階等の実態に応じ必要な項目を選定し，個別の指導計画を作成し指導する。また自立活動は特設された自立活動の時間だけではなく，学校教育活動全体を通じて行うものである。

特別支援学校のセンター的機能

特別支援学校は自校の子どもに対する教育に加え，地域における特別支援教育を推進すべく，「地域の特別支援教育のセンター」として，地域の小中学校等に対して支援を行う役割を担っている（学校教育法第74条）。特別支援学校は，センター的機能を推進するため，地域支援に関する分掌を設けたり地域支援を担う専任の特別支援教育コーディネーターを配置したりするなど，組織として体制整備に努めている。センター的機能を発揮するために，地域の小中学校等のニーズを的確に把握し，特別支援学校がこれまで蓄積してきた特別支援教育に関する高い専門性を活用して支援を行うことが求められている。センター的機能の具体的な内容は次の6点にまとめられる。

- **小中学校等の教員への支援機能**（例：特別な教育的ニーズのある子どもの実態把握や指導について助言するなど）
- **特別支援教育等に関する相談・情報提供機能**（例：特別な教育的ニーズのある子どもの保護者や担任等への相談など）
- **障害のある幼児児童生徒への指導・支援機能**（例：学校等への巡回相談やコンサルテーション）
- **福祉，医療，労働などの関係機関等との連絡・調整機能**（例：関係機関と連携し特別な教育的ニーズのある子どもの支援のあり方を検討するなど）
- **小中学校等の教員に対する研修協力機能**（例：研究会への講師派遣など）

表９－１　自立活動の６区分27項目

区　分	項　目
1　健康の保持	(1) 生活のリズムや生活習慣の形成に関すること。 (2) 病気の状態の理解と生活管理に関すること。 (3) 身体各部の状態の理解と養護に関すること。 (4) 障害の特性の理解と生活環境の調整に関すること。 (5) 健康状態の維持・改善に関すること。
2　心理的な安定	(1) 情緒の安定に関すること。 (2) 状況の理解と変化への対応に関すること。 (3) 障害による学習上または生活上の困難を改善・克服する意欲に関すること。
3　人間関係の形成	(1) 他者との関わりの基礎に関すること。 (2) 他者の意図や感情の理解に関すること。 (3) 自己の理解と行動の調整に関すること。 (4) 集団への参加の基礎に関すること。
4　環境の把握	(1) 保有する感覚の活用に関すること。 (2) 感覚や認知の特性についての理解と対応に関すること。 (3) 感覚の補助および代行手段の活用に関すること。 (4) 感覚を総合的に活用した周囲の状況についての把握と状況に応じた行動に関すること。 (5) 認知や行動の手がかりとなる概念の形成に関すること。
5　身体の動き	(1) 姿勢と運動・動作の基本的技能に関すること。 (2) 姿勢保持と運動・動作の補助的手段の活用に関すること。 (3) 日常生活に必要な基本動作に関すること。 (4) 身体の移動能力に関すること。 (5) 作業に必要な動作と円滑な遂行に関すること。
6　コミュニケーション	(1) コミュニケーションの基礎的能力に関すること。 (2) 言語の受容と表出に関すること。 (3) 言語の形成と活用に関すること。 (4) コミュニケーション手段の選択と活用に関すること。 (5) 状況に応じたコミュニケーションに関すること。

出所：文部科学省，2018b。

• **障害のある幼児児童生徒への施設設備等の提供機能**（例：教材教具の貸し出しなど）

2　小中学校等における特別支援教育

学校教育法第81条には，特別支援教育は，従来の障害種に加え，教育上特別の支援を必要とする子どもに対しても行われることが示されている。一人ひとりの教育的ニーズに応える教育を提供するために，小中学校では，通常の学級，特別支援学級，通級による指導等，多様な学びの場が設けられている。

特別支援学級

特別支援学級とは小中学校等に設置された，障害があり教育上特別な支援を必要とする児童生徒のための少人数で編成された学級である。特別支援学級１学級の児童生徒数は８人が標準となっている。特別支援学級の対象となる障害種は，知的障害者，肢体不自由者，身体虚弱（病弱者を含む），弱視者，難聴者，その他障害のある者[(1)]で，特別支援学級において教育を行うことが適当なものである（学校教育法第81条第２項）。特別支援学級の教育課程は，基本的には小中学校の教育課程に沿って行われるが，特別の教育課程の編成ができる（学校教育法施行規則第138条）。特別の教育課程の編成については，障害による学習上または生活上の困難を克服し自立を図るため，自立活動を取り入れることとされ，各教科の目標や内容を下学年の教科の目標や内容に替えたり，各教科を知的障害特別支援学校の各教科に替えたりすることなどができる（小学校・中学校学習指導要領）。指導にあたっては個別の教育支援計画や個別の指導計画を作成し，心身の発達や特性を踏まえ個に応じた指導がなされる。また，施設・設備・教材・教具等に様々な工夫をしたり，見る，触れる，実際に物を操作する等，具体的な経験を学習活動の中で取り入れたりすること等が重視されている。また，学校行事や給食，各教科の一部，総合的な学習の時間等について交流学級で学ぶ等，通常の学級の子どもと交流する機会を設けることも大切である。特別支援学級の運営にあたっては，すべての教師が障害について正しい理解と認識を深め教師間の連携に努めることが大切である。

通級による指導

通級による指導[(2)]とは，学校の通常の学級に在籍し，通常の学級での学習におおむね参加でき，ほとんどの教科等を通常の学級で行いながら，一部特別な指導を必要とする児童生徒に対して，障害に応じた特別の指導を特別の場（通級指導教室）で行う教育形態である。通級による指導の対象は，言語障害者，自閉症者，情緒障害者，弱視者，難聴者，学習障害者，注意欠陥多動性障害者，その他障害のある者[3]で，この条の規定により特別の教育課程による教育を行うことが適当なものである（学校教育法施行規則第140条）。

通級による指導は，特別な教育課程の編成による。指導内容は，障害による学習上または生活上の困難を改善・克服することを目的とする「自立活動」である。ただし，特に必要があるときは，各教科の内容を取り扱いながら指導を行うこともできる。たとえば，学習障害により書字に困難を示す場合，単なる国語の学習の補充ではなくその子どもの書字困難の要因をアセスメントし，その困難を軽減するための指導を行う等である。

通級による指導の教育課程は，在籍する小中学校等の通常の教育課程に加え，またはその一部に替えて行うことができる。

通級による年間の指導時間は35単位時間（週１単位時間）から年間280単位時間（週８単位時間）以内となっている。（限局性）学習症（LD）や注意欠如／多動症（ADHD）については，指導の効果が期待できる場合，下限が年間10単位時間（３～４週間に１回でも可能）となっている。

また，通級による指導は，在籍校の通級指導教室に通う自校通級と，在籍校に通級指導教室がなく他校の通級指導教室に通う他校通級がある。通級による指導を担当する教師が複数の学校に出向いて指導する巡回指導の形態もある。

指導方法としては，小集団指導により，社会的な能力に関する指導（人との関わり方やコミュニケーションの取り方，集団のルール理解，場面や状況に合わせた行動のコントロール等）を行ったり，個別指導により，学習に関わるスキルの習得を行ったりする。通級による指導では通常の学級の教育課程のように指導内容があらかじめ決まっていないため，適切な実態把握のもと，担当教師が指導内容を組み立てていく。通級指導教室で学習したことを日常の生活や通常の学級の諸活動で活かすことができるように，保護者や担任等と連携を図ることも重要である。

通常の学級での配慮・支援

文部科学省が行った調査では，小中学校において通常の学級で学習または行動面で著しい困難を示すとされた児童生徒は，6.5％であった（文部科学省，

2012)。また，不登校の子ども，帰国した子どもや外国籍の子どものうち日本語習得に困難がある子ども，虐待等家庭における養育上困難がある子ども等，障害はないが特別な配慮・支援が必要な子どもが存在することも考えられる。これらのことから，通常の学級においても，教育活動の中で特別支援教育の視点に立った配慮・支援の必要性が示唆される。

①　学校組織としての支援体制

個々の子どもたちの多様な教育的ニーズに応えるためには，学級担任一人で取り組むのではなく，複数の教師によるチーム・ティーチング（T. T）や校内委員会の設定など，組織としてのシステムを構築することが重要である。

②　集団への配慮・支援と個への配慮・支援

集団に対し取り組むべきこととして，学級経営と授業改善があげられる。まず，学級経営においては，発達段階の違いや発達特性等により集団に適応できにくい子どもたちが排除されない集団づくりに努めたい。それぞれの良さを認め合ったり，互いの違いを受け入れたりするなどの心情や態度を育てるために，教師が良きモデルとなって関わることが大切である。温かく落ち着いた学級はどの子どもにとっても安心できる環境であるとともに学習環境の基盤ともなる。

2点目の授業改善では基礎的環境整備として，授業にユニバーサルデザイン（以下，UD）の考え方を取り入れることが有効であると考えられる。教育活動における UD の例として，学習環境の整備（教室内の物の置き場をわかりやすく整理する，教室前面の掲示物を最小限にする等），視覚情報の活用（授業の流れを示すスケジュールボード，実物，写真，映像等の視覚的な手がかりの提示，ICT 機器の活用等），理解を深める工夫（互いの意見を共有しながら思考を深めるための話し合い活動等），授業の構成（授業のねらいや活動を絞り簡潔に構成する）等があげられる。

しかし，こうした工夫を行った上でも知的発達に遅れがある子どもや認知特性に偏りがある子どもたちの中には理解や参加が難しい子どもが在籍する可能性も考えられる。そうした特別な配慮・支援が必要な子どもに対しては，障害の状態や教育的ニーズに応じて個々に合理的配慮を行うことが必要である。合理的配慮の観点として3観点11項目が示されている（文部科学省中央教育審議会初等中等教育分科会，2012，第5章の表5－2参照）。

3　個別の教育支援計画と個別の指導計画，就学移行期での引継ぎ

個別の教育支援計画と個別の指導計画（図9-3）

小中学校で作成される個別の教育支援計画は，保健，医療，福祉，労働等の関係機関との連携を図りつつ，入学前から学校卒業後までの長期的視点に立って，一貫して適切な教育的支援を行うために，障害のある幼児児童生徒一人ひとりについて作成される。

個別の指導計画は，一人ひとりの幼児児童生徒に対して教育的ニーズに対応したきめ細やかな効果的な指導を行うために，学校の教育課程に基づいて指導目標や指導内容等を盛り込み作成される。学習指導要領には，教育上特別な支援を必要とする児童生徒については，個別の教育支援計画を作成・活用に努めるとされており，特別支援学級に在籍する児童生徒や通級による指導を受ける児童生徒については，個別の教育支援計画および個別の指導計画を全員に作成する。個別の教育支援計画と個別の指導計画については，第6章に詳しく解説しているので参照されたい。

移行期での引継ぎについて

2013（平成25）年に示された教育支援資料には，「一貫した教育を効果的に進めるためには，支援の主体が替わる移行期の支援に特に留意する必要がある。（中略）これらの『移行期』において，従前の支援内容を新たな支援機関に着実に引き継ぐことが重要である」と示されている。保育所・幼稚園等から小学校，小学校から中学校への移行期において，送り出す側（前籍学校等）が，配慮・支援が必要な子どもの情報を円滑に引き継ぎ，受け入れ側（次に在籍する学校等）が継続的に支援を行う体制をとることにより，子どもや保護者が安心して新たなスタートが切れることが期待される。そこで，それぞれの特別支援教育コーディネーターが連携を行い，個別の教育支援計画や個別の指導計画を引継ぎのツールとして活用することにより，効率のよい引継ぎが可能となる。実際の引継ぎでは，引継ぎの方法（誰が，何を，どのような方法で，いつ引き継ぐか等）を明確にしておくことや，個人情報の取り扱いについて留意することが

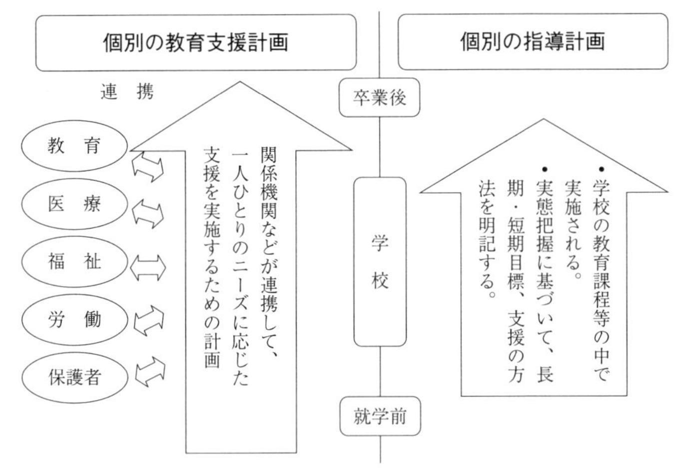

図9-3　個別の教育支援計画と個別の指導計画の関係

出所：筆者作成。

必要である。保育所・幼稚園から小学校への引継ぎについて，１年を通した取り組みの例を以下に示す。

• **保育所・幼稚園・小学校間の連携連絡会**…各機関の特別支援教育コーディネーターを中心として，年間を通して計画的に気になる子どもの状態や保護者の願いなどについて情報交換する。

• **就学に向けた見学会**…小学校の見学を希望している保護者と保育士が，小学校の通常の学級・特別支援学級・通級指導教室の見学に行く。

• **就学に向けた個別の相談会**…保育所・幼稚園は個別に希望する保護者に対して就学に関する相談を行う。必要に応じ，小学校との懇談を設定し，合理的配慮等についての検討をする。

• **保育所・幼稚園から小学校への訪問**…小学校の運動会や学校行事などに，就学予定の年長児が参加し，特別な配慮・支援が必要な子どもの状態を小学校の教員が把握する機会とする。

• **小学校から保育所・幼稚園への訪問**…参観日，交流行事，表現発表会等の年間の行事や，普段の日に小学校の特別支援教育コーディネーター等が保育所・幼稚園を訪問し保育所・幼稚園での生活の様子を観察する。

• **保育所・幼稚園から小学校への引継ぎ会**…個別の教育支援計画および個別の

指導計画を引き継ぎ，子どもの様子や保育所・幼稚園での支援・手立て，保護者の思い，保護者との関わり等について，保育所・幼稚園から小学校へ伝える。

4　特別支援教育推進のための校内の支援体制の構築と関係機関連携

①　校内の支援体制の構築と特別支援教育コーディネーターの役割

特別支援教育コーディネーターは各学校における特別支援教育を支える機能を担っている。特別支援教育コーディネーターは，校長のリーダーシップのもと，学校全体で特別支援教育に取り組むことを念頭に置き，校内支援体制の整備を図っていくことが重要である。そのために，日常的に他の職員と話したり子どもの様子を観察したりして，話しやすい雰囲気をつくっておくとともに，保護者とよい関係を築くよう心がけ，信頼関係のもとで協力して支援することが大切である。特別支援教育コーディネーターの具体的な役割を下記に示す。

- 特別支援教育の年間計画の立案…校内委員会，研修会，訪問支援，個別の指導計画作成の日程等について活動内容を具体的に明示する。
- 子どもの実態把握…困難を呈している子どもについて担任の話やチェックリスト等から，早い段階で気づき，支援につなげる。
- 学校内の職員の相談窓口…職員の相談に耳を傾け，助言を行ったり情報を提供したりする。必要に応じ他機関の紹介，ケース会議の開催等を行う。
- 校内委員会の企画運営…校内委員会を企画し，運営や協議における中心的な役割を果たす。
- ケース会議の実施…必要に応じケース会議を開き，情報を共有し具体的支援を検討するための中心的な役割を果たす。
- 保護者の相談窓口…保護者からの相談に応じる。必要に応じ担任等との面談の設定をしたり，他機関へつないだりする。
- 「個別の教育支援計画」「個別の指導計画」…「個別の教育支援計画」「個別の指導計画」の作成・実施・評価について計画し，全職員に伝えたり助言を行ったりする。
- 関係機関との連携…教育・福祉・保健・医療等の関係機関との連携を図る。
  例：児童発達支援センター，放課後等デイサービス等

• 研修会の企画・運営…特別支援教育の推進や理解啓発のため，研修会を企画・運営する。

②　交流および共同学習と学校間連携

障害のある児童生徒が地域社会の中で積極的に活動し，その一員として豊かに生きる上で，障害のない児童生徒と相互理解を図ることは非常に重要である。小学校・中学校，特別支援学校の学習指導要領には「交流及び共同学習の機会を設け，共に尊重し合いながら協働して生活していく態度を育むようにすること」と記されている。障害のある子どもと障害のない子どもが一緒に参加する活動は，相互の触れ合いを通じて豊かな人間性を育むことを目的とする交流の側面と，教科等のねらいの達成を目的とする共同学習の側面があるものと考えられ，この２つの側面は分かちがたいものとして捉え，推進していく必要があるとされている。

このため，小中学校等においては，学校内（特別支援学級と通常の学級間等）や学校間（自校の特別支援学級と他校の特別支援学級間，自校と近隣の特別支援学校間等）での交流および共同学習，あるいは地域社会との交流を実施している。特別支援学校では，学校間交流や自校が所在する地域との交流に加え，自校に通う児童生徒が居住する地域の小中学校等との交流を行う居住地交流が行われている。

交流および共同学習は，障害のある子どもにとって有意義であるばかりでなく，障害のない子どもや地域の人たちが，障害のある子どもとその教育に対する正しい理解と認識を深める絶好の機会にもなる。また，障害のある子どもが学校卒業後，自分の居住する地域で生活することを考えると，交流および共同学習を通して，地域の人や子どもが障害のある子どもの存在を知り，将来ともに助け合い支え合う関係を築く基盤となる。

5　すべての学びの場における特別支援教育の推進

インクルーシブ教育システムが推進され，障害のある子どもと障害のない子どもが同じ場で共に学ぶことが追求されるようになった。一方で特別支援学級，特別支援学校で学ぶ子どもは増加の一途をたどっている。適切な配慮・支援を受けながら同じ場で学ぶことを追求していくためにも，今後，小中学校等では通級による指導の充実とともに，通常の学級での特別支援教育の質の向上が求められる。そのために，小中学校等の教員の特別支援教育に関する専門性を高めるべく，特別支援学校教諭等免許状の取得率向上と，すべての場において特別支援教育がなされるべく，通常の学校や通常の学級の教員らの意識を高めるとともに，学校全体のさらなる体制整備を行うことが必要である。

注

(1) その他障害のある者として，言語障害者，自閉症・情緒障害者があげられる（「障害のある児童生徒等に対する早期からの一貫した支援について」）。

(2) 通級による指導は1993（平成５）年に学校教育法施行規則の一部改正により，小中学校において制度化された。2006（平成18）年度から新たに（限局性）学習症（LD），注意欠如／多動性（ADHD）のある児童生徒についても通級による指導の対象とする等，制度が見直された。通称「通級指導教室」とも呼ばれている。

(3) その他障害のある者として肢体不自由者，病弱者および身体虚弱者があげられる（「障害のある児童生徒等に対する早期から一貫した支援について」）。

参考文献

赤穂市教育委員会（2018）「赤穂市における配慮・支援が必要な幼児児童生徒の移行期の支援継続の手引き」。

文部科学省（2007）「特別支援教育の推進について（通知）」。

文部科学省（2012）「通常の学級に在籍する発達障害の可能性のある特別な教育的支援を必要とする児童生徒に関する調査」。

文部科学省（2017a）「小学校学習指導要領解説 総則編」。

文部科学省（2017b）「中学校学習指導要領解説 総則編」。

文部科学省（2018a）「特別支援学校教育要領・学習指導要領解説 総則編（幼稚部・小学部・中学部）」。

文部科学省（2018b）「特別支援学校教育要領・学習指導要領解説 自立活動編（幼稚部・小学部・中学部）」。

文部科学省編著（2018）『障害に応じた通級による指導の手引――解説とQ&A（改訂第３版）』海文堂出版。

文部科学省中央教育審議会初等中等教育分科会（2012）「共生社会の形成に向けたインクルーシブ教育システム構築のための特別支援教育の推進（報告）」。

読者のための参考図書

湯浅恭正編著（2018）『よくわかる特別支援教育（第2版）』ミネルヴァ書房。

——学校づくり・学級づくり・授業づくりを柱とし，学校での特別支援の教育実践について豊富な事例を示し，具体的に解説している。

小林秀之・米田宏樹・安藤隆男編著（2018）『特別支援教育——共生社会の実現に向けて』ミネルヴァ書房。

——特別支援教育の理念・制度を踏まえ，それぞれの障害種の教育的ニーズに応じた指導・支援について，わかりやすく解説している。

第10章

障害児や特別な配慮を要する児童への支援に関する現状と課題

障害児や特別な配慮を要する児童（以下，障害児等）を保育・教育する場合，その子どもや保護者のこれからの人生の様々な段階（ライフステージ）を見通しながら，子どもの「今」を充実させる必要がある。保育者等はよかれと思って目の前の子どもの行動を止めたり矯正したりしがちであるが，その際には障害種だけにこだわらず，子どもや保護者のもつ「特別な教育的ニーズ」を把握しはたらきかけることが大切である。保護者がわが子の障害を受容することは難しく，その成長の中でも様々な悩みや葛藤を抱えるが，保育者等はそんな保護者の心情に誠意をもって寄り添い，子どもを成長させていくことで保護者を援助する。やがて，障害児等は就学前の世界から学齢期に進み，社会生活に移行する。障害者の自立概念は大きく変わってきているが，障害のある者とない者がお互いによく理解し合うことと，様々な支援を受けながらも障害者等が地域で前向きに生きたいと願う心を育てることが何より重要になってくるだろう。

1 ライフステージを見通した障害児や特別な配慮を要する児童の支援

ライフステージを見通す必要性

ライフステージとは，人の一生を「乳幼児期」「学童期」「青年期」「壮年期」「老年期」等に分けて考えた場合のそれぞれの段階を指す。これは障害の有無にかかわらず，誰もがその人生の中で経験することであり，子どもの頃は漠然とした思いであったとしても，年齢が上がるにつれて自分の「将来」を意識して「現在」の生活を構想するようになるのではないだろうか。ただし，障害児等の教育や福祉を考えるとき，彼らが歩む道筋はその他の子どもたちと必ずしも同様ではない。障害児等が経験するであろうライフステージを見通して「現在」の教育や福祉を考える必要があると考える。

障害児・者への支援がライフステージの移行期に途切れることがないように「個別の支援計画」が一人ひとりに策定されることは第6・8章で述べた。「個別の支援計画」は，地域の関係機関が連携・協力して障害児・者の生涯発達を目指す重要な計画であるが，これをつくればすべて安心ということではない。計画を活かすためにはそれを運用する当事者や支援者が，それぞれのステージで最もよく生きることができるように創意工夫することが求められるのである。障害児等の「現在」と「将来」を考えるとき，指導者が陥りやすい落とし穴がある。その一つは，「将来」の幸せのために「現在」障害児等はつらく苦しい学習に耐えなければならないという考え方である。もう一つは，やはり「将来」の幸せのために障害児等を大人の指示に何でも素直に従う「よい子」に育て上げるということ。障害児等の保育・教育に困難を感じる研究熱心な指導者ほど，この落とし穴にはまりこんでしまう。そんなときこそ，ライフステージを見通して障害児等の「現在」を充実させる実践に立ち戻ることが大切である。たとえ今は見栄えの悪い行動であっても長い目で見れば大切な成長のプロセスであることもある。支援者は迷い，悩みながら障害児等の成長に寄り添う姿勢が重要なのである。

特別な教育的ニーズとは

『幼稚園教育要領解説』(2018〔平成30〕年3月) に以下の記述がある。「障害の種類や程度を的確に把握した上で，障害のある幼児などの『困難さ』に対する『指導上の工夫の意図』を理解し，個に応じた様々な『手立て』を検討し，指導に当たっていく必要がある」「一方，障害の種類や程度によって一律に指導内容や指導方法が決まるわけではない。特別支援教育において大切な視点は，一人一人の障害の状態等により，生活上などの困難が異なることに十分留意し，個々の幼児の障害の状態等に応じた指導内容や指導方法の工夫を検討し，適切な指導を行うことである」(文部科学省，2018b)。

ここでは「この障害にはこの指導」といった思い込みや決めつけの指導を廃し，障害児等個々の「困難さ」を改善克服するための「指導上の工夫の意図」

をもって具体的な指導の「手立て」を生み出すという新たな流れが示されている。この場合の指導は，各障害の種類に共通で固定的なものではなく，障害児等一人ひとりがもつ個別の教育的な要求に基づいて行われる。これが「特別な教育的ニーズ」である。

「特別な教育的ニーズ」という用語を世界的に普及させる直接の契機となったのは，イギリスの「ウォーノック報告」（1978年）である。第二次世界大戦後のイギリスにおける障害児教育の課題を明らかにし，新時代に向けた提言を行った「障害児者教育調査委員会」による報告書である。同委員会では子どもの障害だけに注目することが教育の可能性を否定的に捉えるとして，「特別な教育的ニーズ」という概念を導入した。それによって子ども自身の要因に加えて，子どもの学習環境や教師の指導に対する考え方などを重視することが不可欠になった。また「特別な教育的ニーズ」が子どもに学習上の困難を生じさせるあらゆる要因を包含することから，障害とは関係のない教育的ニーズも想定できる。それが上述の障害以外の「特別な配慮を要する児童」として，特別支援教育の範疇に含まれるようになったと考えられる。イギリスで生まれた「特別な教育的ニーズ」の概念が，まさに50年近い時を経て現代の日本に花を咲かせようとしているということができるだろう。

2　保健医療分野の支援

妊娠出産・障害の発見

母親がおなかの中で大切に育んできた命が産まれる瞬間。苦痛や不安を乗り越えた親は安堵感と幸福感に包まれてわが子と対面する。そんな最愛のわが子に障害があると伝えられたとき，親はどのような気持ちになるだろうか。

誕生と同時に発見される障害としては，染色体異常であるダウン症や脳性麻痺などの肢体不自由障害がある。外見的な特徴が見てとれることから生まれる前からわかる場合も多い。聴覚障害も出生後間もなく聴覚スクリーニング検査を受けることで発見することができる。これらの障害は誕生の喜びの中で伝えられることから保護者の受ける衝撃は大きいが，早期に発見されることで治療や支援を早くから開始できるというメリットもある。早期発見，早期支援がその後の成長発達に大きな影響を与えることが知られている。

幼児期は特別支援学校の幼稚部や専門の療育機関等で専門的な療育を受ける場合もあるが，専門機関のサポートを受けながら，通常の保育所や幼稚園に通うケースも多くある。

一方，知的障害や言語障害，自閉スペクトラム症（ASD），注意欠如／多動症（ADHD），（限局性）学習症（LD）などの発達障害は生まれてすぐには発見できない。このような障害児の保護者の多くは乳幼児期から学童期にかけての子育ての中で障害と出合うことになる。発見される機会として重要なのは，母子保健法に定められ市区町村が実施する1歳6か月児健診や3歳児健診であり，また同じ頃に保育所や幼稚園，認定こども園等での保育が始まることから，保育現場で発見される場合もある。

療育とは障害の改善・克服を目指した医療・教育・福祉等の様々な専門的知識を活かしたアプローチのことをいい，専門機関としては児童発達支援センター，児童発達支援事業などがある。市町村の保健センター等で開催される親子教室等も身近な相談支援の場ということができる。

日本では，母体の血液を検査することで胎児の異常を診断する「新型出生前診断（NIPT）」が2013（平成25）年から導入された。採血だけで，胎児のダウン症を含む染色体異常を99％の感度（精度）で判断できる。妊娠10〜22週で検査できることから，妊婦は検査結果によって人工妊娠中絶を選択することができる。科学や医療の進歩によって，今後このような葛藤，苦悩に直面した決断の場が増えていくことになると考える。

学齢期以降の支援

学齢期以降も継続して子どもたちが医療機関と関わるケースとしては，薬物療法がある。多動や過敏を伴う発達障害やてんかん等は定期的な服薬によって安定した日常生活を送ることができる。

また，重度の肢体不自由と重度の知的障害が重複している重症心身障害児は生命と生活を維持するために医療との連携が不可欠である。全国に約4万人の重症心身障害児・者がおり，その7割が在宅療養だという。在宅医療体制や家族の介護負担を軽減する福祉体制は不十分であり，母親に介護負担が重くのしかかっている現状である。

近年の小児医療の技術の進歩によって，救命できるようになった子どもの中には知能や運動能力に異常はないが，気管切開，人工呼吸器管理，痰の吸引，中心静脈栄養などの高度な医療を必要としている子どもが増えてきている。この子どもたちは歩くことができ，会話も可能なため，重症心身障害児の枠には入らない。医療依存度の高い子どもの課題は大きい。こうした家族の負担を少しでも軽減できるように2012（平成24）年からヘルパーや教員等も条件を満たせば，痰の吸引や経管栄養，導尿等の医療的ケアを行うことができるようになった。

障害の診断は医師が行うため，配慮を要する子どもが増加している昨今，障害を専門とする医療機関の受診希望者が増大している。専門の医療機関の数は限られているため，特に地方では受診まで半年や１年待たなければならない状況がある。障害についての診療ができる医療機関の拡充が喫緊の課題である。

3　福祉・教育分野の支援

就学前の支援

障害児や特別な配慮を要する幼児たちは，保育所や幼稚園等に通うことで初めての集団生活を体験する。前節で述べたように，生まれてすぐに障害が発見され，すでに療育が始まっている子どももいれば，まだわが子の障害等について全く認知していない保護者もいる。受け入れる保育者にはどのような対応が求められるだろうか。

そもそも保育施設は，施設・設備も人員配置も障害児等の受け入れを想定したものではない。一方で，障害者施策の進展や子どもの減少により，保育施設が障害児等を受け入れる機会は増大している。保育者がこの矛盾を乗り越えようとするとき，それまでの現場経験や子どもへの愛情だけでは十分ではない。保育者は，人間の発達の多様なあり方を理解し，障害を科学的な視点から学ぶことや，保護者や同僚，障害児の療育に携わる各種の専門機関と交流する必要に迫られる。そして，自分がこれまで培ってきた「子ども観」や「保育観」の見直しが必要になる。つまり，障害児等を受け入れる保育者に必要な心構えは

「自分自身の保育の枠組みを変化させることをいとわない姿勢」だといえる。たとえば，日常の保育活動の中で子どもが離席したり想定外の行動に出たりするとき，保育者は子どもの側に問題があると強く感じる。障害児等の保育において保育者は子どもの成長の手ごたえや見通しがもちにくい。障害児等の行動によってこれまで平穏に行われてきたクラス運営が乱され，保育の土台が揺らぐことで保育者は大きなストレスを感じるようになる。

しかし，こういう状況においてこそ，保育者は自身の保育のありようを振り返る視点が必要となる。自分の実践が子どもたちに過度な統制を求めたものではなかったか，子どもたち一人ひとりの最善の利益を追求したものであったか等の反省や吟味が重要だろう。保育者の役割は，子どもたちが個々に成長する力をもっていることを確信し，彼らが現在を最もよく生きることができるように工夫することであり，そのためには保育の場を，障害児等を含むすべての子どもにとって心地よい場所にしていくことが大切である。わが子に向けられた温かなまなざしや専門性をもって関わる保育者の姿こそが，保護者の心を救う道でもある。

就学に向けた支援

2013（平成25）年９月，学校教育法施行令が一部改正され，障害児が就学先を決定するしくみが大きく変わった。就学に関わる障害の程度については学校教育法施行令第22条の３（表10－１）に規定されており，改正前はこの基準に該当する者は特別支援学校に就学することを原則としていた。しかし，改正後はこの原則を見直し，第22条の３に該当した者に対して，市町村教育委員会が個々の障害の状態等を十分に検討した上で，その就学先を地域の小中学校とするか特別支援学校とするかを決定するしくみとなった。この流れを図10－１に示す。

図10－１を左から右にみていくと小学校入学の前年に実施される就学時健康診断で学校教育法施行令第22条の３に該当するか，あるいは発達の遅れ等が疑われた場合，本人・保護者に対して，今後の就学先決定に向けたプロセスを説明するための「就学先決定ガイダンス」が実施される。そして，その際に重要なのは本人・保護者の就学先決定に関する意向を十分に聞き取ることである。

表 10－1　学校教育法施行令第22条の３

法第75条の政令で定める視覚障害者，聴覚障害者，知的障害者，肢体不自由者又は病弱者の障害の程度は，次の表に掲げるとおりとする。

区　分	障害の程度
視覚障害者	両眼の視力がおおむね0.3未満のもの又は視力以外の視機能障害が高度のもののうち，拡大鏡等の使用によつても通常の文字，図形等の視覚による認識が不可能又は著しく困難な程度のもの
聴覚障害者	両耳の聴力レベルがおおむね60デシベル以上のもののうち，補聴器等の使用によつても通常の話声を解することが不可能又は著しく困難な程度のもの
知的障害者	一　知的発達の遅滞があり，他人との意思疎通が困難で日常生活を営むのに頻繁に援助を必要とする程度のもの 二　知的発達の遅滞の程度が前号に掲げる程度に達しないもののうち，社会生活への適応が著しく困難なもの
肢体不自由者	一　肢体不自由の状態が補装具の使用によつても歩行，筆記等日常生活における基本的な動作が不可能又は困難な程度のもの 二　肢体不自由の状態が前号に掲げる程度に達しないもののうち，常時の医学的観察指導を必要とする程度のもの
病弱者	一　慢性の呼吸器疾患，腎臓疾患及び神経疾患，悪性新生物その他の疾患の状態が継続して医療又は生活規制を必要とする程度のもの 二　身体虚弱の状態が継続して生活規制を必要とする程度のもの

備考１：視力の測定は，万国式試視力表によるものとし，屈折異常があるものについては，矯正視力によつて測定する。
２：聴力の測定は，日本工業規格によるオージオメータによる。

市町村教育委員会は関係者や専門家をメンバーとする「教育支援委員会」を開催し，当該児童の適切な就学先について検討し総合的な判断を仰ぐ。そして，その結果に加えて本人・保護者の意向を最大限に尊重した形で就学先が決定されていくことになる。

このように就学先決定プロセスは法制度として整備されてきている。しかし，現状の課題をあげるならば，各市町村でこのプロセスが厳密に遵守されているかどうかである。現在全国的に特別支援学校，特別支援学級等で学ぶ希望をもつ児童生徒数は増加の一途をたどっている。増え続ける障害児等や保護者の意向に沿えるだけの学校や学級が準備できているかどうかを調査し，その実態を明らかにする必要があるだろう。

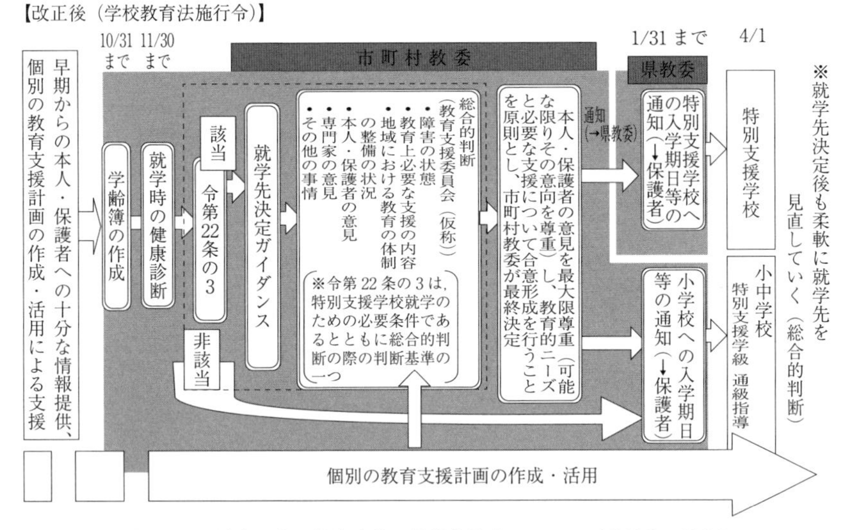

図10－1　障害のある児童生徒の就学先決定について（手続きの流れ）

出所：文部科学省，2013。

学齢期の支援

障害児等の学びの場については第9章で詳述した。特別支援学校や通常の小中学校に併設される特別支援学級，通常の学級に在籍しながら一定の時間だけ別教室において専門の指導を受ける「通級による指導」などで学ぶ児童生徒数は1996（平成8）年度から増加に転じ，20年以上経過してもその勢いは止まらない（表10－2）。子どもの人口が減少していることを考えれば，特別支援教育を受ける児童生徒数の激増の要因を分析し，教育課題として検討する必要があるのではないだろうか。

また，学ぶ児童生徒数の増加によって特別支援学校や特別支援学級等を担当する教員も多く必要になっている。教員の特別支援教育に関わる専門性の指標として，特別支援学校教諭免許の取得率がある。全国の特別支援学校に勤務する教員の特別支援学校教諭免許取得率は77.7%（2017〔平成29〕年度）であり，特別支援学級では30.7%（2017〔平成29〕年度）とさらに低くなっている。文部科学省では，2020年までに特別支援学校で免許取得率100%，特別支援学級では取得率倍増を目指して取り組みを進めてきたが，実現は困難な状況となった。

以上のような学齢期の障害児等の支援の状況の中で現在大きな課題となって

表10－2　在籍または指導を受けている児童生徒数の推移

（単位：人）

	1996年	2003年	2010年	2017年
特別支援学校(注1)	86,293	96,473	121,815	141,944
特別支援学級(注2)	66,162	85,933	145,431	234,587
通級による指導(注3)	20,006	33,652	60,637	108,946

注1：特別支援学校は国公私立の幼稚部，小学部，中学部，高等部の合計。
　2：特別支援学級は国公市立の小学校，中学校の合計。
　3：通級による指導は公立の小学校，中学校の合計。
出所：文部科学省，2018aより筆者作成。

いるのは，知的な遅れを伴わない発達障害を有する子どもたちへの支援である。彼らは原則として通常教育を受けるが，個々の特性や状況に応じて教育的サポートを受けることができる。その教育の場として，義務教育段階では特別支援学級として自閉症・情緒障害学級や通級による指導として自閉スペクトラム症（ASD），情緒障害，注意欠如／多動症（ADHD），（限局性）学習症（LD）の通級指導教室が設置可能である。また，特別支援教育支援員という職員が授業に入り，当該児童・生徒を支援する制度もある。しかし，中学校を卒業するとこれらの支援が受けにくくなる。特別支援学校の高等部は，視覚，聴覚，知的，肢体不自由，病弱の5障害種に限られるため，知的な遅れを伴わない発達障害の生徒は通常の高等学校に進学することになる。2018（平成30）年度より高等学校においても通級による指導が制度化されたが，実施している学校数は自治体によって差が大きく，全国に行きわたっているとはいえない。したがって，通常の高等学校に進学した発達障害を有する生徒が，その特性に応じた支援を受けられるかどうかは学校任せとなっているのが実態である。高等学校における通級による指導の拡充は，喫緊の課題である。

高等学校の卒業と社会への移行

高等学校に進学すると子どもたちは居住する地域や中学校時代からの友人関係から離れ，これまでと違った仲間との人間関係を築くことになる。しかし，障害児等が支援の乏しい高等学校に在籍した場合，周囲との関係を構築できず自己を確立できない不安定な状態のまま孤立を深める危険性がある。また，卒業に向けて，就労するか進学するかといった大きな決断を迫られるときに，自尊感情が育っていなかったり，自己理解が不十分だったりすれば自己選択が困難になる。このような生徒に対して，周囲がある進路を強く勧めたとしても，本人が拒否したり，いったん進んでもドロップアウトしたりして社会との溝をさらに深めてしまうことがある。こうしたことから，文部科学省は2014（平成26）年度より「自立・社会参加に向けた高等学校段階における特別支援教育充実事業」をスタートさせ，障害児等一人ひとりの社会的・職業的自立に向けたキャリア教育等を推進した。

一方，知的障害特別支援学校卒業後の進路としては，大きく分けて通常の企業に就職する「一般就労」と就労継続支援事業所で働く場合や福祉施設等に入所して軽作業を行う「福祉的就労」の２つがある。日本は「障害者雇用率制度」を実施しているため，事業主に対して，その雇用する労働者に占める障害者の割合が法定雇用率以上になるよう義務づけている。

4　地域社会における自立を目指して

障害概念と地域生活

第１章で述べた通り，障害の概念は「医学モデル」に「社会モデル」を加える形で進化してきた。ICF（国際生活機能分類）の登場により，障害が有する困難さを個人の問題として押しつけるのではなく，それぞれの障害の克服・改善を目指しつつも，個人と社会との関係性が成熟していくことで周囲の理解や配慮が進み，誰もが生きやすい社会が実現すると考えられるようになってきた。障害が「人と人の間にある」という考え方は，身近に障害を有する家族や友人がいる人は理解しやすいだろう。長くつきあっているうちにお互いの間の不便さはどんどん軽減してくる。自然に生活しやすい方法を選択するようになる。まるで２人の間の障害が消えてしまうような感覚になるのである。この関係性の改善を「人と社会の間」でも実現できるような方策が求められる。

自立する姿とは

障害者の自立という概念は，1981（昭和56）年の国際障害者年以降，大きく変化してきた。身辺自立や経済的自立が難しい重度の身体障害者が「自己決定」や「個性と尊厳」等の概念を中心とした「社会的自立」を実現するようになった。家族と暮らすか，施設に入所するしか選択肢のなかった重度身体障害者が，社会資源を活用しつつ，危険や苦難を乗り越えて自分らしく生きていく道を切り拓いたのである。この流れはその他の障害種においても同様である。知的障害者は単独の生活は難しい場合もあるが，グループホームを活用することによって親元を離れ適切な支援を受けながら，自分のライフスタイルをつくり上げることができる。障害者が地域で自立する姿こそが，障害児等の保育・教育が目指すゴールなのだといえるだろう。

このようなライフステージを見通した上で，保育者等は目の前の子どもの支援を構築していく。そのときに保育者等は何を大切にしなくてはならないのだろうか。本章では障害児等を取り巻く様々な内容を取り上げてきたが，そこに共通して流れている思いは「自己肯定感をもち，前を向いて生きる」ことだと考える。そして，そのために大人がなすべき支援は，子どもたちが「仲間と共に今を充実させることで未来を展望できる」保育・教育ではないだろうか。これは障害の有無にかかわらず，すべての子どもに必要な支援だと考える。

参考文献

秋田喜代美・馬場耕一郎監修，松井剛太編（2018）『保育士等キャリアアップ研修テキスト３　障害児保育』中央法規出版。
伊藤健次編（2011）『新・障害のある子どもの保育（第２版）』みらい。
厚生労働省編（2017）『放課後児童クラブ運営指針解説書』フレーベル館。
小橋明子監修，小橋拓真編著（2019）『障がい児保育』中山書店。
小林徹・栗山宣夫編著（2016）『ライフステージを見通した障害児の保育・教育』みらい。
文部科学省（2013）「教育支援資料」。
文部科学省（2018a）「特別支援教育資料（平成29年度）」。
文部科学省（2018b）『幼稚園教育要領解説』フレーベル館。
文部科学省中央教育審議会初等中等教育分科会（2012）「共生社会の形成に向けたインクルーシブ教育システムの構築のための特別支援教育の推進（報告）」。
日本特別ニーズ教育学会編（2007）『テキスト特別ニーズ教育』ミネルヴァ書房。
渡邉健治監修・著，岩井雄一ほか編著（2017）『知的障害教育における生きる力と学力形成のための教科指導』ジアース教育新社。
NIPTコンソーシアムホームページ（http://www.nipt.jp/index.html 2019年２月28日

確認)。

読者のための参考図書

渡辺一史（2003）『こんな夜更けにバナナかよ――筋ジス・鹿野靖明とボランティアたち』北海道新聞社。

――進行性筋ジストロフィー患者である鹿野靖明氏が多くのボランティアに支えられながら地域で生きる生き様をリアルに描いたノンフィクション。

小林徹・栗山宣夫編著（2016）『ライフステージを見通した障害児の保育・教育』みらい。

――障害児が生まれてから保育，教育の時間を経て結婚するまでのライフステージをたどりながら，各障害種について今を充実させる支援を考える。

第Ⅱ部

障害児や特別な配慮を要する児童への支援に関する現状と課題

第11章

病弱児・肢体不自由児への支援と理解

本章では病弱児・肢体不自由児について，その概念と状態像並びに支援の方法を扱う。一般的に，病弱であれば抱えている病気の問題，肢体不自由であれば姿勢や身体の動きの問題に注目がいくことが多い。ただし，彼らの視点に立った生活上・学習上の支援を行うためには，症状以外の部分も併せて総合的に理解する必要がある。関係する専門機関や保護者との連携も含めて，その内容について具体的に説明する。

1 病弱児・肢体不自由児とは

病弱児とは

病弱という用語には，慢性疾患など何らかの病気によって継続的なケアを要している状態に加えて，そうした状態により日々の生活に固有の制約が課せられる状態も表されている。代表的な疾患として，糖尿病，心臓疾患，腎臓疾患，小児喘息などがあげられる。なお，病弱という用語の近辺には「身体虚弱」という概念もあるが，これは病弱と比べても，明確な疾患をもっていない状態ではあるが，個人—環境の複合的な要因のもとで，何らかの病気にかかりやすく，そのためにやはり種々の生活上の制約が課せられる状態のことを意味している。以下，上述した代表的な疾患について概要を示した。

① 糖尿病

血糖値を下げる働きをもつホルモンであるインスリンの作用が十分ではなく，血液中のブドウ糖の濃度が継続的に上昇しているために，体に様々な影響がもたらされる疾患である。食事や運動，投薬などによって，適切に血糖コントロールを行うことが求められる。

②　心臓疾患

全身に血液を送り出す心臓に形態的・機能的問題がある状態を指すが，子どもの心臓疾患の場合は先天性心疾患が代表的なものである。主なものとして，心室中隔欠損症，心房中隔欠損症，ファロー四徴症などがあげられる。

③　腎臓疾患

腎臓は体内から産出された老廃物を尿として排出する器官であり，腎機能の問題は，むくみや倦怠感にはじまり，排泄機能や体の調整機能の低下など多くの問題をもたらす。

④　小児喘息

気管支の狭窄により，ヒューヒュー，ゼーゼーというような笛声喘鳴（てきせいぜいめい）を含めた，息苦しさを伴う疾患である。ダニやほこりなど，アレルギー反応を引き起こすアレルゲンがその主な原因であるが，自律神経の失調など体調，精神的状態に加えて，気象の状態など，複合的な要因（リスク）の影響を受けている。

⑤　点頭てんかん（ウエスト症候群）

一般的に1歳未満の乳児期に発症が確認される難治性のてんかん症候群である。結節性硬化症，脳の形成異常，染色体異常など様々な病理的原因をもつが，多くの場合では発症後に精神運動発達の退行が認められる。

⑥　小児がん

子どもがかかる様々ながんを総称したものであり，具体的な疾患としては白血病，脳腫瘍，リンパ腫などを包含する。生活習慣の状態に由来することが多く，また上皮系の悪性腫瘍であることが多い大人のがんとは実態が異なり，小児がんの場合，血液内のがんである白血病や虫垂脳神経系の腫瘍（肉腫）などの割合が多いことが特徴である。

肢体不自由児とは

「肢体不自由」という用語は，高木憲次や田代義徳らによる日本の整形外科学の発展とともに生まれたものであり，具体的には「四体（四肢・体幹）に不自由なところがあり，そのままでは生業を営む上で支障をきたすおそれのある状態」を意味している。ここでいう四肢とは上肢と下肢を，体幹は内臓を除く頸から腰までの範囲を示している。現在下記のような疾患が代表的なものとしてあげられる。ただし，脳に起因する脳原性疾患が肢体不自由の中でも４分の３を占めており，かつその中でも脳性麻痺がそのほとんどを占めていることに気をつけたい。

①　脳性麻痺

脳性麻痺は，受胎から新生児までの間に生じた脳の非進行性病変に基づく，しかし永続的な運動・姿勢の異常である。病理背景の違いにより，四肢のつっぱりが強い痙直型，不随意運動を伴うアテトーゼ型，平衡感覚に乏しい失調型，それらの組み合わせによる混合型など，いくつかのタイプに分けられる。また後述するように，脳損傷の状態に応じて，随伴障害と呼ばれる言語・コミュニケーションの障害，視知覚認知の障害，嚥下障害を併存することも多い。

②　二分脊椎

本来，胎生の初期には脊椎が脊髄を取り囲むように体の中軸が形成される。しかし，二分脊椎では何らかの原因により形成不全が生じ，神経系の一部が背中の途中で脊椎の外に出てしまう。その箇所より下の部分，つまり下肢の麻痺や排泄障害が起こることが多い。

③　進行性筋ジストロフィー

遺伝性の筋原性の疾患であり，筋繊維の破壊・変性に基づく筋萎縮・筋力低下など運動障害を発症する。疾病の内容や進行によって，デュシェンヌ型，顔面肩甲骨型，四帯型などに分類される。最も頻度が多いのはデュシェンヌ型であるが，この場合，乳児期前半の運動発達はそこまで遅れがみられず成長するが，３歳前後より筋力低下のために，転んだり，歩き方・走り方の異常から，疾病の存在に気づかれることが多い。

④　先天性骨形成不全

先天的に骨が脆弱で，折れやすい疾患である。基本的には，骨を形成する主要な高分子たんぱく質である１型コラーゲンの遺伝子に異常がある場合に認められる。状態像や発症時期などは，比較的多岐にわたる。

⑤　発育性股関節形成不全

以前には先天性股関節脱臼と呼んでいたが，実際には後天的な要因もありえたため，近年では発育性股関節形成不全と呼ばれることもある。股関節は，骨盤でくぼみを形成している臼蓋と呼ばれる部分と大腿骨頭からできているが，先天的にこれらの関係が悪く，完全に大腿骨頭が臼蓋から外れる脱臼，または外れかかっている亜脱臼を引き起こしている状態を意味する。

子どもの障害に気づく経緯

ほかの障害と同じように，肢体不自由，病弱ともにその存在やリスクに気づくのには，出生直前・直後，出生後すぐ，出生後しばらくしてからと，様々な経緯がありうる。たとえば，発育性股関節形成不全児や重い心臓疾患を抱えている児，重度の脳性麻痺児，二分脊椎児などの場合，出生直後より医師にその可能性が指摘されたり，少なくとも生後１年以内の乳児健診にて明らかになることも多い。他方で，小児喘息や進行性筋ジストロフィー，腎臓疾患などにおいては，生後数年してから明らかになることも多い。疾患の病理的原因が複数のものについては，環境の状態と合わせて，その症状が潜在化―顕在化することも多く，医療や専門的介入へのアクセスに時間を要する場合もある。

2　病弱児や肢体不自由児の理解

病弱児の理解

生後すぐは体重約３kg，身長50cmほどであった乳児はわずか１年の間に，体重が３倍，身長が1.5倍ほどになる。幼児期の成長の勢いは，それには及ばないものの，日々の生活や遊びの中で自らの意思で身体を活発に動かし，十分な食事をとることを重ねていく中で，より健康的な身体発達や運動機能を得ていく。病弱児の場合，その身体の発達は，疾病の状態により個人差も大きいものの，こうした体の成長を支える日々の運動と食事に制約がかかっている子どもも多く，その発達が遅れる傾向も認められる。

一方，精神知能面については，一般的には知的な遅れがある子どもは少ないものの，早期から入院をはじめとする活動制限が継続的に課せられている場合ほど，認知発達や社会性，情緒的側面に関わる発達が遅れがちになる子どももいる。学習に必要な種々の経験が乏しく，結果的に知能検査や発達検査の数字が低く出てしまうことがありうることも想定しておきたい。

また病弱児を理解する上で，病気をもととした各種制約が相互関係的に本人に影響を与えている側面も忘れてはならない（図11-1）。病気の存在はそれ単独でも自身の情緒の安定や性格形成に関わるが，日々の生活経験の制約や入院・治療等に対する不安が複雑に関係しながら，二次的にも影響を与える。子どもの年齢や病歴，また「急性疾患か慢性的疾患か」などをはじめとする，個々の症状や病気の状態なども確認しつつ，個々の子どもの置かれた状況を子どもの目線で，一緒になって考えていく姿勢が求められる。

肢体不自由児の理解

肢体不自由児の場合も，個々の起因疾病やその程度によって，個人差がとても大きいため，ひとことでその特徴をいい表すことは難しい。ただ，先述した脳損傷に起因して運動的側面以外の困難が伴う「随伴障害」の有無で，彼らの理解と支援の方向性が大きく変わる。以下では，随伴障害の有無によって分けて説明する。

①　随伴障害がない子ども

通常私たちは生後１年間近くをかけて，垂直位を保つ姿勢（座位・立位など）とそれに基づく運動機能を獲得し，幼児期の数年間でそれを発展させる形で「姿勢・粗大運動・微細運動」の３つの能力をより充実させる。肢体不自由児の中にもこのプロセスに遅れを伴うものと伴わないものなど様々である。ただ前者の場合には，生後６か月以降の自発的な動きの産出やその後の目と手の協応をはじめとして，「自分の体を使って思いどおりに動く」という，私たちが当たり前に行っている行為が難しくなる。前述の病弱児の部分で述べたのと同様に，こうした運動制限は生活経験の不足をもたらし，さらにそれが社会性や言語の発達，学習面の習得状況などにも大いに影響を与える。

たとえば「他者から見聞きして，記憶したり，理解して，また人と話す」というルートに制約がない子どもの場合，私たちと同じように様々な物事を知り，理解を深めていく。ただし，どうしても自分の外の出来事や現象に対して，見たり聞いたりする経験ばかりが多く，自分の意思で直接的に触って，試行錯誤して，様々な気づきや感情を得る機会が少なくなりがちである。

また，人は年齢相応にある程度の葛藤経験や対人的トラブルを経験し，その

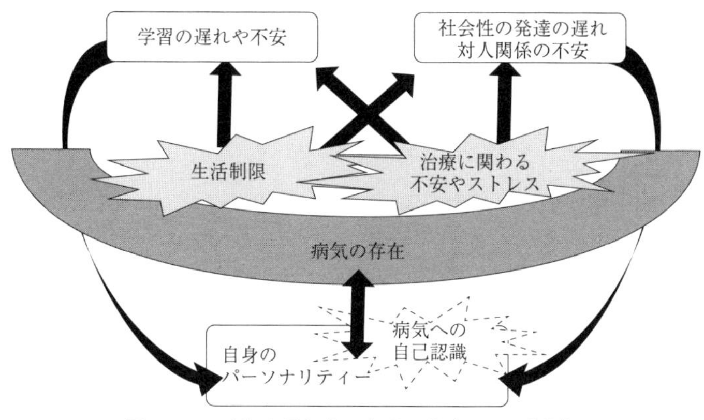

図11－1　病気が子どもの心理や発達に及ぼす影響

出所：筆者作成。

中で自分の感情を表出したり調整する機会を通して，自分の外の世界との折り合いのつけ方を知る。しかし，生活の中での制限が多く「自分で」という経験が少ないと，こうした力も身につきにくい。結果，表面的に見える姿から肢体不自由児は「引っ込み思案」「頑固」「自己中心的」「不安傾向が強い」などと理解されがちである。こうした特性は，本人の性格としての要因もあるかもしれない。ただ，これまでの議論を踏まえれば，環境との関係の中で発生した二次的なものとして捉えることが重要である。

②　随伴障害がある子ども

随伴障害，つまり「知的障害」「空間認知の障害」「言語・コミュニケーションの障害」「呼吸の障害」「摂食障害」など，脳損傷に起因する身体機能の制約以外の困難が伴う児童の場合，上述の特性理解にさらに別の理解を重ねる必要がある。これを伴う児童は，脳性麻痺の子どもに圧倒的に多いが，生活経験や心理面への配慮に加えて，「命に関わる医療的なケア」や「学習や生活の中で，目を使ってよりよく外の環境を捉えること」など多方面に困難さを有する。園や学校の教諭だけではなく，医師や看護師，あるいは理学療法士・作業療法士・言語聴覚士など，パラメディカルのスタッフと連携を取り，より丁寧に実態を把握することが求められる。

症状・障害が重複する児童の理解

子どもの中には，肢体不自由と病弱，あるいはさらに知的障害や視覚・聴覚障害を併せもつ子どももいる。図 11－1 に示した子どもの発達の諸側面への影響は，とても大きく，より一層の配慮が必要である。また寝たきりの子どもの場合は，覚醒水準が低く，睡眠と起床をはじめとする生活リズムが，異なっていることも多い。学習に向けては，関係するスタッフあるいは家庭との連携のもとで，週ごと，日ごと，時間ごとに体調を確認しながら，生活や発達保障を図っていく必要がある。

3　病弱児や肢体不自由児に対する支援

個々の状態が多様な病弱児，肢体不自由児の場合，個々の実態に合わせて支援の目的や対応方法を検討していく。ただし，図 11－2 に示したように，「安心・安全な生活」「環境に働きかける体」などの土台があり，さらには「自身に対する肯定的なイメージ」が中軸としてあった上で，「よりよい学び」が子どもたちにもたらされるという理解は，すべての病弱児や肢体不自由児に対してもつべき重要なポイントである。以下，それぞれの内容について，求められる支援を述べる。

当たり前の安心・安全な「生活」を送るための配慮

子どもたちの多くは，治療の時間や種々の活動制限により，当たり前の生活そのものが不安定な状況にある。当たり前の生活を考える上で欠かせないのが，24時間の生活と多様な場・人とのつながりである。24時間の生活時間の安定は「昨日こうだったから，今日はこうしよう」「明日は

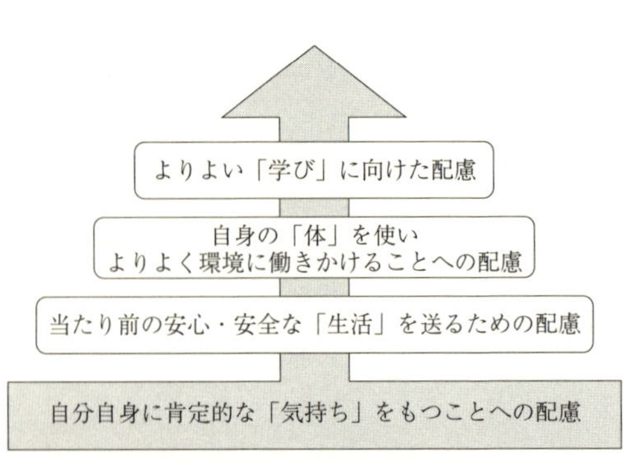

図 11－2　病弱児や肢体不自由児への支援の考え方
出所：筆者作成。

どうしようかな」という活動意欲を引き出し，多様な場での多様な人とのつながりや関わりがそれを充実させる。生活時間と場や人とのつながり，これを理解してこそ専門的な支援や治療が活きる。

保護者や支援者との間で「衣食住を含めた，一日や週のデイリースケジュール」や「生活地図」を作成し，生活・学習上のリスクや強みを明らかにし，支援や治療の内容・方向性を検討したい。その際，子どものよりよい生活を陰ながら支えている，しかし他人にはわかりにくい「家族によって行われている配慮」にも目を向けることも重要である。

「体」を使い，よりよく環境へ働きかけることへの配慮

どんなに魅力的な環境があっても，それにアクセスできなければ，活動の楽しさや充実感を味わうことはできない。病弱児の場合は病気を理由として屋外での遊びや，心肺や筋肉に負担をかける遊びなどが制限され，また肢体不自由児の場合は姿勢保持の難しさや上肢・下肢の運動機能の制約から，物理的に活動ができない，みんなと一緒に参加できない，という事態が起こりやすい。図11－3は，二分脊椎のある一人の幼児が幼稚園の保育活動で示した困難についてまとめたものである（真鍋，2008）。この幼児の下肢の運動機能の制約は車いすによって保障されていたが，しかし逆に車いすに乗っているからこそ「届かない・入れない・友達と目線が変わり話がしにくい」などももたらされることに気づきたい。

限られた活動機会や行動の中であっても，楽しく充実した時間を過ごすことができるよう，「物理的・時間的・社会的環境の工夫」「活動の簡略化」「特別な道具の用意」など，その子に合わせた活動の修正・調整（Sandall & Schwartz, 2008）が必須である。

よりよい「学び」に向けた配慮

学校教育での学びに関連して「学習レディネス」という用語がある。レディネスとは“準備性”を意味しており，つまり就学前の生活や遊びに積極的に関わることを通して，子どもたちは抽象的な読み書き・計算の世界に向けた準備を得て，円滑な移行を果たしていく。ところが，病弱児や肢体不自由児は身を

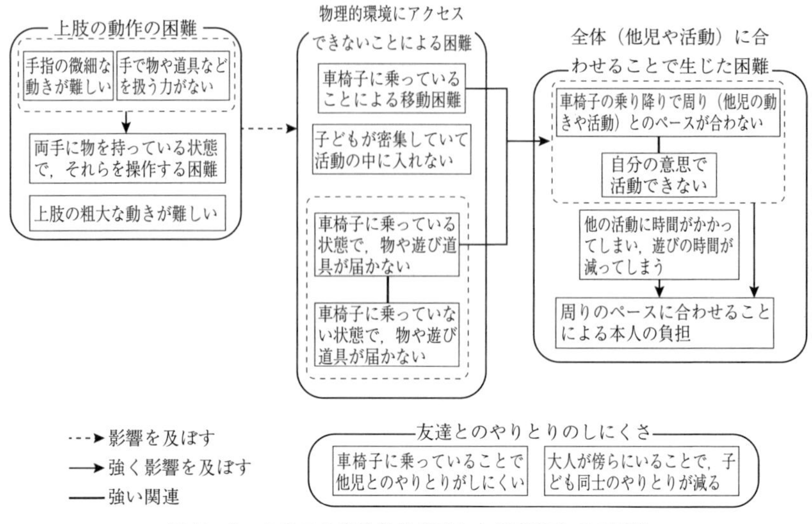

図11－3　ある二分脊椎幼児が示した保育活動での困難

出所：真鍋，2008。

もって知る経験が少なく，「知ってはいるけど，触ったことはない」「やったことはあるけど，ちょっとだけ」ということが頻繁に起こる。また随伴障害を伴っている脳性麻痺児の場合には，空間認知や方向概念の困難など，（限局性）学習症（LD）に似た認知特性をもち，二重に学びにくさを抱えている子どももいる。

抽象的な学習内容を言葉で伝え教える際には，個々の生活実態・経験を踏まえて，実物や視聴覚教材を用意したり，また心理検査の結果，視覚的な分析が苦手であることがわかった子どもに対しては，その認知特性に応じた「長所活用型の指導」（藤田ほか，1998）も心がけたい。

自分自身にポジティブな「気持ち」をもつことへの配慮

子どもの病気や体の動かしにくさを目の当たりにしたとき，大人はぱっと見える障害や困難の部分にばかり目が行きがちである。しかし，当たり前の生活の中で，自らの体を動かし，そして様々な学びを得ていくプロセスのいずれでも，その子どもの「気持ち」は揺れ動いている。安定的な生活や学びが得られにくい子どもであるからこそ，内面の気持ちに寄り添い，肯定的な自己への態度が導かれるよう対応を心がけたい。そうした意図も込めて，図11－2では各プロセスの中軸として位置づくよう図示した。

この実現のためにも，子どもの興味・関心を把握し，上記で指摘した配慮を総合的に捉えながら，子どもの「できた！」「やりたい！」を支えたい。

4　病弱児や肢体不自由児が関わる機関と求められる「連携」

就学前の専門機関との連携

病弱児，肢体不自由児はともに医療・療育の専門機関を利用することが多い。その経緯は，疾病や障害の内容・程度によって様々であり，また年齢によっても通園状況は異なるが，病弱児は医療機関，肢体不自由児の場合は児童福祉法上の児童発達支援事業に基づく「医療型児童発達支援センター（通所／入所）」を利用する。また地域の幼稚園や保育所，認定こども園とこれら専門機関との同時利用，つまり並行通園を行うものも多い。

治療や訓練を目的とする医療・療育施設と，生活や遊びを中心に全人的な発達を目指す幼稚園等とは，その理念や立場が重なる部分もあれば，異なる場合もある。ただし，どちらが優先されるというよりも，子どもの健康状態や発達状態，家族の願いなどに応じて，方向性を揃え，役割を分担するなどして連携することが望まれる。

就学後の専門機関との連携

就学後，病弱児の場合は引き続き医療機関を利用するが，就学先としては地域の小中学校の通常学級（＋通級指導教室），特別支援学級（病弱），特別支援学校（病弱）のいずれかが考えられる。病弱の特別支援学校は医療機関に併設されていることが多く，相互に連携が図られている。なお慢性疾患を抱える子どもの保護者は，専門機関や学校の対応を含めて，症状の安定化や悪化を繰り返す子どもへの生活全般にわたる調整役を担っていることも多い。子どもと専門機関と学校との間で，あるいは配偶者や親族など家族との関係の中で，板挟み状態にならないよう，それぞれの機関が子どもと家族を中心に，相対的に位置づく必要もあるだろう。

コラム　子どもたちの未来の可能性を広げる ICT 機器への注目

サディ・ポールソン（Sady Paulson）さんという方をご存じでしょうか。重度の脳性麻痺のある女性で，某年，ある動画サイトにてあるコンピュータ会社の一つの宣伝プレゼンテーション（動画）を作成した方です。この動画では，視覚障害や聴覚障害，運動障害など様々な障害のある方が最先端の IT 機器（Information Technology：情報技術）や ICT 機器（Information and Communication Technology：情報通信技術）を用いて社会生活を送っている姿（動画）が描かれています。驚くのは，この見るものすべてを魅了する素晴らしい動画が，サディさん自らが，麻痺のある上肢ではなく，車いすの頭部に設置されたスイッチを頭の左右の動きで操作し，パソコンや動画編集のソフトウェアを用いてつくられている，ということです。

かつて言葉をもたない重度の子どもたちに対しては，「この子は何も考えていないのだから，わざわざ選択肢を与えて，選んでもらう必要もないだろう」と決めつけ，彼らの意思に反した様々な処遇を勝手に行ってきました。しかし，科学技術が発展した，あるいは現在進行形で発展している現代にあっては，彼らがもつ「こっちがいい」という気持ちは，そうした技術のおかげで，よりよく他者に伝わるようになりました。そして，日々の生活で「これをしたい」「あれをしたい」という選択の可能性も限りなく広がっているのです。

乳幼児期，学童期，青年期，成人期……と，各ライフステージでよりよい生活と自立を図っていくにあたっては，こうした科学技術の進歩をうまく保育や教育や福祉の領域に取り込んでいくことができるよう，私たち自身の態度や価値観の変容も問われているに違いありません。

肢体不自由児も同じく，就学先は地域の学校（通常学級〔＋通級指導教室〕・特別支援学級）と特別支援学校（肢体不自由）のいずれかとなる。知的障害の有無や運動障害の程度によって，教科を中心とした学習か，領域・教科を合わせた指導（生活単元学習など）か，自立活動と呼ばれる児童一人ひとりの実態に即した教育活動か，どの教育活動をベースとするかは変わってくる。ただしいずれの場合も，学習を支える姿勢・運動面への配慮について，たとえば座位を保つ座位保持いすの調整などにおいて，理学療法士や作業療法士と連携を要したり，痰の吸引・経管栄養・導尿など医療的なケアにおいて看護師等との連携が日常的に行われる児童もいる。

参考文献

藤田和弘・熊谷恵子・青山真二（1998）『長所活用型指導法で子どもが変わる――認知処理様式を活かす国語・算数・作業学習の指導方略』図書文化社。

真鍋健（2008）「運動に制限のある幼児の保育活動への参加に関する研究――統合保育でいかに主体的な参加を支えるか」『広島大学大学院教育学研究科紀要』第3部第57号，321～326頁。

Sandall, S. and Schwartz, I. (2008) *Building Blocks for Teaching Preschoolers with Special Needs (2nd Edition),* Brookes Publishing.

読者のための参考図書

Sandall, S. and Schwartz, I. (2008) *Building Blocks for Teaching Preschoolers with Special Needs (2nd Edition),* Brookes Publishing.

――肢体不自由児を含めた多様な障害特性やニーズをもつ子どもに対するインクルージョン支援の理念と方法論が述べられている。

独立行政法人国立特殊教育総合研究所（2017）『病気の子どもの教育支援ガイド』ジアース教育新社。

――病弱の子どもに対する理解や支援の方法が詳しく説明された書。また全国の支援学校の取り組みや，子どもの実態把握のためのシートなども盛り込まれている。

第12章

視覚・聴覚・言語障害児への支援と理解

本章では，視覚・聴覚・言語障害についての基礎的な知識（程度・分類・発達との関連）と，これらの障害のある子どもを対象にする療育や教育制度と支援についてまとめる。あわせて，それぞれの障害と現代社会の状況や課題について考えてみる。

1　視覚障害児への支援と理解

視覚障害の基礎知識

①　見えることのしくみ

人間は外界から入る光によって，物の色や形・遠近感・動き等を認識している。光は眼球の角膜や水晶体を通過して網膜に届き，電気信号に変換され視神経を経て脳に伝わる。眼球は直径約2.4 cm の球体であり，虹彩（こうさい）が瞳孔の伸縮で目に入る光の量を調節し，レンズの役割をする水晶体がピントを調節し，網膜は眼球の内面を覆い，光を感じとっている（図12－1）。

新生児の視力は焦点がぼんやりし色覚も限られているが，人間の顔に注目する能力があることが知られている。その後，生後6か月で0.1，3歳で1.0，6歳頃で大人とほぼ同じ視力になる。視力は日常生活の中で様々なものを見ることによって発達する。乳幼児期から学童期までには両眼視機能が急速に伸び，距離や奥行きを知覚する。視覚の発達を確認するために，3歳児健診には視覚検査が含まれている。

②　視覚障害の程度と種類（盲・弱視・斜視）

視覚の機能として，視力（ものの形がわかる）・視野（目を動かさないで見える範囲）・光覚（光を感じる）・色覚（色を感じる）・屈折（網膜に見たものを映す）等がある。このうち，視力・視野のどちらか，または両方の機能が不十分で，眼鏡やコンタクトレンズ等を使用しても，見え方がよくならない状態を視覚障害という。視覚障害の身体障害者手帳には１～６級までの等級がある（表12－1）。

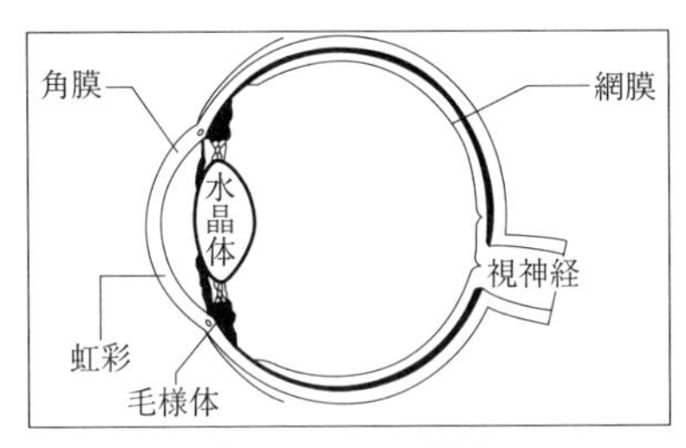

図12－1　目の構造

視覚障害は実態が様々である。視覚障害１級所持者には全盲（全く見えない。視覚で明暗の判別ができない）が多いが，わずかに見えている人もいる。視覚障害者の大半は多少の残存視力があり，弱視（ロービジョン）と呼ばれる。WHO（世界保健機関）によるロービジョンの定義は「両眼に眼鏡をかけた矯正視力が0.05以上0.3未満」であるが，原因やその見え方は千差万別である。身体障害者手帳をもたない弱視者も多い。

子どもの視覚障害の原因は，かつて衛生面の悪さから感染症によるものが多かったが，社会的環境により大きく変化した。現在は小眼球(1)・虹彩欠損(2)・先天性のもの，また未熟児網膜症(3)等周産期由来のものが多い。また，学齢期になると網膜色素変性症(4)，その後糖尿病網膜症(5)等が原因となる。

一方，子どもの弱視には，遠視や乱視といった屈折異常が原因となり，視機能の発達が途中でとまっているものが多い。子どもの２％に斜視がみられるが，眼鏡や治療，また見ることの支援により小学校低学年までに過半数が治癒する。

視覚障害児への支援

視覚障害児への支援方法は，全盲には点字指導，弱視には拡大機器の指導等幅広い。現在世界で用いられている点字は，自身が視覚障害のあるフランスのルイ・ブライユによって考案され，より速く読み書きができるようになった。日本では1890（明治23）年に石川倉次の案が採用された。点字は，縦３点・横２点のマスと呼ばれる６点の組み合わせでつくられている。盲学校（盲学校は特別支援学校の一つであり，校名は様々だが，ここでは盲学校に統一して使用する。次節，聾学校の名称も同様とする）小学部では全盲の児童を対象に点字の読み書き

表12－1　障害者手帳（視覚障害）

等　級	判定基準
1級	両眼の視力の和が0.01以下のもの
2級	1．両眼の視力の和が0.02以上0.04以下のもの 2．両眼の視野がそれぞれ10°以内でかつ両眼による視野について視能率による損失率が95％以上のもの
3級	1．両眼の視力の和が0.05以上0.08以下のもの 2．両眼の視野がそれぞれ10°以内でかつ両眼による視野について視能率による損失率が90％以上のもの
4級	1．両眼の視力の和が0.09以上0.12以下のもの 2．両眼の視野がそれぞれ10°以内のもの
5級	1．両眼の視力の和が0.13以上0.2以下のもの 2．両眼による視野の1/2以上が欠けているもの
6級	一眼の視力が0.02以下，他眼の視力が0.6以下のもので，両眼の視力の和が0.2を超えるもの

注：視力の測定は，万国式試視力表によって測ったものをいい，屈折異常のある者については，矯正視力について測ったものをいう。
出所：身体障害者障害程度等級表（身体障害者福祉法施行規則別表第5号）。

単眼鏡（ダイヤル式・スライド式）

拡大読書器（据え置き型）

書見台

図12－2　多様な視覚援助機器

指導を始めることが多い。幼稚部等ではその準備段階として，運動機能・手指機能や姿勢について幅広く支援する。

弱視に対しては単眼鏡・ルーペ・拡大読書器・書見台等，多種多様な拡大機器がある。これらの目的は，文字等を視認しやすい大きさで表示する，情報量を調整する，色覚面でコントラストを高める等，具体的・多面的である（図12－2）。

また視覚以外の感覚を活用するものとして，触覚や音声による支援がある。最近ではコンピュータ等情報機器の音声図書再生機能や，点字情報端末を利用することができる。必要に応じて白杖（はくじょう）を用いた歩行指導も行う。

療育・教育の実際

2017（平成29）年現在，全国の盲学校は67校（国立１，私立１を含む）である。2007（平成19）年からの特別支援教育への改編の中，多くの学校で複数の障害種に対応する教育を行っている。

盲学校幼稚部では，人との関わりを楽しみ，遊びや様々な体験活動を通して物の触り方や見分け方ができるように援助する。また，３歳未満の乳幼児やその保護者への教育相談を行う。

小・中学部では，小中学校と同じ教科等を視覚障害に配慮しながら学習する。全盲の子どもへは，よく触って物の形や大きさ等を理解すること，聴覚や嗅覚等も手がかりとして周りの様子を予測し確かめる学習や，点字の読み書き等の学習をする。また，白杖を使って歩く力やコンピュータ等で様々な情報を得る力を身につけていく。

弱視の子どもには，見える状態に合わせて拡大し，白黒反転する等見えやすい教材を用意する。視覚を最大限活用し，見やすい環境のもとで事物をしっかりと確かめる学習，弱視レンズの使用やコンピュータ操作の習得も行う。

高等部・専攻科では，普通科の他，あん摩マッサージ指圧師，柔道整復師，鍼灸師，理学療法士等の国家資格の取得を目指した職業教育を行う。音楽科のある学校もある。

弱視特別支援学級・弱視通級指導教室では，拡大文字教材，テレビ画面に文字等を大きく映して見る機器，照明の調節等，一人ひとりの見え方に適した教材・教具や学習環境を工夫して指導する。各教科，道徳，特別活動のほか，弱視レンズの活用や視覚によってものを認識する力を高める自立活動を行う。

現在，多くの盲学校が直面している課題は，児童生徒数の減少と障害の重複化・多様化である。医学の進歩による視覚障害児の発生率の低下とインクルーシブ教育の潮流から地域校へ進む割合が高くなっている。また，視覚障害と知的障害・発達障害等を併せもつ割合が高まっている。さらに，教員の視覚障害教育に関する専門性の維持も課題である。また，地域校で学ぶ視覚障害児が，簡便で効果的な視覚援助機器・音声を利用できるコンピュータ等の情報が得られるよう，盲学校がニーズに合わせて発信できるセンター的機能を高めることなどが，今後求められている。

視覚障害と現代社会

子どもの時期よりも成人以降に視覚障害になる割合のほうが圧倒的に多い[(6)]。それぞれの視覚障害者が文化的な社会生活を確立するために必要な情報を取得し，見えない・見えにくいことによって派生するできにくいことを解消・軽減して円滑な日常生活が営めるよう支援することを目的とする総合的な社会福祉施設が，ライトハウスである。個々のニーズに応じて，生活や歩行，就労の支援を行うリハビリテーション事業や，盲導犬育成事業，点字や録音図書の制作や普及，啓発に努めている。

2　聴覚障害児への支援と理解

聴覚障害の基礎知識

①　聞こえのしくみ

私たちが聞く「音」や「声」は，外界の空気の振動である。この空気の振動が耳介から外耳道を経て鼓膜を震わせる（外耳）。鼓膜の奥には空気に満ちた鼓室があり，鼓膜から３つの小さな耳小骨が連結し（中耳），その奥にある蝸牛（かぎゅう）に効率よく固体振動を伝える。蝸牛内のリンパ液の振動から周波数（音の高さ）ごとに電気信号を生じ（内耳），これが聴神経を通じて大脳へと送られる。大脳で初めて音や言葉等の「聞こえ」として理解されるのである（図12-3）。

②　聴覚と発達

聴覚は，他の感覚器より早い段階の胎児期から使われ，生後１年で急速に発達し，音声言語の獲得に深く関わる。

聴覚器は胎生24週頃までに完成する。胎児は羊水を通して外界の音を知覚している。新生児から音に対する反射があり，その後，首が座ると音源に対して詮索・探索反応が表れる。生後３，４か月から養育者の表情や声に反応し，声によるやりとりが始まり，母語のカテゴリー知覚[(7)]が形成されていく。生後１年を過ぎると意味のある初語を発し，就学前には音声言語でのやりとりがほぼ自由になるが，大人の言葉を聞いてわかる「理解言語」と子ども自らが発する「表出言語」には大きな差がある。したがって，言語獲得前の聴覚障害の乳幼児については，聴覚と言語を切り離すことはできない。

③　聴覚障害の程度と種類

聴覚障害の程度は平均聴力をdB（デシベル）で表す。20歳の聴者の最小可聴閾値を０dB とする。70 dB 以上であれば身体障害者手帳の対象であり，５年ごとの補聴器交付申請等ができる（表12－2）。一方，補聴器装用の対象は一般には約40 dB 以上である。言語獲得期である子どもの場合はそれより軽い聴力であっても補聴器が推奨されるので，手帳の基準となる数値との差が生じる。現在，地方自治体ごとに障害者手帳をもたない軽中等度難聴の子どもへの補聴器助成が広がっている。

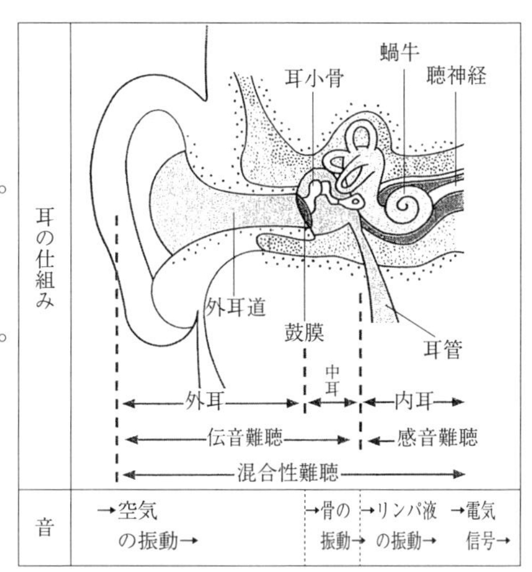

図12－3　耳の構造

聴覚器官のどこに障害があるかによって聴覚障害の種類が分かれる。外耳・中耳に障害があると，音が小さく聞こえる伝音難聴になる。乳幼児の過半数がかかる中耳炎は大半が治療可能だが，反復を繰り返し，慢性・滲出性（しんしゅつせい）中耳炎になると，伝音難聴の状態が続くことになる。言語発達に重要な時期であることを考えると日常場面での聞こえに注意が必要になる。また，口唇口蓋裂（こうしんこうがいれつ）・ダウン症等の子どもたちは，喉や口腔の構造の特徴から伝音難聴の割合が高い。一般的に伝音難聴では補聴効果が高い。

補聴器や人工内耳を装用している子どもの多くは感音難聴である。鼓膜や中耳ではなく，その奥にある内耳や，大脳への経路に障害がある。音や言葉が小さくなると同時に歪んで聞こえるので，補聴器を装用してもすべての「音声」が明瞭に弁別できるのではない。

先天的に聴覚障害のある子ども（感音性難聴）は1000人に１～２人の割合で生まれる。現在日本では，出産時の入院中に行われる新生児聴覚スクリーニング検査の普及率が約８割に達し，聴覚障害の超早期発見が増加している。確定診断後，早ければ生後数か月から療育施設や聾学校の０～２歳対象の教育相談

表12－2　障害者手帳（聴覚障害）

等　級	判定基準
2級	両耳の聴力レベルがそれぞれ100デシベル以上のもの（両耳全ろう）
3級	両耳の聴力レベルが90デシベル以上のもの（耳介に接しなければ大声話を理解し得ないもの）
4級	1．両耳の聴力レベルが80デシベル以上のもの（耳介に接しなければ話声語を理解し得ないもの） 2．両耳による普通話声の最良の語音明瞭度が50パーセント以下のもの
6級	1．両耳の聴力レベルが70デシベル以上のもの（40センチメートル以上の距離で発声された会話語を理解し得ないもの） 2．一側耳の聴力レベルが90デシベル以上，他側耳の聴力レベルが50デシベル以上のもの

出所：身体障害者障害程度等級表（身体障害者福祉法施行規則別表第５号）。

等での支援が始まる。一方，軽中等度難聴の場合は，大きな音には反応するため発見が遅れる場合もあり，保育所や幼稚園等，家庭外の保育者に指摘されてわかることもある。乳幼児の正確な聴力検査と補聴器の調整には，高い専門性と豊富な経験が求められる。

最近，内耳（蝸牛）より奥の中枢に障害があると考えらえる後迷路難聴や，音は聞こえるが言葉の聞き分けがしにくい APD（聴覚処理障害），また発達障害の中の聴覚過敏についても注目されている。

④　聴覚とコミュニケーション

一般に，聴覚はマガーク効果[(8)]等でわかるように，視覚等他感覚と共同して働く。聴覚障害児も，補聴器等から受け取る音声情報と同時に，視覚に入る相手の口形を手がかりにしながら言葉を理解する場合が多い。日本語は単音節で発話すると「ア・イ・ウ・エ・オ」の５つの母音の口形に分かれる。諸外国語と比較してシンプルで口形を読み取りやすいという特徴がある。聴覚障害児に話すときは，顔を正対し，子どもの視線を確認し，自然な声の抑揚で少し大きめの声とはっきりした口形で表情豊かに話すことが重要である。

コミュニケーションは相互交渉であり，豊かな情感を基盤とする。子どもに対して，当初から正しく聞き取ることや正確な発話や構音を求めるのではなく，楽しいやりとりや韻律情報の模倣を大切に子ども主体のコミュニケーションを支援する姿勢が求められる。

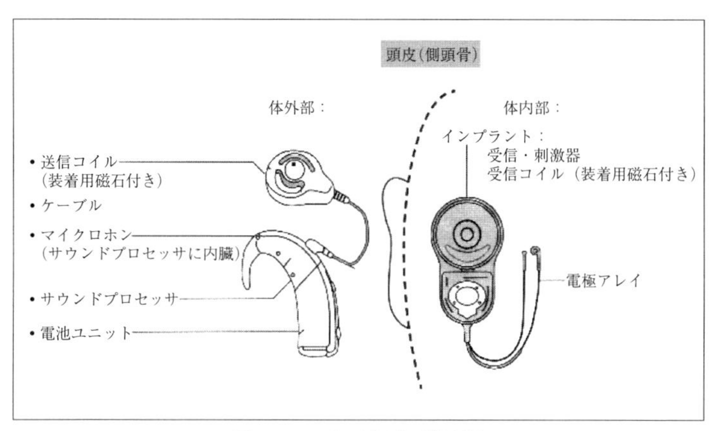

図12－4　人工内耳の構造例

出所：藤田，2015a，205頁。

聴覚障害児への支援

①　補聴器・人工内耳

新生児聴覚スクリーニング，精密検査を経て聴覚障害が確定診断された子どもには，早ければ生後半年頃から補聴器の試用が始まる。補聴器は外界からの音や声を増幅し調整して耳に届ける装置であり，音の増幅だけではなく，聴力や音環境に合わせた調整が必要である。補聴器は，障害者の日常生活および社会生活を総合的に支援するための法律のもと，原則１割負担で購入できるものから高額なものまで幅広い。空気電池を使用し，非常に小さなものなので，乳幼児の誤飲には注意が必要であり，万一誤飲した場合は直ちに医療機関を受診しなければならない。

補聴器では補聴効果が十分に得られない場合，人工内耳を選択する子どもが増加している（図12－4）。人工内耳とは，手術で蝸牛に細い電極を挿入し，聴神経を電気的に刺激するシステムである。ここ数年，国内で年間約800件の人工内耳手術が行われているが，半数以上が小児でありその半数以上は２歳未満である。手術で埋め込む体内器はその後交換の必要はない。体外器のサウンドプロセッサは，補聴器と同様にメーカーによって改良が重ねられている。両耳人工内耳装用についても否定されていない。

人工内耳は，補聴器では得られにくい高音域までを軽度難聴程度にまで補うことができ，子音の弁別が容易になる等の利点が多いが，補聴効果の個人差は大きい。聴覚障害そのものがなくなるものではなく，言語発達の時期の定期的なマッピング（調整）は欠かせない。また，乳幼児期から成人に至るまでの言語発達の見通しをもち，教員や言語聴覚士等専門家による発達段階に即した継続的な支援が必要である。

補聴器・人工内耳は，音響環境によって補聴効果が著しく変わる。最近の補聴器には雑音抑制機能が付加されているが，大勢が一度に話す教室のような場所を最も苦手とする。反響の大きな部屋には，防音効果のある柔らかいカーペットやカーテン等の使用が望ましい。机やいすにも防音の工夫ができる。

保育現場での配慮においては，子どもの補聴器や人工内耳の装用指導と保守管理は重要であり，保育者と保護者が連携して行う。最初は，機嫌のよいときを選び短時間から始め，徐々に慣らし終日装用を目指す。保護者の声や好きなキャラクターの音声等，子どもが喜ぶ状況の中で装用し，音が聞こえたら一緒に喜び，子どもが声を出したら笑顔と声で返す等の経験を重ねて，音がある世界が楽しいものであると感じるような環境調整をすすめる。保育者には，日々の子どもの聴性行動反応（音に対する行動や反応）の変化を見逃さない鋭い観察力が求められる。

3歳以上になると，子ども自身が補聴器や人工内耳についての管理が少しずつできるように支援する。補聴器の着脱（スイッチの入切），電池残量への気づき，入浴時，汗をかいた後，降雨時，プールに入るとき等の取り扱いについて，習慣として身につけ徐々に自分でできるようになることを目標とする。保育所・幼稚園でも基本的な保守管理知識をもち，取り扱いの約束事を決めることや，細やかな連絡が必要である。

② 手話，情報保障

かつて手話を「手まね」として，言語より一段低いとする偏見をもってみる時代があった。最近は各地で手話言語条例が制定され，聴覚障害者の豊かな言語として社会的に認知されてきている。また，テレビの字幕等の文字情報提示システムが一般化し，簡便な音声認識アプリ等も普及しつつある。

前述の補聴器や人工内耳から「音を享受する」こととあわせて，生活の場面や相手・状況により主体的にコミュニケーションモードを選択する聴覚障害児・者が増えてきている。

療育・教育の実際

①　療育・教育制度

現在の日本で，聴覚障害のある子どもの療育・教育の場は多様である。就学前の療育の場としては，医療（病院併設の人工内耳センター等）・社会福祉（児童発達支援センター）・教育（0歳からの聾学校超早期教育相談等）があり，地域ごとにネットワークを構成している。また，言語習得の重要性から多くの聾学校に幼稚部がある。一般の保育所・幼稚園との並行通園も行われている。

2017（平成29）年現在，各都道府県に86校余（国立1，私立2を含む）の聾学校がある。また，一般の小中学校には，難聴学級（難聴特別支援学級）と，難聴（きこえ）の通級指導教室がある。この2つは学籍によって区別されるが，実態は多様である。インクルーシブ教育の潮流もあり，現在は聾学校在籍数以上の児童生徒が地域の小中学校に在籍している。

義務教育修了後，聾学校高等部以外の一般高等学校での支援は緒に就いたばかりであるが，聾学校がセンター的機能を活かしている地域もある。また，大学で学ぶ聴覚障害のある学生も2000人を超え，セルフヘルプグループをつくり大学での情報保障活動等が活発である。国立筑波技術大学は，聴覚障害・視覚障害それぞれの学生を対象とした，日本で唯一の国立大学である。[9]

②　発達段階と合理的配慮

中等度以上の感音難聴のある子どもの9割は，聞こえる親から生まれる。まだ言葉を発しない乳児の多くは，外見上聴覚障害があることはわからない。この時期は視覚・触覚すべての感覚を使ってコミュニケーションを楽しみ，安定した情緒豊かな親子関係を築くことが必要である。

乳幼児にとっての生活基盤は家庭であり，保護者との基本的信頼関係の中での相互コミュニケーションなくして言葉は育たない。保育者は，カウンセリングマインドをもって保護者の心情に寄り添うとともに，幅広い支援の情報や子どもの成長の見通しを示し，また聴覚障害のある子どもの保護者同士をつなぐことが期待される。

聴覚障害児のコミュニケーションモードは，日本手話（音声なし），日本語対応手話（発声しながら用いる），聴覚口話（補聴器等からの音声情報と読唇を合わせる）等幅広い。いずれの場合も共通して母語（日本語）の獲得が目標である。また，現在では聴覚活用と同時に自然な身振りや手話を積極的に活用することも多い。親子関係，子どもの学習や発達の段階，個性と環境等幅広い視点で捉えることが重要であろう。

視覚情報と音声での言葉がつながり，イメージがもてるようになると，次の段階として，絵のとなりに文字の提示を始める。聴覚障害のある幼児については，少し早い段階から楽しんで文字に親しみ，日本語の音韻体系に触れることを意識したい。

③　盲聾二重障害

視覚と聴覚両方に障害のある子どもはそれぞれの障害の程度により「盲聾」「盲難聴」「弱視聾」「弱視難聴」と分かれる。またどちらの障害を先に有するかによってコミュニケーション手段が異なる。丁寧に時間をかけた関わりから，手書き文字・触手話・指点字等，子どもに応じて最適なツールの獲得を目指し，関係機関の連携で子どもの伸びゆく力を援助したい。

聴覚障害と現代社会

聴覚障害に関する全国的な組織としては，全日本ろうあ連盟・各都道府県聴覚（言語）障害（情報）センター・難聴者・中途失聴者団体・人工内耳友の会・全日本ろう学生懇談会，その他，難聴児親の会・盲ろう者協会等がある。また，聴覚障害者対象のデフリンピックがあり，各種のデフスポーツも盛んである。

3　言語障害児への支援と理解

構音障害の基礎知識と支援

構音障害とは，その言語環境で育っていながら年齢相応の語音を発することができないことをいう。口蓋裂等発声発語器官の異常によるもの（器質性構音障害），中枢神経系の麻痺等によるもの（運動性構音障害）の他，原因が明確ではないもの（機能性構音障害）がある。

早期に専門家による支援を受けることで，改善が期待できるが，放置すると症状が固定化し，コミュニケーションや自己有用感に悪影響を及ぼす。

①　発声・発語のしくみ

語音は，呼気が声道（喉・口・鼻）を通過する際に様々に加工されることによって産生される。声帯振動を伴うものを「有声」，声帯振動を伴わないものを「無声」という。語音は母音と子音に分かれ，構音障害のほとんどは子音の問題である。子音は「破裂」「摩擦」等，音のつくり方を表す「構音様式」と音をつくる場所を表す「構音位置」で分類される。

②　構音障害の程度と種類

構音障害をその誤り方でみると次のようになる。

- 置換…ある音が他の音に置き換わっているもの。

例：「サカナ（魚）」を「タカナ」と発音する。

- 省略…ある音が省略されている。

例：「ハッパ（葉っぱ）」を「アッパ」と発音する（子音［h］が省略）。

- 歪み（異常構音）…ある音が，日本語にはない雑音を伴った音で発音される。

例：「イキマシタ（行きました）」の「キ音」等が，どの音ともいえない雑音を伴って構音される。

③　構音障害の発見と支援の必要性の見極め

構音は子どもの全体的な発達に伴うものであり，3歳児が「サル」を「タウ」と言ったからといって構音障害とはいえない。また，構音の発達は個人差が大きい。専門機関への紹介が望ましい例は次のような場合である。

- 構音発達の基準よりも2年以上の遅れがみられる場合（表12－3）。
- 構音の誤り方が「歪み」タイプである場合。
- 口蓋裂や粘膜下口蓋裂等器質的な問題，鼻咽腔閉鎖機能不全が疑われる場合。
- 本人が構音の誤りを気にしていて早期の改善を希望している場合。

逆に，しばらく様子をみてもよい例は次のような場合である。

- 直近の半年程度の中で正音獲得に向けた変化がみられる場合（たとえば6歳で「サ音」は言えないが，半年前までは「タ音」であったものが「シャ音」に変わってきたというような場合）。
- 小学校1年生で「ランドセル」を「ダンドセル」と言うが，「ダ音」も「ラ音」も単音では言える場合（文字の学習を通じて誤りがなくなる可能性がある）。

表12－3　構音発達の基準

3歳半までにほぼ獲得	マ行・パ行・タ行・ガ行・ワ・ヤ
4歳までにほぼ獲得	チャ・ジュ・ナ行・フ
4歳半までにほぼ獲得	ハ行・カ行
4歳半以降に獲得	サ行・ザ行・ラ行・シュ・ツ・ヅ

出所：国立特別支援教育総合研究所「ネットで学ぶ発音教室」（http://matisse.nise.go.jp/kotoba/htdocs/index.php?page_id=23 2019年1月15日確認）をもとに筆者作成。

④　構音障害に対する合理的配慮

構音の正しさよりも優先すべきはコミュニケーションである。子どもの構音の誤りをそのつど指摘することは，子どものコミュニケーション意欲を損ないかねない。したがって，子どもの構音が誤っていてもそのことを指摘しないことが原則となる。

構音は聴覚的弁別（音の聞き分け）に支えられて発達する。子どもに話しかけるときは意識的に明瞭かつややゆっくり目に話し，その場で子どもの発話を復唱するような形で正しい音を聞かせるのがよい。たとえば「タクラがタイタね」と子どもが言ったときには，「本当だね。サクラがサイタね」と「サ音」を心持ち強調して返事をする。また，クラスで構音の誤りのために他の子どもに発言内容が伝わりにくい場合は，担任が「○○さんは～だそうだよ」等と内容を補うとよい。

吃音の基礎知識と支援

①　吃音とは

発話において，なめらかでない特異な話し方になるために，話すことへの不安や社会参加に制限をもたらすことを流暢性障害というが，その代表が吃音である。類似する流暢性障害として「クラタリング（早口症）」がある。

吃音の言語症状は「繰り返し（連発）」「引き延ばし（伸発）」「阻止（難発）」が主なものである。付随する症状として，「異常呼吸」「頭部・頸部・四肢や体幹の運動や緊張」等がある。吃音を避けるための語の言い換えや発話の回避，吃るのではないかとの予期不安も当事者の悩みである。

② 吃音の原因

多くの原因論が提唱されているが，現在のところ特定されていない。遺伝については，多くの研究が「遺伝的要因が全く関与していない可能性は少ない」ことを示唆しているが，明らかになっていない。過去に提唱された原因論の中には「診断起因説（＝養育者が，言語獲得途上の非流暢性を吃音と捉えて，注意や叱責を加えることで真の吃音となる）」のように，養育者に無用な不安を与えるものもあるので注意が必要である。現在では養育者の育て方で吃音になることはないとされている。

③ 発吃・自然治癒・進展

吃音の発症年齢は通常２〜５歳である。発症率は約５％で，そのうちの約80％は自然治癒する。男女比は発吃時では差が小さいが，成人期では４〜５対１で男性の方が多い。

幼児期の吃音は，言語症状としては「繰り返し（連発）」中心で，発話を躊躇することは少ない。学齢期に入ると，言語症状としては「阻止（難発）」が多くなり，話すことへの抵抗感を示す子どももいる。思春期になる中学生以降は心理的な問題が顕在化しやすい。コミュニケーション全般に消極的になったり，予期不安に苦しんだりすることが多くなる。

成人になると就労に関わって電話等の場面への苦手意識が強くなるケースがある。一方，吃音と自分なりにうまくつきあう方法を見つけたり，当事者のグループに入ったりして生き生きと過ごす人たちも多い。

④ 治療・支援

発吃後１年を経過してなお吃音の症状が続いている場合は，専門機関への相談を検討した方がよい。吃音に対する治療・支援は下記の３つの内容から構成される。

(1) 環境調整

周囲の環境を整えることで吃音のある本人が，吃ったままで過ごしやすくしようとするもので，次のような点があげられる。

- 話の聞き手は話し方に注目するのではなく，話の内容に注目する。
- 子どもと話すときは，ややゆっくりとした柔らかな発声で話しかけ，子ども本人の発話には一切注文をつけない。

・本人が，吃音についての苦しさを訴えたときは，曖昧にせず受け止める（「こうしたらよい」との助言は適切ではない）。

・いじめ，からかい等があったときには，本人には「君はなにも悪くない」と伝えた上で相手を指導する。

(2)　吃音についての理解

発達段階によって内容は変わるが，次のようなことを確認したい。

・吃音は話し方の特徴のようなものであり，悪いものではない。

・吃りながらであっても，積極的に話すことが大切である。

吃症状が出てもそのまま話し続けられるタフネスを身につけることで，吃音症状への対処が冷静に行えるようになる。

(3)　楽な話し方の練習

言語症状への支援は，言語聴覚士等専門家に任せるのがよい。言語症状にアプローチするには自らの発話に注意を向ける必要があり，そのことにはリスクを伴うからである。

⑤　吃音に対する合理的配慮

まず，間違った助言を本人や養育者にしないことである。たとえば幼児吃音に対して，「放っておいたらそのうち治りますよ」「吃音を意識させないように気づかないふりをしましょう」等は間違った助言である。本人に対して「落ち着いてゆっくり話しなさい」等も過度に自分の話し方を意識させるので望ましくない。

発表や音読はどんなやり方が望ましいか，本人や保護者から前もって考えを聞いておくことが大切である。吃症状が出ても構わないので一人で読みたいのか，他児や先生と一緒に読むのがよいのか，そのときの調子で異なる対応をしてもらうためそのことが通じるサインを決めておくのか等である。

非流暢な話し方が不利にならないような取り扱いも重要である。九九の暗唱や，国語の「聞く・話す」の観点評価での配慮が求められる。

高等学校入試での面接における配慮の実例として，事前に中学校から高等学校に問い合わせをし，面接において吃音がマイナス評価にならないこと，時間が延びることを許容するとの返答を得て，安心して受験に臨めた例がある。英語検定試験では吃音について配慮する旨が明記されている。

コラム　共生社会の具現化を目指す中学校の取り組み（聴覚障害）

生徒総会で中学生がパソコンで情報保障をする場面

現在聴覚障害のある児童生徒の過半数は，地域の小中学校に在籍し，地域で学べる利点とピアグループの不在という課題を併せもっています。それはときに，周りに同級生はいるが自分だけ情報が届かない「集団の中の孤独」に陥りがちです。こうした中で京都市の学年別固定制難聴学級は子どもの発達に応じた集団を保障するという観点からみて興味深いものがあります。

京都市立二条中学校は，市内約80校の公立中学校の中で唯一，学年別固定制の難聴学級があります。全校生徒約300人中20人（50年間の平均）の聴覚障害のある中学生が在籍しています。教科授業は6～7人の学級で各教科担任が行います。すべての教師が手話に堪能ではありませんが，大型ディスプレイや視覚的資料を使い，生徒に対面し，はっきりとした口形で指導します。「読む・聞く・書く・話す・考える」にメリハリのある授業構成は，聴覚障害生徒だけではなくすべての生徒にとって理解しやすいものです。また，義務教育修了後を予想し，通常の学級で教科授業を受ける期間もあります。英語や音楽等音声情報を重視する教科の評価には，読み替え資料を作成しています。たとえば定期テストでは，英語のリスニングが始まると同時に読み原稿を渡し終わると回収する，という方法をとります。学校行事では，大型スクリーンによる文字情報，難聴学級担任による手話通訳，音声文字認識システム等の方法を用いています。特筆すべきは，生徒会等の生徒による発信は，聞こえる生徒がその情報保障を担当している点です。体育的な行事は通常の学級に「交流」として入って行う一方，文化祭等は3学年の難聴学級と通常の学級等の生徒とのミックスグループで手話劇を行う等，目的と内容に応じた集団で取り組んでいます。部活動の参加も幅広いものがあります。

思春期かつ義務教育最終段階の時期に，聴覚障害のピアグループと同学年の聴者グループの両方が，日常的に存在する教育環境の意義は深いものがあります。その複層的な集団を主体的に選択しながら，幅広い中学校生活を送ることは，聴覚障害のある若者が主体的に生きる力と言語運用力を高めることにつながっています。

言語障害児の療育・教育制度（通級指導教室）

言語障害児の療育や教育は原則個別での支援となり，必要に応じて集団での関わりが組み合わされることになる。

幼児期には，地方自治体による児童発達支援センター等で支援を行う。学齢期になると，小学校等に設置されていることばの教室（通級指導教室）で支援・指導を行う。放課後デイサービス等児童発達支援事業でも個別の支援を提供しているところがある。

言語聴覚士の在籍する病院等でも対応するところがあるが，言語聴覚士の仕事は広汎で，専門分野に特化している場合もあるので注意が必要である。

小中学校には，通常の学級に在籍しながら障害に応じた特別の指導を受ける通級指導教室が設置されているところがある。そのうち言語障害を対象としているものは全国で小学校932教室・中学校17教室（2017〔平成29〕年度）ある。

言語障害と現代社会・セルフヘルプグループ

言語障害のある人にとって，現代社会は過ごしやすくなった面もあるといえる。プレゼンテーション等音声言語によるコミュニケーションが重視されるようになった反面，セルフ式マーケット，自販機，電子メールや SNS 等音声言語によらなくても用が足せる機会も広がったからである。

セルフヘルプグループは同じ悩みをもつ人々の自助グループである。各地の言友会（吃音のある人のセルフヘルプグループ）等が，吃音のある子どもや中高生を対象に「吃音キャンプ」や「中高生の集い」を行っている。吃音が自分の人生を縛る絶対的な問題ではなく相対的な問題であることを実感するよい機会となっている。

注

(1)　先天的に眼球が小さい遺伝性疾病であり，発生頻度は約１万人に１人である。角膜，水晶体，網膜・硝子体などの発生異常に伴って眼球の発達が障害されて起こるものも多く，状態や程度は様々である。

(2)　先天的に虹彩が完全または不完全に欠損している遺伝性疾病である。

(3)　早産児や低出生体重児に発症する網膜病変の一つである。発症率は出生体重1500g未満で約60％，在胎28週未満ではほぼ100％と高い。

(4)　網膜に異常がみられる遺伝性疾病であり，日本では約1万人に対し2人である。夜盲（やもう），視野狭窄，視力低下などの症状がある。

(5)　糖尿病が原因で網膜が障害を受け，視力が低下する病気である。糖尿病腎症，糖尿病神経症と並んで，糖尿病の三大合併症といわれる。

(6)　視覚障害者の年齢構成をみると，65歳以上が6割を占めている。厚生労働省「平成18年身体障害児・者実態調査結果（平成18年7月1日調査）」（http://www.mhlw.go.jp/toukei/saikin/hw/shintai/06/index.html 2019年1月15日確認）。

(7)　母語が日本語であれば，「la」も「ra」も「ら」と聞き取るように，聴覚を母語の音節のカテゴリーにあわせるようになること。

(8)　言語音声の音韻知覚において聴覚情報と視覚情報の相互作用を示す現象の一つ。たとえば，「ガ（ga）」と言っている映像に，「バ（ba）」と言っている音声を組み合わせて視聴すると，「ガ」でも「バ」でもなく，「ダ（da）」と聞こえる。

(9)　産業技術学部（聴覚障害）の入学条件は，両耳の聴力レベルがおおむね60dB（デシベル）以上のもの，または補聴器等の使用によっても通常の話声を解することが不可能もしくは著しく困難な程度のもの。保健科学部（視覚障害）の入学条件は，両眼の矯正視力がおおむね0.3未満のもの，または視力以外の視機能障害が高度のもののうち，拡大鏡等の使用によっても通常の文字，図形等の視覚による認識が不可能または著しく困難な程度のもの，もしくは将来点字等の特別の方法による教育を必要とすることとなると認められるもの。

参考文献

青柳まゆみ・鳥山由子（2015）『視覚障害教育入門（改訂版）』ジアース教育新社。
猪平真理（2018）『視覚に障害のある乳幼児の育ちを支える』慶應義塾大学出版会。
吃音ポータルサイト（金沢大学小林宏明によるサイト）（http://www.kitsuon-portal.jp/ 2019年1月15日確認）。
国立障害者リハビリテーションセンター研究所感覚機能系障害研究部（http://www.rehab.go.jp/ri/kankaku/kituon/therapy2.html 2019年1月15日確認）。
小林宏明・川合紀宗（2013）『特別支援教育における吃音・流暢性障害のある子どもの理解と支援』学苑社。
全国盲学校長会（2018）『新訂版 視覚障害教育入門 Q&A』ジアース教育新社。
藤田郁代監修（2015a）『標準言語聴覚障害学「聴覚障害学」（第2版）』医学書院。
藤田郁代監修（2015b）『標準言語聴覚障害学「発声発語障害学」（第2版）』医学書院。
文部科学省（2018）「特別支援学校幼稚部教育要領 小学部・中学部学習指導要領（平成29年4月告示）」文部科学省。
四日市章・鄭仁豪・澤隆史ほか編（2018）『聴覚障害児の学習と指導』明石書店。
涌井豊（1992）『構音障害の指導技法』学苑社。

American Psychiatric Association／高橋三郎・大野裕監訳（2014）『DSM-5 精神疾患の分類と診断の手引』医学書院。

読者のための参考図書

大沼直紀監修／著（2018）『教育オーディオロジーハンドブック』ジアース教育新社。

――聴覚障害のある子どもたちの「きこえ」と学習指導について，教育現場の経験をもとに超早期から中高生までの具体的な実践例を豊富にあげてまとめたもの。

菊池良和（2012）『エビデンスに基づいた吃音支援入門』学苑社。

――吃音の当事者であり，医師として吃音支援をしている著者による吃音支援の入門書。

第13章

知的障害児への支援と理解

日々，子どもと生活を共にする保育者は，子どもの育ちを敏感に捉える。そこで発達の遅れに気づく場合もある。本章では知的障害の発見，判定の手続きをあげる。そして知的障害のある子も共に楽しめる保育をつくり出していくときの3つの視点「子ども理解」「子どもへの願い」「手だて」の循環とその実際を紹介し，具体的な活動を取り上げる。支援者は日常の関わりを丁寧に積み重ねていくことが求められる。また知的障害のある子の親の思い，きょうだい，友達の葛藤をドキュメンタリーの絵本から学ぶ。学齢，大人になってからの生活の様子も知り，生涯にわたる支援のあり方を学んでほしいと願う。

1 知的障害とは

知的障害とは

知的な発達の遅れ，知的機能が明らかに低い状態を総称して，知的障害という。以前には精神薄弱という語が使われていたが，差別感を含む語感であることから，一旦，精神遅滞，知的発達障害という用語が使われるようになった。さらに「精神薄弱の用語の整理のための関係法律の一部を改正する法律」(1998〔平成10〕年）により，地方自治法，児童福祉法で知的障害の表記に改正され，精神薄弱者福祉法は知的障害者福祉法に改題された。これらの関連法の改正により1999（平成11）年から教育・行政用語として知的障害が使用されるようになった。

WHO（世界保健機関）の国際疾病分類（ICD-10）では，認知，言語，運動および社会的能力の障害を知的障害と定義し，発達期（18歳まで）に診断されるとしている。知的障害を診断する一般的な方法は，知能検査（田中ビネー知能検査，新版 K 式発達検査，WISC-IV など）により測定，算出される知能指数 IQ（Intelligence Quotient，精神年齢／生活年齢×100）をもとにし，IQ 70を境界として知的障害と診断される。一方，アメリカ精神医学会作成の精神障害の診断統計マニュアル第５版（DSM-5）では，IQ による診断評価を脱し，概念，社会性，実用性，の総合的診断がなされる。

知的障害の原因は，染色体変異によるもの（ダウン症候群など），代謝障害によるもの（フェニルケトン尿症など），出生前のウイルス感染によるもの，有害物質の摂取，出産時の無酸素症，出生後の脳炎など，原因の特定されるものがある。また，子育て，保育の過程で，保護者，保育者によって発達の遅れとして気づかれることとして，原因が特定できない知的障害もある。その他，虐待や放置など劣悪な心理社会的環境で育てられることによって発達が遅れてしまう場合もある。

障害の発見・気づき

まず，生後４～７日の新生児に対して行われる新生児マススクリーニング検査についてふれておく。これは新生児のかかとから少量の血液を採取し行う検査である。フェニルケトン尿症，メープルシロップ尿症，ホモシスチン尿症，ガラクトース血症，先天性甲状腺機能低下症（クレチン症），先天性副腎皮質過形成症，の６つの先天性代謝異常による疾患がないかを調べるものである。これらの疾患は知的障害を伴うこともあるが，発見された場合，確立した治療法があり，早期に治療をすることができる。

乳幼児期の運動能力の発達について述べる。これは順次性をもつ。生後３か月で首がすわり，その後，寝返り，ハイハイで移動することなどを経て，おすわりができるようになる。これは重心が下方に降り，自力で腰，背筋を支えている姿であり，二足歩行に向かうべくコンディションが整ってきたことを示す。つかまり立ちを経て一人で立ち，１歳頃になり歩くようになると目線が上がり，手で物を操作するようになる。興味のあるものを指さしで示し，身近な大人に伝え応答してもらうことを楽しみ，声が伴い，一語文で気持ちを伝えたりする。２歳頃には二語文で話すようになる。体験したこと，見たこと，してもらったことを模倣し，手にしたものを何かに見立てて，模倣遊びが盛んになる頃でもある。

このように乳児期には体の動き，言葉の発達が目覚ましく進む。一つひとつの発達項目は，次への準備段階として意味をもつ。たとえば，はう，という動きを取り上げてみる。腹這い姿勢から手の平と膝を床につけて，腹部・胸部を床に平行になるように支え前進する。これによって腕の力を強くし，背筋を強くする。同時に忘れてならないのは，指を広げて５本の指先それぞれに体重をのせていることである。つまり手の平，指全体をしっかりと使っていることである。このことをもとにして，指先での細かい操作ができるようになっていく。

子どもを育てる保護者は，わが子との関わりを重ねる。そして成長に伴う変化を喜ぶ。一方，成長の早い遅いといった個人差はあるものの，なかなか変化がみられない場合，不安を感じるものである。同じ年頃の他児に追いつけと願い，そしてゆっくりでもそれなりにできるようになってくると不安を緩める。

複数の子どもの保育にあたる保育者は，子どもの成長発達の順次性を体験的に知っている。そこで発達を支え，促す遊びを提供する。保育者は，子どもの意思を読み取ろうとし，また子どもの育ちへの具体的な願いを託して援助する。そこでは子ども同士のやりとりを経験する。そして子どもが育つのを待つ。この中で，発達が遅いと気づく場合がある。その内容は，認知，物事の了解，言葉，運動や手指の器用さ，社会性に関わるものである。

障害の判定

１歳６か月児・３歳児健康診査をきっかけに，児童相談所での発達検査を経て，障害の判定へと進む。

知的障害児・者と判定された者には，療育手帳が交付される。これは法で定められた制度ではなく，各都道府県および政令指定都市の独自の発行である。このため，「療育手帳」以外の名称を使う自治体もある。障害の程度の区分は，Ａ：重度，Ｂ：軽度の２分類であるが，分類や明記方法は各自治体により異なる。知的障害は一般に18歳以前の発達期に現れ，それによってコミュニケーション・身辺自立・健康・安全・学業などの制約が生じるとされる。これらの状況を総合的な視点で捉えて障害の程度が判定される。

18歳未満は児童相談所において，18歳以上は知的障害者更生相談所において２年ごとに判定を受け療育手帳の更新をする。この判定により，特別児童扶養手当，税の諸控除および減免税，旅客運賃や料金の割引など，知的障害児・者への援助措置が定められている。

2　知的障害のある子への保育，支援の実際

保育実践のための３つの視点

保育者は，複数の子どもたちの保育を担う専門職である。障害のある子の保育実践研究をしてきた堀智晴（2004，31頁）は，保育者の働きについて「子ども理解」「子どもへの願い」「手だて」の３つの視点から見直すことを提案している。まず目の前の子どもをよく「理解する」こと，次にこの子どもがどのように育ってほしいのかその「願い」を具体的に考え，それを具現化するための「手だて」を工夫して行うことの視点である。保育実践では，この３つの視点を循環させていくことになる。そして同時に，集団として「子どもたちを理解する」こと，「子どもたちへの願い」をもち，そのための「仲間づくりの手だて」を行うのである。これらを循環させながら，保育実践を行っていく（図13-1）。

障害のある子を受け入れた保育の現場は，一斉に子どもたちを動かすような保育の形でなく，一人ひとりの違いを認め，一人ひとりの子どものあり方に合わせて保育を考える方向に，保育を変えていくように実践する。まさに，その子への「子ども理解」を絶えず問い続けながら，その子の育ちに向けて「子どもへの願い」をもち続け，具体的な「手だて」を試みる。「サラマンカ宣言[(1)]」では，「すべての子どもは，ユニークな特性，関心，能力および学習のニーズをもっており」，その教育は「インクルーシブ志向をもつ通常の学校」の中で「特性やニーズを考慮にいれて計画・立案され」る，と謳われる。保育者は障害のある子どもを含んだクラスづくりに取り組むことによって，子ども同士の育ち合いを育てる保育を目指していくのである。

保育，支援の実際

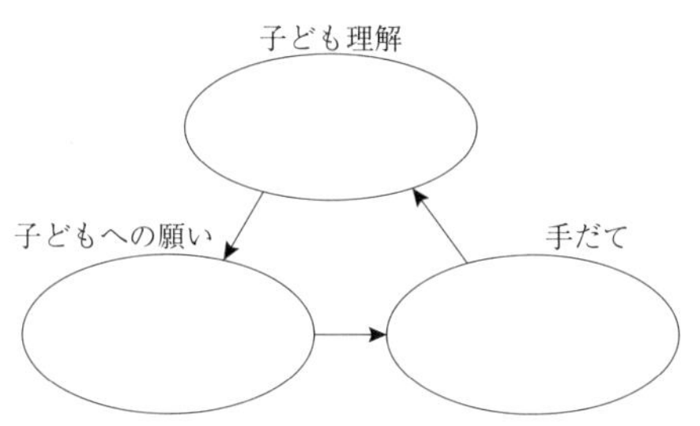

図13－1　保育実践における３つの視点の循環
出所：堀，2004，31頁を参考に筆者作成。

保育の場では，複数の子どもがそれぞれの個性を発揮しながら，みんなでいることが楽しい，と思えるように子ども同士の関わり合いを保育者は支援していくことになる。障害のある子どももほかの子どもの活動を見てあこがれ真似をすることもあるし，ときにはトラブルも起きる。その解決のために試行錯誤を重ねつつ，みんなでする活動の雰囲気を感じながら少しずつ参加するようになる。同じ空間にいる子どもは，ほかの子どもたちの活動が少しずつ変化していく様子をよく見ている[(2)]。保育者は，子ども自らが活動したくなるときが来ることを望んで保育行為を続けるのである。

知的障害のある子はゆっくりと状況をつかみ，参加をしていく場合が多い。いくつかの遊びの例を取り上げてみる。

①　注視を促す遊び

子どもたちはおもしろそう，何だろうと心が動き，それが行われているところに気持ちを向けてじっと見るという経験を重ねてほしいと願う。わらべうた「ずくぼんじょ」（図13－2）を歌いながらカップ人形を使って注視を促す活動を紹介する。中に人形を収めたままのカップを子どもたちの前に歌いながら出すと（図13－3），子どもたちはじっと見ているのであるが，「ぬいてちょうだい」のタイミングでカップの中から人形を出すと（図13－4），はっとして笑顔になる。そして再びカップの中に人形を収めてしまうと，驚きを声にして表す子どももいる。再び歌いながら人形が飛び出してくるのを期待するのである。心臓の鼓動に近い拍感の歌を歌いながらすることによって，同じリズム感への共感をし，遊びへの期待を持続することができる。

②　自由な動きを促す遊び

広げた新聞紙を６×５枚，端をのりで貼り合わせた「大新聞」をたたんで用意しておく。子どもたちの頭の上で広げ，屋根のようにかぶせ，端を保育者が持って上下に揺らすと，バリバリという音と風が起こり，子どもたちは手をあ

図13－2　ずくぼんじょ

げて飛び跳ねたり歓声をあげる。大新聞の中に入ってくる子が増えてきて，にぎやかに楽しめる。上下に揺らすことを続けると，子どもたちは新聞をつかんで，びりびりと破ってしまい紙吹雪のように散らして遊ぶ。

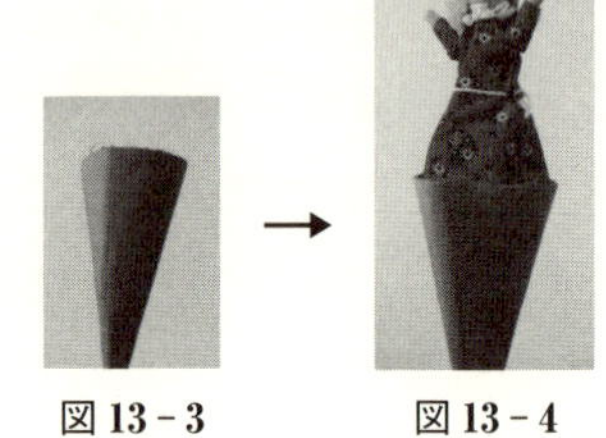

図13－3　「ずくぼんじょ」

図13－4　「ぬいてちょうだい」

保育者の葛藤

上記は，障害のある子も共に楽しめる遊びの実際として紹介した。興味を向けて，手を伸ばし，体の動きとともに心の動きが生じてほしいという願いをもって，実践を続けるのである。興味を向けていないようにみえても，その集団への実践を続けていくことにより，その子の気持ちが少しずつ変容し，参加へと向けられてくるのを待つ。その中で，子どもの育ちを見出すことができる。

しかし，保育者が配慮しながらの関わりをしてもなかなか変化がみられないこともある。変わらないと感じてしまう時期が長くなり，やってもやっても子どもの成長への見通しがみえないと感じてしまうとき，保育者は葛藤する。この葛藤は，保育者としての立ち位置を揺るがすほどのものである。そのことに耐えられずに，この子の障害が重度だからしかたがないと考えがちだが，保育者として葛藤するときこそ，子ども理解を問い直すことに努めたい。同僚と感じていることを語り合い，子どもの育ちへの願いを確かめたい。

3　知的障害のある子と家族，仲間関係

知的障害のある子とその家族，仲間関係について，障害のある子が登場する

絵本から学んでいくことにする。これらの絵本の登場人物は実際に存在する。

親の思い

星川ひろ子（1999）『となりのしげちゃん』あらすじ

> 保育園の3歳児クラスにいるしげちゃんは，あらたちゃんの声かけにも知らんぷりで葉っぱと戯れたり，皆が呼んでも動かないでいる。しげちゃんのようすを不思議に思っていたあらたちゃんは，ある朝しげちゃんのお母さんに尋ねる。「なんでしげちゃんはみんなみたいにおしゃべりしないの？　びょうきなの？」と。お母さんは「びょうきじゃないのよ」「なんでもゆっくりおぼえていくから」と答えた。そして，体をつくるための地図におまけのところがあって，お兄ちゃんになるのに時間がかかってしまうのだ，と説明した。「かんじる心はいっしょよ」ときいたあらたちゃんはほっとした。

「なんで，しげちゃんは」と不思議に思うあらたちゃんと，染色体21トリソミーを「地図におまけのところがあって」と説明するしげちゃんのお母さんとの対話が印象的な絵本である。しげちゃんが1000人に1人の割合で生まれてくるダウン症であることを知ってから，お母さんはこの子がもついろいろな部分を引き出しながら，安心して暮らしていける見通しを求めて生きてきたことが読み取れる。あらたちゃんの質問に丁寧に答えたのも，しげちゃんを理解してほしいとの思いからであろう。「しげちゃん理解」を伝えたお母さんは，そのことを受け止めたあらたちゃんとしげちゃんの関わりをみて，しげちゃんはこんなふうに育っていくんだという見通しをもったのだろう。それはお母さんにとっては喜びであり，育児を支える力となっていく。

きょうだい関係

星川ひろ子（1997）『ぼくのおにいちゃん』あらすじ

> ぼくには6歳違いのおにいちゃんがいる。小さい頃のおにいちゃんは，体がくにゃくにゃで一人で座れず，病院に通って特別な運動をしてようやく歩けるようになったらしい。生まれる前から頭の中に傷があったからだとママは言っていた。ときどき気を失って手足をばたばたさせることもある。おにいちゃんは，ブランコが好き。言葉はほとんど話さないけれど，何でも「ブ，ブ」「ネンネ」と言って伝えようとし，笑い続け，カラスの鳴き真似をしてとても賑やかである。デパートで迷子になったときは探し回ってさんざんだった。急に怒り出してミニカーや本，電話，

植木鉢を投げることもある。そんなとき，ぼくはウルトラマンに変身しておにいちゃんにタックルをしてやる。野球のできるおにいちゃんだったらいいのに。「ぼくのおにいちゃんは，なんでみんなのおにいちゃんとちがうの？」

きょうだいというのは，毎日一緒に生活し，助け合うこともあれば，お互いの気持ちをぶつけ合ってけんかすることもある。親に甘え，親の思いを受け，それぞれが自立に向かって育っていくのだが，障害のある子のきょうだいは，きょうだいが平等でないような違和感をもって過ごしていく。お兄ちゃんが頼りがいのある存在と思えず，兄といると理不尽と感じることもある。しかし，一緒に暮らしていると面白いと思えることもある。上記のようにてんかんの発作を起こすときには心配が募るのだろう。複雑な心境を抱えて過ごしているのである。きょうだいの気持ちを慮ることが大切になる。

子ども同士の関係

長谷川集平（1984）『はせがわくんきらいや』あらすじ

「長谷川くん」は，ヒ素入り粉ミルク事件の被害にあった子どもである。「長谷川くん」は「ぼく」に言い寄る。「ぼく」は先生にもお母さんにも「大事にしてあげて」「仲良くして」と言われ，わかったような気にはなるものの，「長谷川くん」と一緒にいると手間がかかることが続いて面白くない。ヒ素ミルクの事件の話を聞いたものの，納得はできず，「ぼく」の思いには，なぜ，という疑問がわき上がり，「長谷川くんなんかきらいや」と何度も言い放つ。同時に「ぼく」は「長谷川くん」に愛着も感じるようになっていることに気づく。

作者の長谷川集平自身を「長谷川くん」として登場させた絵本である。細い体でみんなの後をついてくる「長谷川くん」をめぐり，子どもたちは心穏やかではない。仲良くして，と大人に言われることは理解できるものの，本心では面倒なのである。この正直な感情を封印することなく葛藤しながら生きている子ども同士の関係性は，少しずつではあるが変容していく。

ヒ素入り粉ミルク事件は1955（昭和30）年に実際に起きた事件である。125人の赤ちゃんが死亡（1957〔昭和32〕年当時）し，政府の認定患者，未確認患者は後遺症を抱えることになった。後遺症により知的障害となった者，体の弱い者も含め，本人と家族はこの事件によって人生が変えられてしまったのである。

体が細く，弱い，不器用な「長谷川くん」は，のちに絵本作家として活躍するようになった。どんな子も排除しないインクルーシブな関係性というのは，この絵本に描かれているように葛藤を含みながらも少しずつ変容していく過程そのものである。だからこそ，交わって関わりをもつことがまず大切なのであろう。

4　知的障害のある人への生涯支援

知的障害のある子どもも就学，進学，卒業を経て社会人となり，地域で長く暮らしていくことになる。それぞれの時期に出会う支援者は，生涯支援の見通しをもって関わりを続けていきたい。以下に，それぞれの時期でのエピソードを記す。知的障害のある人が地域で生活していくことを可能にしているもの，または隔たりとなってしまうことについて，問題意識を向けてほしい。

小学校入学

小学校入学は，どの子どもにとっても，またその親にとっても新生活への期待をふくらませるときである。同時に，慣れ親しんだ保育所／幼稚園を離れ，学校という新しい環境へ入ることにつかみ所のない不安を感じるものでもある。勉強についていけるか，大きな集団で仲間づくりができるのか，教師にみてもらえるのか，という不安のほか，放課後，夏休みなど長期休暇の過ごし方をどうするのか，情報を求め続けるものであろう。案ずるより産むが易し，と地域の小学校へ進む子どももいれば，不安を整理しきれず，特別支援学校への入学を選ぶ親子もいる。親の立場での熟考の結果を，尊重して受け止める必要もある。

学齢時

『みんなの学校』（2015年公開）は，支援の必要な子どもも含めて，その街に住むどの子どもも通う大阪市立大空小学校の日常を撮った映画である。ここにはすべての子どもの学習権を保障するあり方をみることができる。教職員の加配，地域／学生ボランティアの見守りのもと，すべての子どもたちが同じ教室で学ぶ。

しかし，全国学力調査の日には様子が違った。学力調査は多目的室で行われ，“受ける必要のない”知的障害のある子たちは教室にいた。普段は教室を走って抜けだしていたずらをするユウちゃんは，その日「多目的室に（僕は）行かんの？」と言ったという。ユウちゃんは6年生みんなの中の一人であることを自覚しており，みんなと一緒に学ぶことが当たり前になっていた。そしてこの日，大きな“何か”の都合で選別されてしまったことにも気づいていたのである。

中学校

『さとにきたらええやん』（2016年公開）では，大阪市西成区にある「こどもの里」に集まる，いろいろな年齢の子どもと大人とその生活を支えようとする職員の奮闘が描かれている。その中でやんちゃな男子中学生が語っているひとことをあげる。

児童相談所で「明らかに知的障害があります」と言われた。

「ふざけんなよ」心がそう叫んだ。

これは，知的障害のある本人から，その日常生活を知らないで判定する者への強烈な批判である。そんな彼が，卒業間近の学年集会で，みんなへの感謝を述べ，これから特別支援学校（高等科）へ進む，と決心を語る。彼は，地域社会の関わりの中で自分を見つめ，言葉をたぐり寄せ，気持ちを表明したのであった。

成人期

就学期を終えると，社会人としての進路を決めていかなければならない。一般就職する者，特例子会社[(3)]で勤める者，障害者支援施設（就労継続支援・生活介護）で日中活動をする者，とそれぞれに社会人生活の足場を定めていく。社会生活を送るに際して，言語コミュニケーション，身辺自立，公共交通機関を用いた移動，金銭管理，健康管理は重要な事項となる。支援を受けながら生活を整えていくのである。また余暇の過ごし方も課題となる。

保育，教育の現場で働く保育者は工夫を重ね，困難を感じながらも子どもの明るさに元気を得て，実践を重ねていく。そして年度末には進級，卒業という

コラム　おしっこトレーニングと日常の関わり

小型フープの上をとぶ

末松たか子は『おむつのとれる子，とれない子』（1994，34頁）という本の中で「おはなしもでき，一人歩きができるようになり，おしっこの間隔が2～3時間あくようになったらおしっこトレーニングをはじめよう」と勧めています。末松があげたおむつはずしの3つの条件を読み解くと，①ものごとの理解と人に伝えようとする意欲，②脚力，腹筋力，③膀胱の機能，のことではないかと考えられます。知的障害のある子のおむつはずしはタイミングを見出しにくいのですが，①と②は楽しく遊ぶ中で育てられます。

②については，しっかり跳んで両足で踏みしめる経験ができるように遊びを工夫してみましょう。そこで両足とびを一緒にしようと思い，小型フープを床に並べて跳ぶことにしました。保育者が両足を揃えてぴょんぴょん跳んでいきます。Aちゃんも両足で跳ぼうとします。両足は揃っていないけれども，Aちゃんは両足とびをしている気分です。何回も保育者は跳び続けます。ほかの子もやってきて跳んでいます。笑い声や歓声があがってにぎやかです。こんな遊びを毎日重ね，脚力，腹筋力，人と関わる楽しさを少しずつ得ていきましょう。

そして一緒にトイレに行ったら「おしっこしーしー」「しーこっここーい」と唱えの言葉をかけてあげましょう。こうした関わりの積み重ねが大切です。おもらしをしてしまったら，濡れてしまったね，と着替えを促します。放尿感に気づいてほしいからです。よく見ていると，尿が溜まったときにその子なりにサインを出してくれることがあります。そしてトイレでできたら喜んであげましょう。おしっこトレーニングは，保育者が子どもをよく見て，願いを向けて少しずつの関わりを続けていく過程が続きます。そんな中で確実に子どもと保育者が近しくなれるのです。

このように，知的障害のある子の育ちを支援することは，ごく普通の関わりを丁寧に積み重ねていくことなのです。

参考文献

末松たか子（1994）『おむつのとれる子，とれない子――排泄のしくみとおしっこトレーニング』大月書店。

区切りをつけ，新たな気持ちで新年度を迎える。一方，成人への支援を行う障害者支援施設では，このような区切りのときはなく，長く関わりが続き漫然とした日々になりがちである。そこで利用者，支援者ともに楽しい変化を求める必要がある。曜日によって活動を少しずつ変えたり，季節の行事を味わうこと，地域の行事への参加も経験していきたいものである。それらへの参加から，利用者と地域の人との相互理解が少しずつ深まっていくとよい。

共に生きる

保育から成人期に至るまでの，知的障害のある人への生涯支援について学んできた。それは，本人と共にいる仲間がそれぞれ唯一の人生を生きていることを尊重すべく，保育者・支援者も彼らと共に生きるということである。

注

(1) スペインのサラマンカで行われた特別なニーズ教育に関する世界会議（1994年）において採択された。
(2) このような学習のあり方を「正統的周辺参加」として紹介している（ジーン＆エティエンヌ，1993）。
(3) 親会社が障害のある人のためにつくった特別な会社で，障害のある人に配慮した職場となっている。

参考文献

ジーン，R.，エティエンヌ，W.／佐伯胖訳（1993）『状況に埋め込まれた学習――正統的周辺参加』産業図書。
重江良樹監督／ノンデライコ製作（2016）『さとにきたらええやん』ノンデライコ配給。
長谷川集平（1984）『はせがわくんきらいや』すばる書房。
星川ひろ子　写真・文（1999）『となりのしげちゃん』小学館。
星川ひろ子　写真・文／星川治雄　写真（1997）『ぼくのおにいちゃん』小学館。
堀智晴（2004）『保育実践研究の方法』川島書店。
真鍋俊永監督／関西テレビ放送製作（2015）『みんなの学校』東風配給。

読者のための参考図書

the ミュージックセラピー編集部編（2005）『音楽療法・レッスン・授業のためのセッション　ネタ帳』音楽之友社。
――障害のある子どもへの音楽療法セッションの実践から生まれたアイデアがたくさん載っている。身近な物を工夫して用意し，子どもが興味を向けて活動できるようにしている。参考にして保育に生かすことができる。
細川速見・和田幸子（2006）『音楽あそび――障害児と共に育ち合う』三学出版。
――第 3 章において，障害児保育の現場で実践した音楽遊びを，1．季節の歌，2．呼びかけ，3．ふれあい遊び，4．大人にしてもらう遊び，5．手具を使った遊び，6-a．体を動かす遊び（ウォーミングアップ），6-b．道具を使って体を動かす遊び，7．音絵，8．楽器作り，9．鑑賞，10．ミニシアター，に分類しエピソードとともに具体的に紹介している。
黒柳徹子（1984）『窓ぎわのトットちゃん』講談社。
――俳優，司会者，エッセイストである黒柳徹子氏がトモエ学園で過ごしたユニークな小学校生活のエピソードが描かれている。この学校には障害のある子が複数いたようである。校長先生は「みんな一緒だよ，一緒にやるんだよ」と子どもたちにすすめていた。すると子どもたちは一緒にするにはどうしたらいいか一生懸命考えた。先生方は工夫して授業や行事を行っていた。ここにインクルーシブなあり方をみることができる。

第14章

重症心身障害児・医療的ケア児への支援と理解

医療の進歩や社会背景の変化により，重症心身障害児や医療的ケア児の生活や活動にひろがりが生まれてきたが，まだ十分ではない。病態やケアなど個別性が高く，地域差もあり，子どもや家族に関わる多職種の理解が重要である。

1 重症心身障害児・医療的ケア児とは

重症心身障害児と医療的ケア児と超重症児

医療が進歩し，以前であれば救命困難な病態や疾患であっても生存可能なことが増えた。しかし治癒困難な疾患は依然として存在し，運動機能や知的機能などに遅れや障害をもつこともある。そのうち，重度の知的障害と重度の肢体不自由とを重複してもつ状態を重症心身障害という。この重症心身障害というのは医学的診断名ではなく，児童福祉法における行政上の措置のための概念（大島，1971）で，「大島の分類」を判定基準とするのが一般的である（図14-1）。重症心身障害児者数の推計値は，全国で4万3000人で，うち入所は1万4000人，在宅は2万9000人である（岡田，2012）。肢体不自由の原因疾患の中で，特に脳の形成不全や損傷などによる重度の脳障害あるいは重度の筋疾患などを基礎疾患とすることが多く，移動や食事，排泄，入浴，更衣などの一般的な生活支援だけでなく，日常的に人工呼吸器や経管栄養などの医療行為が必要な人が多く含まれる。重度の神経筋疾患などの場合，重度の知的障害の範疇ではあっても，ICT 機器を利用し意思や考えを表出できる子どももいる。

医療器具の進歩により，人工呼吸器や経管栄養などの医療行為を病院内だけでなく在宅でも行えるようになった。在宅で行われる日常的に必要な医療行為は，医師による治療行為とは区別して医療的ケアといい，医療的ケアを必要とする子どもを医療的ケア児と呼んでいる。医療的ケア児といっても必要なケアの内容や医療的高度さには個人差が非常に大きく，かつ運動機能・知的機能をはじめとする発達レベルや生活状況は個々に異なり幅も広い。

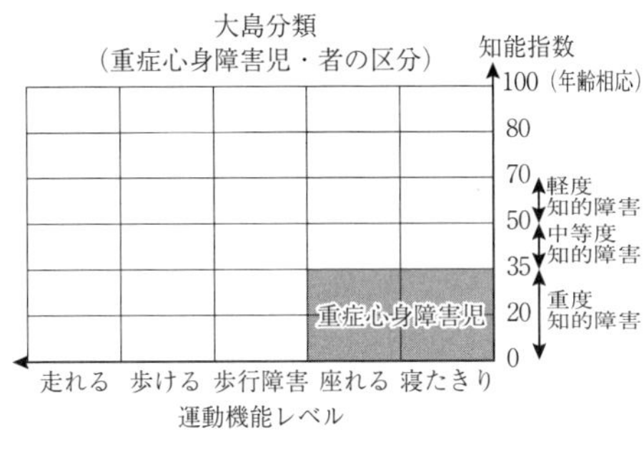

図14－1　重症心身障害児の区分

出所：大島，1971をもとに筆者作成。

また，積極的で高度な新生児・小児医療により救命できた子どもたちの中には，長期にわたり人工呼吸器などの高度で濃密な医学的管理を必要とする児がいる。このような児を超重症児と呼ぶ（鈴木，2015)。これは保険診療に関わる判定基準で，点数化し判定する。知的機能の程度に関する判定基準は含まれないため，医療的ケアが必要な重症心身障害児とは必ずしも一致しない。

医療的ケア

生命に関わる重篤な状態のために入院治療を受けて退院後，自宅での生活において呼吸や栄養などについての医療を受けている子どもたちがいる。在宅生活では，医療的ケアは本人・家族や訪問看護師等が行うが，気道分泌物の吸引など限定されたケアについては，特定の研修や手続きを経た介護職員や保育士，教職員等が実施できるようになった（2011〔平成23〕年「社会福祉士及び介護福祉士法」の一部改正による「喀痰吸引等研修」）（表14－1）。言い換えると，喀痰吸引等研修において規定されている以外のケアは，保護者や看護師でなければ実施できないため，看護師配置のない学校・園・施設では保護者が実施しているのが現状である。学校・園等で働く看護師（以下，学校看護師）の数は増加傾向にあるが，まだまだ不足している。主な医療的ケアについて概説する。

①　気道分泌物吸引

自発的な呼吸では十分でなく，気道を確保する必要がある場合や，長期にわたって人工呼吸器を使用しなければならない場合などの気管切開術後は，機能上・構造上，気管内分泌物を排出しにくくなる。また，重度の運動機能障害に

表14－1　主な医療的ケア

	看護師（あるいは保護者）が実施する主な医療的ケア	喀痰吸引等研修に含まれるケア
呼吸に関するケア	口腔・鼻腔吸引	咽頭より手前までであれば可
	経鼻咽頭エアウェイ内吸引	×
	気管切開部吸引	気管カニューレ内であれば可
	ネブライザー等による薬剤吸入	×
	酸素投与	×
	人工呼吸器	×
栄養に関するケア	経鼻経管・胃瘻・腸瘻栄養	留置されている管からの注入であれば可
	中心静脈栄養	×
その他	導　尿	×
	間欠性腹膜透析	×
	浣　腸	×
	人工肛門	状態が安定している場合，ストマバッグからの排泄物処理やバッグ交換は医行為に該当しない
	インスリン注射・インスリンポンプ	×

出所：筆者作成。

より体幹の筋肉の働きが不十分で，胸郭の運動性が低く換気能力が十分でない子どもも，気道分泌物の排出（以下，排痰）困難となりやすい。また，脳や神経の問題による嚥下機能不全のため，気道分泌物や唾液の処理が困難な子どももいる。このような場合，気道分泌物を吸引して，食事しやすくしたり，呼吸状態の悪化を防ぐ。

口腔・鼻腔内（咽頭の手前まで），気管カニューレ内の吸引手技は，喀痰吸引等研修によって規定されているケアである。咽頭を越える部位での吸引は嘔吐を誘発しやすいため，看護師等が行う必要がある。気管カニューレ縁を越える吸引操作は，気管内壁を損傷しやすく，気管内肉芽や，気管腕頭動脈瘻による大出血のリスク要因となるので看護師等であっても不要には行わない。

②　経管栄養

嚥下咀嚼機能が未熟で十分な栄養を摂れない場合や，胃内容物が気道にまで逆流するおそれがある場合などに，鼻腔から胃にチューブを入れて栄養を送る方法を経鼻経管栄養注入といい，略して「鼻注」と呼ばれる。この方法は手術等を必要としない点がメリットであるが，１～２週間ごとにチューブを交換する必要があることや，鼻腔から胃までの経路途中に挿入不良がありうること，挿入できるチューブ径を太くしにくいため注入できる食形態が限られること，チューブが喉を通過しているため不快に感じ，飲み込みに影響する可能性などのデメリットがある。腹部の皮膚表面から胃壁や腸壁に手術で孔をつくり，カニューレを通して栄養を届ける方法を，胃瘻栄養あるいは腸瘻栄養という。長期にわたって経管栄養を必要と判断される場合に選択される。鼻注と違って手術を行わなければならないというデメリットはあるが，胃瘻では短く太いカニューレを使えるため，栄養剤や水分だけでなくペースト食なども注入可能で，かつ挿入不良が起こりにくいメリットがある。

瘻孔から胃液や腸液が浸み出すことがあり，その皮膚刺激によって孔周囲の皮膚に肉芽を形成しやすくなるため，カニューレ周囲の皮膚の状態を確認する。入浴やプール活動等は通常通り行える。経管栄養の栄養注入手技は喀痰吸引等研修において規定されているケアである。経鼻経管でも胃瘻でも腸瘻でも，注入前には体調や挿入状態を確認し，適切な手順や接続，注入スピードで行い，注入中・注入後の体調や表情などに留意する。なお，胃内ではなく腸に注入する場合は，特に血糖値の急激な変化を避けるため，注入時間を十分長くとる必要がある。

③　導　尿

尿を出すときに筋肉を緩める神経や，尿を貯める膀胱の機能などが未熟な場合，腎臓・尿路に感染症や機能低下を起こすことがあるため，定期的に尿道にカニューレを挿入して尿を出す必要がある。この手技を導尿という。カニューレを常時留置せず，必要時に挿入することが一般的で間欠的導尿とも呼ぶ。

導尿の手技や器具管理には医学的にいうところの清潔操作が求められるため，喀痰吸引等研修で規定されたケアには含まれていない。子ども自身が行えない場合，保護者か看護師等が実施する。二分脊椎の子どもなど３～４時間おきに尿道カニューレを挿入し，排尿する。

2　病態と日常生活

重症心身障害は肢体不自由の一部であり，肢体不自由の原因疾患の中で，特に脳の形成不全や損傷などによる重度の脳障害あるいは重度の筋疾患などが基礎疾患となりうる。主な原因疾患を表14－2にあげる。

脳性麻痺

妊娠初期から生後4週までのいずれかの時点で脳損傷が起こり，運動と姿勢に永続的な異常を認める病態であり，肢体不自由児においても重症心身障害児においても最も割合が高い原因疾患である。36週未満の早産，2500g未満の低出生体重児，新生児仮死，新生児重症黄疸，妊娠中の風疹などの子宮内感染症，頭蓋内出血などが，脳性麻痺発症の危険因子とされ，出生1000人に2.26人の割合で認められるという報告がある（小林ほか，2016）。運動機能の麻痺とは，身

表14－2　重症心身障害の主な原因疾患

発症時期	原因時期・部位等		主な疾患名
出生前	先天性	胎内感染症	先天性風疹症候群，先天性サイトメガロウイルス感染症，先天性梅毒　など
出生前	先天性	脳形成不全	滑脳症などの脳皮質形成不全　など
出生前	先天性	筋疾患	先天性ミオパチー，福山型，脊髄性筋萎縮症1型　など
出生前	先天性	染色体異常症	18トリソミー，13トリソミー，22q11.2欠失症，1p36欠失症，4p-症候群，5p-症候群　など
出生前	先天性	先天性心奇形	ファロー四徴症，両大血管右室起始症　など
出生前	先天性	先天性代謝疾患	ゴーシェ病，メチルマロン酸血症　など
出生時 新生児期	後天性	低酸素性虚血性脳症	重症呼吸障害　など
出生時 新生児期	後天性	その他	脳性麻痺，重症仮死，頭蓋内出血　など
出生後	後天性	感染症等による脳炎・脳症	インフルエンザウイルス，ロタウイルス　など
出生後	後天性	てんかん性脳症	てんかん発作の重積状態などによる脳障害
出生後	後天性	低酸素性虚血性脳症	溺水・窒息などの事故による
出生後	後天性	頭部外傷	交通事故などによる脳損傷

出所：筆者作成。

体のある部分を十分に動かせなかったり使えなかったりする状態をいう。脳性麻痺があると手足に力が入りにくいこともあるが，有効でない力が入り過ぎてしまったり，手足や身体を使おうとして体幹を必要以上に反らせてしまったりすることもある。脳性麻痺には，手足や体をつっぱる傾向が強い痙直型や，くねるような動きや不随意運動がみられるアテトーゼ型など，麻痺の特徴による分類と，四肢麻痺や片麻痺，両麻痺など，麻痺の領域による分類とがある。痙直型四肢麻痺というように，両者を組み合わせて診断名とすることが多い。脳性麻痺は脳損傷による運動と姿勢の麻痺であるが，手足の使い方だけでなく嚥下や呼吸，会話，排便など生活機能に広く影響しうる。運動を司る領域以外にも損傷がおよぶ場合には，知的障害，視覚障害，知覚（感覚）障害，聴覚障害，てんかん，言語障害などの合併症が現れることがある。

神経筋疾患

神経筋疾患のうち代表的な筋ジストロフィーは，遺伝子の変異により筋肉が壊れて萎縮していく疾患の総称であり，発症時期や遺伝形式などによりいくつかの型に分類される。最も多いデュシェンヌ型は，X染色体上の遺伝子変異により発現する疾患で，男児にのみ症状が現れる。一般的な経過として，3歳前後に腰や臀部の筋力低下が現れる。先天性福山型は常染色体上の遺伝子変異による疾患で乳児期早期に発症する。運動発達の遅れが乳児早期からみられる疾患である。実用的な独歩を獲得できることは少なく，会話は単語レベルのように知的障害を合併しやすい。就学後は摂食嚥下機能や呼吸機能に配慮が必要になることが多く，口腔や鼻腔等の分泌物吸引を行ったり，夜間人工呼吸器を使用するなど，年齢とともに医療的ケアの必要性が高くなる。上述以外にも，先天性ミオパチーやミトコンドリア脳筋症など多様な筋疾患があり，それぞれ特徴的な筋力低下とそれに伴う嚥下機能や呼吸機能の低下が出現する疾患が多い。

重症心身障害児の症状や日常生活支援

重度の脳障害があるため，移動や意思伝達の難しさに加えて，呼吸や嚥下咀嚼機能，排泄などの基本的な身体機能を維持すること，てんかん，筋緊張による脊柱や四肢関節の変形などの合併症に関する問題を併せもつことが多い。加えて，コミュニケーション能力や心身の状態などの個人差が非常に大きく変動しやすい。それゆえ本人が体調不良のサインを出しにくく，かつ保護者や保育士・教職員が異常の予測や判断をすることが難しい。医療的ケアの要否にかかわらず，通院や医療専門職からの援助などが必要で，日常生活と医療とを切り離しにくい。そのため子どもの普段の状態をよく知って関わることが望まれる。

①　姿勢・移動

運動機能としては，安定した座位保持は難しく，移動や姿勢維持には介助が必要である。車いすや座位保持装置などの補助具を，機能や体型，日常生活上の目的に合わせて調整し使用する。障害者の日常生活および社会生活を総合的に支援するための法律に基づいて，身体障害者手帳を所持している場合や指定難病・小児慢性特定疾病に該当する難病や重症度の場合は，車いすや座位保持装置等の支給（購入費用金額の補助）を受けられることがある（第76条第１項）。自治体の福祉課に相談・申請し，療育施設や医療機関等で作成や調整を行う。自分で姿勢変換が難しい子どもは，脊柱や背部，臀部などの痛みや不快感，睡眠困難，脊柱側彎症（そくわんしょう），褥瘡（じょくそう）などが生じることがあるため，同じ姿勢を長時間継続しないよう配慮し，姿勢変換を行う。

②　筋緊張・体温調節

四肢はほとんど力が入らないか，逆に強く突っ張っている子どもが多い。どちらの場合でも物を持ち離す行動が困難で体重を支えることが難しい。体幹は非常に支持性が低く，したいことがあるときでも姿勢を保てなかったり，反対に強く反り返ったりしてしまう。

体の反り返りが強すぎると，座位などの姿勢が不安定で，移動や移乗，食事や更衣，排泄などの日常生活動作に困難をきたしたり，睡眠や呼吸，嚥下，消化器機能などに影響を与える。また，筋緊張が常に高い場合，熱がこもったり，骨格の変形や関節の拘縮につながることもある。体調や生活リズム等が安定するよう努めることにより，心身ともにリラックスできる。リラックスできないと筋緊張はさらに高まりやすく，表情や発声を妨げたり，消化器症状などを増悪させる。筋緊張を下げるための内服薬や座薬，注射薬などを投与されている場合，眠気や活気不良，よだれの増加，嚥下障害など副反応が起こることもあるため，体調や生活状態などを観察する。また，衣類などの調整をこまめに行う。カイロなどで局所的に温める場合は低温火傷に十分注意する。

③　呼　吸

重度の運動機能障害では，体幹の筋肉の働きが不十分で，胸郭の運動性が低く低換気であったり，排痰が困難な場合がある。また，先天的あるいは後天的に，鼻腔や咽頭，喉頭などの気道狭窄・換気障害を認める場合もある。呼吸機能不全の原因によって，人工呼吸器や酸素投与，薬剤吸入，気管切開，気道分泌物吸引処置などの医療的補助を必要とすることがある。医療的ケアを要していなくても，気管支炎や肺炎などの感染症や誤嚥を含む嚥下咀嚼機能に注意が必要である。

④　食　事

重症心身障害児は嚥下咀嚼機能に困難があることが多いが，食事は経口，経管栄養，その両方を行う子どもがいる。経管栄養は医療的ケアの一つである。嚥下咀嚼が難しい子どもの経口摂食場面では，咀嚼機能に合った食形態を確認したり，むせの有無や，食事のときの座位姿勢の工夫などの配慮をしたりして，安全で楽しい食事を心がける。

⑤　消化器症状

重症児では，体幹の筋活動が低く，腸管蠕動（ぜんどう）運動や腹筋活動が弱く便秘傾向をもつことが多い。生活リズムを安定させること，姿勢変換の頻度を増やすこと，必要があれば内服薬や浣腸などを生活リズムの一部に組み込んで，一定間隔での排便を習慣づけるなどの工夫を行う。一方，消化吸収不全のため軟便や下痢を認めやすい子どももいる。食事や栄養剤の変更や，経口摂食でも経管栄養のいずれであっても１回量が増えたとき，また経管栄養の注入スピードが速いときなどに軟便や下痢が増悪しやすいので注意する。その子どもに応じた必要カロリーを摂取できるよう体重や体調の変動を観察しながら，保護者や主治医と連携してじっくりと対応する。また，重症心身障害児の７～８割が排泄に全介助を要するといわれる。自力の排便や排尿・排便のタイミングを伝えるのが困難であるとか，排尿時間間隔が不安定であるなど，困難さには個人差がある。排泄時の座位姿勢設定を工夫することで，トイレでの介助が容易になるだけでなく，排泄しやすくなることもある。

⑥　易骨折・脊柱側彎症・変形・関節拘縮・褥瘡

重症心身障害児では，抗重力姿勢をとれず，長管骨に荷重することが不足するため骨密度が低下しやすく，日常生活動作・介助の範囲内であっても骨折をおこすこともある。座位や立位姿勢のときの転倒防止や，移動や移乗，姿勢変換，更衣や排泄などの際，十分な注意が必要である。筋緊張が高すぎると物理的要因がなく骨折することもありうるので，機嫌不良や手足の発赤・腫脹などの観察も忘れてはならない。骨折しやすい部位としては，上腕骨と大腿骨が多い。座位姿勢の工夫や，座位時間の調整も必要である。脊柱側彎症の増悪を防ぐために体幹コルセット装具を使用することがある。体重を支える面積が限られたり，姿勢や運動が限定的である場合など，臀部などの特定の部位の皮膚発赤がみられることがある。長期に及んだり，発熱などの体調不良が加わると，褥瘡となることもあるため注意する。

⑦　コミュニケーション・聴覚・視覚

重症心身障害の知的障害の基準として，知能指数が35未満である重度知的障害とされるが，コミュニケーション能力やコミュケーション方法，対人関係のとり方の特徴など，実際には非常に個人差が大きく，見た目ではわかりにくいこともある。簡単な状況理解や言語理解はできても言語での意思伝達は困難で，表情やまばたき，眼球の動き，指の動きなど，体の一部の動きなどで意思表出する子どももいる。社会性の遅れ，つまり発達障害を併せもっている子どももいる。生活パターンを単純化し，生活動作や活動などの見通しをもちやすくすることで，子どもがリラックスでき，表情や感情を表しやすくなる。表情や動きなど，小さなことでも意思表出に気づいたら，気づいたと子どもに十分に伝えて，意思表出を促す。いずれの場合でも，言葉がけだけでなくジェスチャーをつける，コントラストのはっきりした物を見せながらや，物を触らせながらなど，可能な限りわかりやすく伝えて，それに対する子どもの反応を受け止めて，さらに反応が増えるよう促す。保育士や教職員等の関わり方を他児が真似るなどして，子ども同士のつながりが生まれることも多い。

⑧　てんかん

てんかんは脳波異常を伴う神経細胞の異常興奮によって，意識障害やピクつきなどが生じる病態である。重症心身障害児の約７割にてんかんを合併しているため，てんかん発作時の対応や連絡方法，日常の留意点などを知り，不必要な活動制限を避けて，安全で活動的な集団生活を目指す。

⑨　発達と支援

重症児であってもなくても，日々成長し発達していく子どもたちにとって，子ども同士の関わりや保育士・教職員等の専門的な支援が必要である。また，24時間絶え間なく介助者を必要とするなど，通常の子育て以上の負担を担って暮らしている保護者や家族の中には，子どもの発達や家族の安定に望ましい暮らしを維持することが難しい家族もある。家族の力を支援する意味でも保育士・教職員等の役割は大きい。また家族以外の子どもたちと接する機会を得られることや，成長に必要な体験をすることが大切である。

3　NICUから教育へ

低出生体重児

戦後，小児科医療，中でも新生児医療の進歩により，新生児や乳児の死亡率が顕著に減少してきた。WHO（世界保健機関）の「世界保健統計2016」によると，日本では新生児1000人あたり死亡者は１人であり，世界１位の救命率を誇る。日本の乳児死亡率は1000人あたり２人で，これも世界で最も低い。少子高齢社会が長く続き，出生数が減少していく中，低出生体重児（出生時体重2500ｇ未満児）の割合は，2019年現在，出生10人に約１人である。超低出生体重児（出生時体重1000ｇ未満児）の出生数は三十数年前の２倍となり年々増加している。救命され，健康に退院できる子どもが増えているのと同時に，重症の新生児数も増加していて，新生児集中治療管理室（以下，NICU）のベッド数不足とNICU 長期入院児数が減少しにくいこと（田村，2011）が問題視され，医療・福祉・行政に教育も加わり NICU 退院支援・小児等在宅医療連携を推進している。このような背景から，NICU を退院する子どもを含めて，０～19歳の医療的ケア児は増加傾向にあり，2015（平成27）年度は約1.7万人で，10年前の２倍となった。そのうち，人工呼吸器等の高度医療を必要とする子どもは18％を占め，2015（平成27）年度は約3000人で，10年前の10倍と特に急増している。５歳ごとの年齢群で比較すると，０～４歳群が約1000人，学童児は約1400人である（奈倉，2016）。

小児在宅医療と高度医療的ケア

人工呼吸器は，常時必要な子どももいるが，夜間など睡眠中のみ，体調不良時のみなど，必要度は異なる。人工呼吸器の設定を操作するのは医師である。自宅で必要なのは，電源の ON/OFF や，呼吸状態モニターのアラーム音の消音，気管カニューレと人工呼吸器との接続，あるいは，顔や口鼻のマスクの装着と呼吸器との接続，数十分あるいは１～２時間ごとのカニューレ内吸引，そのたびに呼吸器の接続をはずしてまたつなぐなどの操作であり，保護者が日常的に行っている。排痰補助装置は，口鼻マスクや気管カニューレを介して，強制的な陽圧吸気と陰圧呼気の数サイクルを毎日数分ずつ数回継続使用するものである。深呼吸して大きな咳をして排痰することに似た効果を期待できる。

教　育

「障害者の日常生活及び社会生活を総合的に支援するための法律及び児童福祉法の一部を改正する法律」が公布され，これに合わせて，児童福祉法第56条の６第２項の規定が新設施行された。

> 地方公共団体は，人工呼吸器を装着している障害児その他の日常生活を営むために医療を要する状態にある障害児が，その心身の状況に応じた適切な保健，医療，福祉その他各関連分野の支援を受けられるよう，保健，医療，福祉その他の各関連分野の支援を行う機関との連絡調整を行うための体制の整備に関し，必要な措置を講ずるように努めなければならない。

「教育・保育及び地域子ども・子育て支援事業の提供体制の整備並びに子ども・子育て支援給付及び地域子ども・子育て支援事業の円滑な実施を確保するための基本的な指針」において，障害や疾病など社会的な支援の必要性が高い子どもやその家族を含め，すべての子どもや家族を対象とし，一人ひとりの子どもの健やかな育ちを等しく保障することを目指すことが示された。具体的な関わり方について，特別支援学校のセンター的機能や保育所等訪問支援事業等により支援を受けることが可能である。保育所等訪問支援事業は，子どもの集団生活や適応などに関して専門職員の訪問支援を受けることができるものである。対象児は，保育所等に通所している障害児であり，障害児の認定にあたっては医学的診断や障害者手帳の有無は問わない。保護者が必要性を感じて自治体に申請する。訪問支援の訪問先は，保育所，幼稚園，認定こども園，小学校，特別支援学校，その他児童が集団生活を営む施設として市町村が認める施設（放課後児童クラブや中学校，高等学校など）である。訪問する専門職員は，児童指導員や保育士，作業療法士，心理士などである。支援内容は，子どもへの直接支援と教職員への間接支援である。保護者の理解を得られにくいが支援を受ける必要性が高い場合は，障害児等療育支援事業による施設支援や巡回相談などを利用することも検討する。

18歳以上の支援と社会資源

医療の進歩により救命された重症児や医療的ケア児が増加しているため，学校卒業後の支援の整備が早急に必要とされている。生活や就労の場と支援人材，経済的支援，医療費助成の３つは特に重要である。

①　卒業後の場と支援人材

特別支援学校等を卒業後の進路としては，大学・専門学校・職業訓練校等への進学，一般就職のほか，障害福祉サービスの訓練等給付としての就労移行支援，就労継続支援Ａ型，就労継続支援Ｂ型，障害福祉サービスの介護給付としての生活介護（通所施設）があげられる。重症児・者あるいは医療的ケア児・者の場合，選択肢が多くないだけでなく，施設数や支援者不足から，利用日数や利用方法を限定されることもある。

②　経済的支援

20歳未満の障害児に向けては，特別児童扶養手当（2019〔平成31〕年度月額１級５万2200円，２級３万4770円），障害児福祉手当（2019〔平成31〕年度月額１万4790円）がある。20歳以降は障害年金であり，障害基礎年金と障害厚生年金という２種類がある。障害の状態や家族構成等により異なる。

③　医療費助成

重症心身障害児・者や医療的ケア児・者にとって，医療費に関する助成は重要な問題である。自治体による福祉医療費助成の一つ，重度障害者医療費助成（あるいは重度心身障害者医療費助成などと呼ばれる）は，身体障害者手帳１級・２

コラム　高度医療的ケア児の教育を保障するための取り組み

人工呼吸器やその回路に関わる操作等は，喀痰吸引等研修に規定されている行為には含まれず，「高度な医療的ケア」と呼ばれ，そのようなケアを実施する体制がない学校・園等では，保護者同伴を原則としています。校内に学校看護師がいても，看護師が同乗していないスクールバスでの通学ができず，保護者の送迎が必須という問題もあり，人工呼吸器などの高度な医療機器を必要とする子どもたちが保育や教育を受けるためには，幾重ものハードルを解決せねばなりません。訪問看護師等による登園・登校支援などの試行や研究が行われていますが，限られた医療人材資源や費用の問題も軽視できず，容易とはいえません。保護者や学校看護師等に任せておくという認識ではなく，高度医療や新たな在宅医療機器を必要とする子どもの生活や病態，医療，制度などについて，保育士・教職員等が理解し関わることが重要な鍵となるのです。

級を所持している人等が対象となる。限定した疾患や重症度に該当する場合は，小児慢性特定疾病の医療費助成（18歳未満，延長が認められれば20歳未満まで）や指定難病の医療費助成を受けることができる。

参考文献

大島一良（1971）「重症心身障害の基本的問題」『公衆衛生』第35号，648～655頁。

岡田喜篤監修（2012）「社会保障審議会障害者部会（第70回）」平成27年 資料１－１『障害児支援について』厚生労働省。

小林廉毅ほか（2016）「脳性麻痺児の発生頻度の統計と経年的変化の有無の検証」（科学研究費助成事業研究成果報告書）。

鈴木康之（2015）「超重症児（者），準超重症児（者），いわゆる動く重症心身障害児（者）」岡田喜篤監修『新版　重症心身障害療育マニュアル』医歯薬出版。

田村正徳（2011）『「重症新生児に対する療養・療育環境の拡充に関する総合研究」研究報告書』（平成22年度厚生労働科学研究費補助金〔成育疾患克服等次世代育成基盤研究事業〕）。

奈倉道明（2016）「医療的ケア児数と資源把握」『「医療的ケア児に対する実態調査と医療・福祉・保健・教育等の連携に関する研究」の中間報告』（平成28年度厚生労働科学研究費補助金〔障害者政策総合研究事業〕）。

読者のための参考図書

浅倉次男監修（2017）『重症心身障害児のトータルケア――新しい発達支援の方向性

を求めて（改訂第2版)』へるす出版。
——重症心身障害児の基礎的知識のほか，多職種からみた専門的知識，生活上の留意点などについて解説されている。
末光茂ほか監修（2017）『医療的ケア児等支援者養成研修テキスト』中央法規出版。
——医療的ケア児について医学的理解，日常生活，ライフステージごとの視点と支援について学べる。
Team18編（2018）『18トリソミーの子どもたち』水曜社。
——染色体異常症の一つである18トリソミーをもつ子どもたちと約300家族の写真とコメントを集めた本。重度の先天性疾患で医療的ケアを必要とする子どもたちの生活や希望を知ることができる。

第15章

発達障害児への支援と理解

本章では，自閉スペクトラム症（ASD），注意欠如／多動症（ADHD），（限局性）学習症（LD）といった発達障害への支援と理解についてまとめた。それぞれの定義と種類について簡単に解説しているが，支援については障害の種別に分けて考えるよりも，生きにくさをもたらす特性やそのような生きにくさを軽減することについて，障害のあるなしにかかわらず考えてもらいたい。紙数も限られているので，詳しく学びたい読者は本文中の文献をぜひ参照していただきたい。

1　発達障害の定義と種類

発達障害の定義

「発達障害」という言葉の定義は様々であり，使われる文脈によって異なっているのが現状である。最も包括的な定義としては，日本発達障害連盟による『発達障害白書2019年版』（2018）の冒頭部分にある「発達障害は，知的障害を含む包括的な障害概念であります。すなわち，知的（能力）障害，脳性麻痺などの生得的な運動発達障害（身体障害），自閉症スペクトラム障害，注意欠如／多動性障害及びその関連障害，学習障害，発達性協調運動障害，発達性言語障害，てんかんなどを主体とし，視覚障害，聴覚障害及び種々の健康障害（慢性疾患）の発達期に生じる諸問題の一部も含みます」（xi頁）である。この定義によれば，（「発達期」を一般に使われる18歳以下と考えると）ほとんどすべての青年期以前の障害が発達障害ということになる。

一方，法的な定義としては，2005（平成17）年に施行された発達障害者支援法第２条で「この法律において『発達障害』とは，自閉症，アスペルガー症候群その他の広汎性発達障害，学習障害，注意欠陥多動性障害その他これに類する脳機能の障害であってその症状が通常低年齢において発現するものとして政令で定めるものをいう」とされており，知的障害や身体障害，慢性疾患などは除外されている。

このような定義の曖昧さについては，滝川（2015）が指摘しているように，発達障害が今や社会現象として広く捉えられていて，それぞれの立場からの定義が必要とされているためであろう。滝川はこのような現状を踏まえて，「精神発達になんらかのおくれがみられ，そのために生きにくさにぶつかっている状態」（３頁）と発達障害を定義している。

しかし，多くの「発達障害」と捉えられている事例では発達の遅れは一様なものではなく，むしろ反対にいくつかの能力が進みすぎているがゆえに生きにくさが生じていることもある。そこで，本章では発達障害を，「定型の精神発達からの何らかのズレがみられ，そのために生きにくさにぶつかっている状態」と定義したい。

実際に現場で子どもと関わる立場の人間にとって最も大切なことは，目の前の子どもがこれからどのように生きていくか（発達），そしてこれから生きていく上で妨げとなるようなこと（生きにくさ）をどう共に乗り越えていくかであるとすると，このような大まかな定義で十分なのではないだろうか。

また，この定義からくみ取るべきものとして，人間にとって「発達」とは何か，そして「ズレ」とはどういうことなのか，そして「生きにくさ」にぶつかっている本人と本人を取り巻く環境とを，常に考え続けつつ，目の前の子どもと向き合っていくことが必要だろう。

発達障害の種類

本章では，上述した定義を踏まえつつも，他章で取り扱う知的障害，身体障害，感覚障害などを除いた，「生きにくさ」をもたらすものを取り上げる。そして，とりあえず主な診断名としていくつかの種類をあげるが，上述したように，これらにあてはまらなくとも，「生きにくさ」にぶつかっている状態すべてを考えていきたい。

• 自閉スペクトラム症（Autism Spectrum Disorder：ASD）…最も広く用いられている診断基準は，アメリカ精神医学会の『精神障害の診断と統計マニュアル第５版』（DSM-5）である（American Psychiatric Association, 2013）。これを簡単にまとめると，①他者との対人関係（言語的・非言語的コミュニケーションを含む）の質的な障害，②興味や関心の偏り・こだわり（基準A）となる。さらに，感覚刺激に対する過敏さ／鈍感さ（基準B）が新たに加わった。また，「スペクトラム」という言葉の捉え方には，これまで典型的な自閉症とされてきた「カナー型」やアスペルガー症候群などのように①②の特徴が同じ仲間であることを強調する立場（たとえば，本田，2017参照）と，これらの特徴が多かれ少なかれ，健常者を含めて誰でももっているものであることを強調する立場（たとえば山口，2016参照）がある。

• （限局性）学習症（Learning Disorder or Disabilities：LD）…文部科学省（1999〔平成11〕年７月「学習障害児に対する指導について（報告）」）での定義である「学習障害とは，基本的には全般的な知的発達に遅れはないが，聞く，話す，読む，書く，計算する又は推論する能力のうち特定のものの習得と使用に著しい困難を示す様々な状態を指すものである。学習障害は，その原因として，中枢神経系に何らかの機能障害があると推定されるが，視覚障害，聴覚障害，知的障害，情緒障害などの障害や，環境的な要因が直接の原因となるものではない」が現在よく使われているものであろう。実際に学校現場などで問題として取り上げられるのは，この中で「読む，書く」能力の障害であり，独立行政法人日本学生支援機構の『合理的配慮ハンドブック』（2018）では，（限局性）学習症（LD）の一つとして取り上げられている「（発達性）ディスレクシア」であり，「単語や文字を音に変換する部分（文字レベルの段階）が正確に速くできない状態」とされている。

• 注意欠如／多動症（Attention Deficit/Hyper Activity Disorder：ADHD）…DSM-5 の診断基準では，①集中すべき課題から気がそれるなどの不注意，②不適切な場面で走り回ったりしゃべりすぎるなどの多動性，③注意しないで道に飛び出すなどの衝動性の３つが特徴としてあげられる。就学前の主な特徴は②の多動であり，小学校では①の不注意が目立つ。青年期では，実際に動き回ることは少なくなるが，落ち着きのなさや不注意といった特徴は残る。

2　発達障害の特性

前節では，発達障害の種類として ASD，LD，ADHD の3つをあげたが，種類に分けて質的な特性を考えるより，以下の特性がそれぞれ量的にどれだけ現れているかを考える方が一人ひとりの生きにくさに対応しやすいのではないだろうか。つまり，ある一人の子どもの生きにくさにどのように対処していくかを，これからあげる様々な特性をどれだけ備えているかの立体的な組み合わせでみていくことである。鷲見（2015）はこれを「ディメンジョナルな（次元的）評価」と呼んでおり，これらの特性は健常者を含めて誰でもがもっているものである，という「スペクトラム」の2番目の考え方とも共通する。

• **実行機能の障害**…実行機能（遂行機能）には様々な定義があるが，最大公約数的なものとして森口（2015）による「目標志向的な，思考，行動，情動の制御」が適切だろう。子どもたちの実際の生活の中では，先生の指示に従って次の行動に移る，友達が待っているのを見て順番に遊ぶなど様々な場面で実行機能が使われている。ADHD の子どもの特徴としてあげられる，授業中立ち歩く，順番が守れない，落ち着きがないなどは，この実行機能の障害と考えられる。また，ASD にみられる常同行動（手を目の前でひらひら動かし続ける，くるくると回り続けるなど）や激しい偏食なども，自分では抑えられないという点では，この実行機能の障害という側面からも捉えられるだろう。このような実行機能の障害と脳機能，特に左右の前頭葉との関連については相原（2016）がまとめている。

〈実行機能の障害の事例（Aくん，幼稚園年長クラス）〉

Aくんは，保育者がみんなの前で話をしている最中でも自分の言いたいことがあるとしゃべり始めてしまう。注意されるとその場ではやめるが，すぐにまたしゃべり始める。

• **感覚（知覚）の異常**…ASD での聴覚過敏や偏食，ADHD でのちょっとした刺激で注意がそれてしまうことなどは感覚過敏の問題として捉えられる。熊谷（2015）は，ASD の大もとの特性として感覚過敏を考え，そこから対人関係の問題やこだわりなどが生じてくると論じている。ASD や ADHD では，単に感覚過敏だけでなく，特定の刺激に対して逆に鈍感であるようにみえる感覚鈍磨の問題もよくみられる。杉山（2018a）は養育者との双方向のやりとりの苦手さのもとに知覚過敏を想定していて，過度の知覚体験を軽減させることで対人的な不安を克服させることだけでなく，逆に過敏な知覚を活用させる可能性についても論じている。山口（2016）は，読字障害にみられる「アーレンシンドローム」（蛍光灯のちらつきがディスコのミラーボールのように見えてしまう）から，脳の知覚処理の問題を論じていて，色つきの眼鏡や色のついた透明シートなどで過度の刺激を抑制することが読みにくさを低減させる可能性について言及している。

〈感覚の異常の事例（Bさん，幼稚園年少クラス）〉

Bさんは水洗トイレの流れる音が聞こえると耳を押さえて叫び声をあげてしまう。保育者がなだめてもおさまらない。

• 報酬系の障害…発達障害の子どもたちには褒めることが何よりも大切である，ということはもはや常識といってもいいかもしれない（塩川，2015など）。ASDの療育でスタンダードになりつつある応用行動分析（Applied Behavior Analysis：ABA）でも，賞賛は望ましい行動を強化するものとして用いられる。しかし，日常的な場面などでは，「いくら褒めてもなかなか伝わらない」「どれだけ褒めればいいのかわからない」といった声もある。このような褒めることを含めた報酬の効きにくさ（報酬への感受性の低さ）については，Sonuga-Barke（2003）が ADHD の二重経路モデルを提唱している（図15-1）。また，近年の脳画像の研究からも，報酬に関連する線条体の活性化が健常児と比較して低いことも指摘されている（Mizuno et al., 2013；Branko et al., 2017など）。これらから，発達障害の子どもに対して単に褒めていればいいということではなく，後述するような効果的な褒め方を検討する必要がある。

〈報酬系の障害の事例（Cくん，保育園年中クラス）〉

Cくんはゲームでの勝ち負けに強くこだわる。みんなでカルタをしているときでも，自分があまりとれないとだんだん不機嫌になってきて，途中で怒ってカルタをぐちゃぐちゃにしてしまう。

• 愛着の障害…「養育者と子どもとの情緒的な絆」である愛着はその後の対人関係の基本である（杉山，2018b参照）だけでなく，対人コミュニケーションの

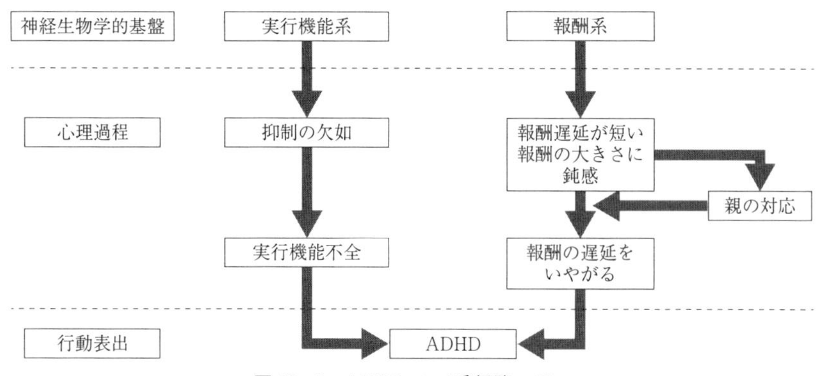

図15－1　ADHD の二重経路モデル

出所：Sonuga-Barke，2003から筆者作成。

基礎である三項関係（岡本，1982参照）が形成されるためにも重要である（高井，2018参照）。三項関係は，子どもが何か目新しいものを見つけたときに親の顔を見る「注意の共有」や，見せたいものがあるときに親に見せにいく「ものの提示」などとして，ASD のスクリーニング検査として使われる M-CHAT（国立精神・神経医療研究センター，2010参照）の項目としてもあげられている。ASD では，このような愛着が形成されにくいこと，そこから三項関係がうまくできないことから，主症状である対人関係の質的障害やコミュニケーションの問題が出てくると考えられる。なぜ愛着ができにくいのかについては，感覚過敏が原因であるとする立場（熊谷，2015）や神経伝達に関わるホルモンのオキシトシン（東田・棟居，2010参照），セロトニン（岩田，2018参照）などとの関連などが論じられている。

〈愛着と三項関係の障害の事例（Dちゃん，２歳）〉

　Dちゃんは欲しいものがあっても言葉でお母さんに伝えることをせず，お母さんの手をほしいもののところへ引っ張っていく。

- ボトムアップ処理とトップダウン処理のアンバランス…藤居・神谷（2007）は，人間が環境と関わるプロセスとして，「抽出処理」と「一般化処理」を考え（図15－2），ASD は抽出処理が一般化処理よりも強いために一般化処理がうまく働かない状態であるとしている。これは，山口（2016）が，発達障害では「ボトムアップ処理」は得意だが「トップダウン処理」は苦手であると論じ

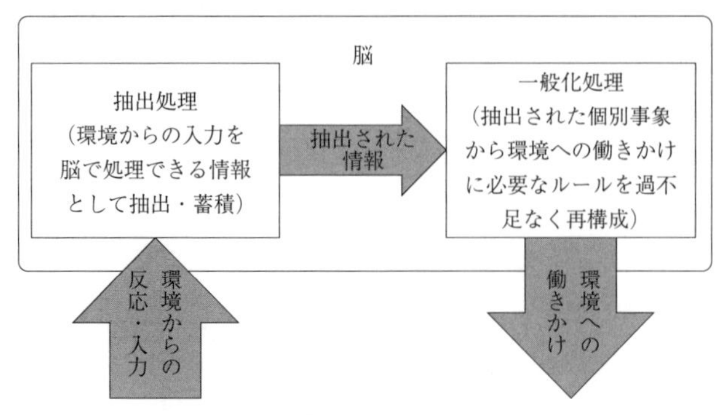

図 15－2　抽出処理と一般化処理

出所：藤居・神谷，2007。

ていることと対応している。このように考えると，ASD の子どもが苦手とする人の顔の認知などは，顔の細部の知覚に捉われてしまって全体の印象が捉えにくくなってしまうことなどが理解できる。また，要点をまとめて話すことが苦手といった ADHD の大人の課題なども「トップダウン処理」の苦手さからみることもできる。

〈トップダウン処理の苦手な事例（Ｅくん，幼稚園年長クラス）〉

Ｅくんはみんなの前で休みの日に何をしたかなどのお話をするのが苦手で，話をしているうちにどんどん違う話になっていってしまう。

•「心の理論」の障害…ASD の子どもたちは「ごっこ遊び」に参加できにくい，ということがよくいわれる。「（本当は子どもだけれど）遊びの中ではお母さんのふり」というような，一緒に遊んでいる友達のもっているイメージを共有することができにくく，相手の期待している役割を演じることが難しいため，遊びに参加できない。このようなことを説明するのに用いられるのが「心の理論」である。私たちは直接他人の心を読むことはできない。その代わり，他人の行動から何を考え，何をしようとしているのかを推測する。定型発達の子どもでは 4 歳前後に獲得する「心の理論」が ASD では獲得しにくいということが指摘され，ASD の障害の中核と考えられてきた。しかし，認知・言語能力の高い ASD の子どもは社会性や対人関係に課題はあるが，この「心の理論」課題には正答できることや，逆に ASD の子ども以外でも「心の理論」課題に困難を示す例があることなどから，ASD の特徴である対人関係の質的障害を

「心の理論」の欠損だけで説明するのは難しいと考えられるようになってきた（内藤，2012）。先に述べた実行機能とこの「心の理論」とを関連づけることで，発達障害の包括的な理解が進むことが期待される（小川，2016参照）。

〈「心の理論」の障害の事例（Ｆさん，保育園年長クラス）〉

Ｆさんは相手が嫌がることでも平気で口に出してしまい，友達から遊びに入るのを拒まれたり，グループでの活動でトラブルになったりする。

3　発達障害への支援

乳幼児期の支援

発達障害は出生前や出生直後に発見できるものではない。ホームビデオの解析などから乳児期前半での人に注意を向ける，抱かれることを予期するなどの対人行動が定型発達児と異なることなどが報告されてはいるが（神尾，2018），上述の三項関係の異常として気づかれるのが早くても10か月の乳幼児健康診査，また上述の ASD スクリーニング検査としての M-CHAT が使われるのが１歳６か月児健康診査であり，そこからさらに２次スクリーニング，ADOS などによる個別の鑑別診断が行われる（黒田，2015参照）。したがって，この時期の支援としての療育が開始されるのは，１歳台の後半以降になることが多い。知的障害を伴わない発達障害の場合，１歳６か月児健診で気づかれることは少なく，実際には，１歳６か月児健診で保健師などが少々気になっていて経過観察を行って３歳児健診で発見されるケース，幼稚園・保育所で先生が気になって発達支援センターへの相談を勧めて見つかるケース，就学後に小学校で気づかれるケースなども多く，多くの自治体で５歳児の健診が行われるようになってきた。

乳幼児期の支援は，主に保護者への支援を含めた療育によってなされる。療育は，医療などの専門的なアプローチにとどまらず，保育・教育・理学療法・作業療法・言語療法などの様々な分野から総合的に子どもと保護者を支援するもので，各地域にある公立・民間の療育施設に母子で通所することが多い。尾崎（2016）が早期療育に関する留意点をあげているように，子どもが楽しめる遊びを十分に取り入れて，保護者との愛着関係形成を視野に入れて，保護者が安心して子どもと関われるように支援しつつ進めていくことが大切である。

幼児期になると子ども同士での小集団による関わりが重要な発達課題になってくる。これまでも日本の幼稚園・保育所では障害のある子もない子も一緒に保育を受ける「統合保育」が実践されてきたが，近年ではさらにその理念を進めて，障害のあるなしにかかわらず，様々な背景・特徴をもった子どもたちをすべて包み込んで保育するという「インクルーシブ保育」という考え方が浸透してきている（木曽，2018）。もちろん単に障害のある子もない子も一緒の場を過ごすことではなく，一人ひとりに合わせた対応が必要であることはいうまでもないが，そのために大切なものが「個別の指導計画」である。この「個別の指導計画」に基づいて，一人ひとりの支援を考えていくことになる。そこで重要になるのがわかりやすい環境の構成である。そもそも保育所や幼稚園での保育の基本は「子どもが自発的・意欲的に関われる環境を構成」すること（保育所保育指針），「幼稚園教育は，（中略）環境を通して行うもの」（幼稚園教育要領）とされていて，その点でも一人ひとりにわかりやすく環境を構成することは障害のあるなしにかかわらず，幼稚園・保育所では重要である。ロッカーに一人ひとりの子どものマークや顔写真をつけるなど特別でないこともわかりやすい環境構成であり，好きな遊びが十分にできるコーナーをつくることや遊びの切り替えができにくい子どもにタイマーなどで時間を示すことなどもわかりやすくなる工夫である（あすなろ学園，2010，図15－3）。

児童期・生徒期の支援

この時期に大切なことは，一人ひとりの特性を把握して，それぞれに応じた「個別の指導計画」をつくることである。そのために必要なアセスメントを行うツールとしては，WISC-Ⅳ，KABC-Ⅱ，田中ビネー知能検査Ⅴなどがある（尾崎・三宅，2016など参照）。特性を把握することが目的であるため，全体としての知的能力を測定することよりも，様々な認知能力を測定して，それぞれの得意・不得意を見つけていくことに重点を置くべきである。一例として，認知評価システム DN-CAS では，認知処理過程を

図15－3　タイムタイマー

「同時処理」「継次処理」「プランニング」「注意」の４つに分ける（Naglieri, 1990＝2010参照）。「同時処理」は「バラバラな刺激を全体としてまとめて認知すること」，「継次処理」は「時間的・空間的に逐次的に提示された刺激を順番に処理すること」，「プランニング」は「目標を達成するために，認知の制御，既存知識の活用，自己調整すること」，「注意」は「認知活動を選択・焦点化し，妨害に対して抵抗すること」などであり，これらの得意・不得意によって，学業面での苦手さを支援する方針を考えることができる。

ここで特別支援教育について考えてみたい。2007（平成19）年４月から始められた特別支援教育のスローガンは「一人一人の教育的ニーズを把握し，その持てる力を高め，生活や学習上の困難を改善又は克服するため，適切な指導及び必要な支援を行う」（文部科学省）である。一方，文部科学省が「共生社会実現のために構築する」としているのが「インクルーシブ教育システム」であるが，その本来の意味は「万人のための教育」を目指す1994年のサラマンカ宣言を受けて，「障害のある子どもとない子どもが一緒の学級で学ぶ」ことがゴールだという立場から（榊原，2017参照）は，この特別支援教育はあくまでも途中の目標であり，最終の目標ではないことを忘れてはならないことも指摘される。

さて，上述したような様々な認知特性の得意・不得意さをもつ子どもたちの学習や生活を支援する上では，近年技術の進歩がめざましい，スマートフォンやタブレット端末などの ICT を活用することが有効である（中邑，2007；佐藤，2018）。読み・書きに困難のある児童に音声読み上げ教科書を使うことや，自己肯定感のきわめて低い生徒にタブレットを使用してプレゼンテーションをつくって発表することなど一人ひとりに合わせた活用法が考えられる。もちろん ICT を活用するまでもなく，たとえば目と手の操作の協応が難しい子どもに直線を楽に引かせるための「Q スケール15」などの道具の使用も有効である（安部，2017，図15－4）。

このような一人ひとり異なる認知特性に合わせて学習を支援するアプローチとしては市川（1993）が提唱した「認知カウンセリング」（植阪，2014参照）などがある（実践例はコラムを参照）。

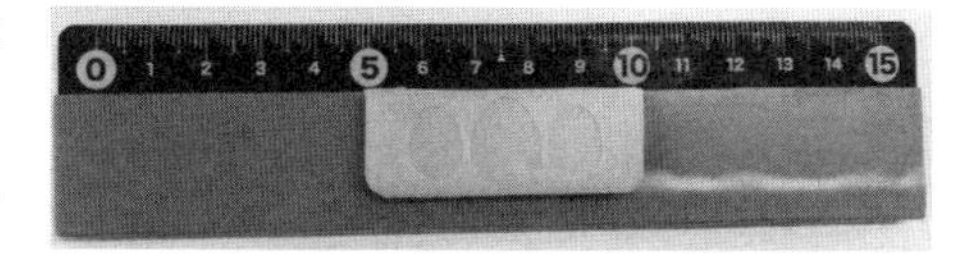

図15－4　Q スケール15

コラム　認知カウンセリングで様々な学習特性をもつ子どもを支援する

一人ひとりの認知特性に応じた個別指導である認知カウンセリングは，今後のインクルーシブ教育を進めていく上でも大変重要なアプローチになります。一人ひとりわかり方が違うのが当たり前ですから，それに応じた支援が求められます。したがって，教育者にはその力を追求してほしいと思います。武庫川女子大学教育学科では，教員を目指す学生たちを認知カウンセラーとして，小学生に算数を支援する学習援助プログラムを行っています。認知カウンセリングの基本的な技法として，「自分より下の学年の人にわかってもらうように説明してみよう」という「仮想的教示」というものがあります。これは，学ぶ子どもたちに理解を定着させるための技法ですが，教える側にとっても，正しい答えにたどり着かせることが目的であるという「正答主義」から抜け出して，児童の解決過程を重視した「児童中心主義」の教育を実践するためにも大切なものです。また，一人ひとりつまずき方が違うという「つまずきの個別性」に気づくことで，一人ひとりにあった教え方を工夫することもできます。10回のセッションを通して，学生カウンセラーたちはこれらのことに気づいていきました。実際に算数のつまずきに困っていた子どもたちを支援できただけでなく，これからのインクルーシブ教育を支えていく教員の卵たちにとって大変よい機会になっています。

参考文献

神原一之（2019）「学習援助プログラムは学生カウンセラーにどのような効果を及ぼすのか」『武庫川女子大学大学院文学研究科教育学専攻教育学論集』第14巻，9～16頁。

学校以外の支援の場としては，放課後や長期休暇中の子どもたちの活動を保障する「放課後等デイサービス」が2012（平成24）年から国の事業として創設された。子どもたちの学習や生活を支えるだけでなく，家族を支援するという観点からも大変重要な制度であるが，活動の質が不十分な施設や運営・利用者負担の問題，学校との連携など，今後解決しなければならない課題も多い（障害のある子どもの放課後保障全国連絡会，2017参照）。

思春期・青年期以降の支援

この時期に注意したいのは，障害そのものの症状である一次障害だけでなく，障害が引き起こす二次障害への対応である。反抗や非行などの行動上の問題である「外在化障害」や不安・抑うつなどの神経症状として表れる「内在化障害」を，すべての子どもがもつ思春期の不安定さを理解した上で，適切に対応することが求められる（齊藤，2009）。

このような二次障害に対応するためにも，一人ひとりの特性を生かした「ケアとしての就労支援」（斎藤・松本・井原，2018）という観点が重要になってくる。労働を通じて社会に参加することが義務ではなく権利であるという考え方をきちんと踏まえて，本人の生き方を支えるために就労を支援することは，これまでの学習や生活を支援することと同じように重要である。さらに，上述した発達障害に多くみられる報酬の効きにくさからも，目に見えにくい自尊感情を高めることを目指すよりも，労働によって成果が見えることで「自己有用感」（文部科学省国立教育政策研究所，2015）を高めることの方が大切なのではないだろうか。もちろん，そのためにはジョブコーチ（小川ほか，2000参照）などのしっかりした支援体制を整えることが重要である。

参考文献

相原正男（2016）「社会脳の成長と発達」『認知神経科学』第18巻，101～107頁。
あすなろ学園（2010）『気になる子も過ごしやすい園生活のヒント』学研教育出版。
安部博志（2017）『発達障害の子のためのすごい道具』小学館。
市川伸一（1993）『学習を支える認知カウンセリング——心理学と教育の新たな接点』ブレーン出版。
岩田圭子（2018）「自閉症の最新研究② セロトニン」『そだちの科学』31，日本評論社，18～26頁。
植阪友理（2014）「個別学習相談による診断と支援」市川伸一編『学力と学習支援の心理学』放送大学教育振興会，65～80頁。
岡本夏木（1982）『子どもとことば』岩波書店。
小川絢子（2016）「実行機能と心の理論」『心の理論——第２世代の研究へ』新曜社，65～78頁。
小川浩・志賀利一・梅永雄二・藤村出（2000）『重度障害者の就労支援のためのジョブコーチ実践マニュアル』エンパワメント研究所。
尾崎康子（2016）「発達障害の療育」尾崎康子・三宅篤子編『知っておきたい発達障害の療育』ミネルヴァ書房，１～９頁。
尾崎康子・三宅篤子編（2016）『知っておきたい発達障害のアセスメント』ミネルヴァ書房。
神尾陽子（2018）「初期発達」日本発達心理学会編『発達科学ハンドブック10自閉スペクトラムの発達科学』新曜社，８～21頁。

木曽陽子（2018）「障害児保育の対象と障害児保育の場」鶴宏史編『障害児保育』晃洋書房，16〜22頁。
熊谷高幸（2015）『自閉症と感覚過敏』新曜社。
黒田美保（2015）「ADOS」辻井正次監修『発達障害児者支援とアセスメントのガイドライン』金子書房，205〜213頁。
国立精神・神経医療研究センター（2010）「日本語版 M-CHAT」（http://www.ncnp.go.jp/nimh/jidou/aboutus/mchat-j.pdf 2018年12月23日確認）。
斎藤環・松本俊彦・井原裕監修（2018）『ケアとしての就労支援』日本評論社。
齊藤万比古編著（2009）『発達障害が引き起こす二次障害へのケアとサポート』学習研究社。
榊原洋一（2017）「日本のインクルーシブ教育は本物か？」『お茶の水女子大学子ども学研究紀要』５，１〜６頁。
佐藤里美監修（2018）『特別支援教育ですぐに役立つ！ICT 活用法』学研プラス。
塩川宏郷監修（2015）『発達障害の子どもが伸びるほめ方・しかり方・言葉かけ』河出書房新社。
障害のある子どもの放課後保障全国連絡会編（2017）『放課後等デイサービスハンドブック――子どもたちのゆたかな育ちのために』かもがわ出版。
杉山登志郎（2018a）「知覚過敏性を巡る諸問題」鈴木國文・内海健・清水光恵編『発達障害の精神病理Ⅰ』星和書店，115〜128頁。
杉山登志郎（2018b）『子育てで一番大切なこと――愛着形成と発達障害』講談社。
高井弘弥（2018）「発達の理解」鶴宏史編『障害児保育』晃洋書房，24〜33頁。
滝川一廣（2015）「発達論的視点から見た自閉症スペクトラム」『そだちの科学』24，日本評論社，２〜12頁。
独立行政法人日本学生支援機構（2018）『合理的配慮ハンドブック――障害のある学生を支援する教職員のために』。
内藤美加（2012）「自閉症スペクトラム障害の発達精神病理」『幼児期の理解と支援』金子書房，13〜26頁。
中邑賢龍（2007）『発達障害の子どもの「ユニークさ」を伸ばすテクノロジー』中央法規出版。
日本発達障害連盟編（2018）『発達障害白書2019年版』明石書店。
東田陽博・棟居俊夫（2010）「オキシトシンと発達障害」『脳21』13（2），金芳堂，99〜102頁。
藤居学（そらパパ）・神谷栄治（2007）『自閉症「からだ」と「せかい」をつなぐ新しい理解と療育』新曜社。
本田秀夫（2017）『自閉スペクトラム症の理解と支援』星和書店。
森口佑介（2015）「実行機能の初期発達，脳内機構およびその支援」『心理学評論』第58巻第１号，77〜88頁。

文部科学省国立教育政策研究所（2015）『生徒指導リーフ「自尊感情」？それとも，「自己有用感」？』（http://www.nier.go.jp/shido/leaf/leaf18.pdf 2018年12月23日確認)。

山口真美（2016）『発達障害の素顔』講談社。

鷲見聡（2015）『発達障害の謎を解く』日本評論社。

American Psychiatric Association（2013）*Diagnostic and Statistical Manual of Mental Disorders Fifth Edition, DSM-5,* American Psychiatric Association（高橋三郎・大野裕監訳（2014）『DSM-5　精神疾患の診断・統計マニュアル』医学書院).

Branko, M. v. H. et al. (2017) "Children with ADHD symptoms show decreased activity in ventral striatum during the anticipation of reward, irrespective of ADHD diagnosis," *Journal of Child Psychology and Psychiatry,* 58, pp. 206-214.

Mizuno, K. et al. (2013) "Osmotic release oral system-methylphenidate improves neural activity during low reward processing in children and adolescents with attention-deficit/hyperactivity disorder," *NeuroImage : Clinical,* 2, pp. 366-376.

Naglieri, J. A. (1990) *Essentials of CAS Assessment.* John Wiley and Sons（前川久男・中山健・岡崎慎治訳（2010）『エッセンシャルズ DN-CAS による心理アセスメント』日本文化科学社).

Sonuga-Barke, E. J. S. (2003) "The dual pathway model of AD/HD : an elaboration of neuro-developmental characteristics," *Neuroscience and Behavioral Reviews,* 27, pp. 593-604.

読者のための参考図書

綾屋紗月編著（2018）『ソーシャル・マジョリティ研究』金子書房。

——発達障害者の側からソーシャル・マジョリティ（社会的多数派）のルールやコミュニケーションを研究した，当事者研究の成果がまとめられている。多数派が当たり前だと思っていた様々な社会のしくみが知らず知らずのうちに生きにくさをつくってしまっていたことを，マイノリティの側から考え直すことで改めて気づかされる。

小松成美（2017）『虹色のチョーク』幻冬舎。

——社員の7割が知的障害者で，“日本で一番大切にしたい会社”と呼ばれる町工場のありのままを描いたノンフィクションである。国の機関でも達成できていない障害者の就労率が7割という「奇跡のチョーク工場」で働く障害者の姿から，「自己有用感」の大切さがわかる。

第16章

情緒障害児・精神障害児への支援と理解

本章では，情緒障害児と精神障害児への支援と理解について述べる（表16－1参照）。

子どもの情緒障害と精神障害は，先天的・後天的要因が複雑に交わって生じ，成人の精神障害の前駆症状として現れることもある。今日の保育，教育や福祉の分野では，人の一生涯を連続してみる生涯発達心理学や精神障害の基礎知識を備え，早期からの支援に対応できる専門性が求められている。

1　情緒障害児の種類と概要

要　因

情緒障害は，身体器官に物質的あるいは物理的に特定可能な器質的（先天的）要因はないが，環境的・心理的（後天的）要因によって生じ，日常生活に支障をきたすものである。また，教育的・福祉的援助のための概念であり医学的診断の概念ではないとされてきた。「学校教育法施行規則の一部を改正する省令」（2006〔平成18〕年）では，「主として心理的な要因による選択性かん黙等があるもので，社会生活への適応が困難である程度のもの」で「通常の学級での学習におおむね参加でき，一部特別な指導を必要とする程度のもの」とされ，「自閉症」（第15章参照）と明確に区別された。

情緒障害を引き起こす環境的・心理的要因には，家庭内不和や虐待など家族の問題，いじめを含む友人関係，学校内での問題や教師との人間関係などがあげられる。しかしながら，子どもに限らずたとえ成人であっても，多くの人は環境的・心理的に困難な状況に置かれたら，不安，欲求不満や葛藤を生じる。

表16－1　情緒障害と精神障害の特徴

<table>
<tr><th></th><th>症状・障害</th><th>共通してみられる症状・障害</th></tr>
<tr><td>情緒障害</td><td>※情緒の不安定
　選択性かん黙
　緘動症状（身体が動かない）
　過換気症候群（動悸，発汗，震え　など）
　パニック症
　チック症（頻回な瞬き，不随意運動　など）
　吃音や発声の不明瞭
　神経性習癖（指しゃぶり，爪嚙み　など）
　反社会的行動（暴力，他害行為，非行　など）

反抗挑戦性障害
排泄障害（夜尿，失禁，下痢，便秘　など）</td><td rowspan="2">学業不振，集団行動不可，無気力，不登校，ひきこもり
　身体症状（嘔気，過敏性腸症候群，頭痛　など）
　常同行動
　癇癪（発作）
　自傷行為（腕嚙み，髪の毛を引き抜く，自分を叩く，リストカット　など）
　自殺企図
反応性愛着障害
分離不安障害
社交不安障害（社交恐怖）
不安障害
限局性恐怖症（広場，高所，閉所　など）

睡眠障害
強迫性障害
摂食障害（神経性やせ症，神経性過食症　など）
物質関連障害および嗜癖性障害
（アルコール，薬物，覚醒剤，ギャンブル　など）</td></tr>
<tr><td>精神障害</td><td>※認知機能の障害（知覚・記憶・理解・判断）
幻覚・幻聴・妄想（陽性症状）
　奇妙な行動
　多幸，開放，易怒的気分
　集中力の低下
　衝動性，多動，多弁，過活動，注意散漫
　激しい攻撃性，破壊的・危険的行動
　誇大感，観念奔逸
思考・感情・意欲の障害（陰性症状）
　疲労感，罪責感，無価値感，希死念慮

統合失調症スペクトラム障害
パーソナリティ障害
双極性障害
抑うつ障害
全般性不安症／障害（対象を欠く持続的不安）
解離性障害
身体症状症
注意欠如／多動症（ADHD）
知的能力障害</td></tr>
</table>

出所：筆者作成。

災害，虐待やいじめなどに遭い心的外傷後ストレス障害（PTSD）に至るような場合は別として，日常生活でのストレスや心理的打撃（ショック），それに伴う心理的苦痛は誰にでも起こりうるものであり，それで“情緒（様々な感情）”が一過的に激しく現れても異常とはいえない。

情緒障害とは，情緒の現れ方が極端に偏っていたり，何度も繰り返されたり，セルフコントロールが難しく，それらが家庭生活や学校生活で顕著な状態である。この情緒的問題による不適応は様々な行動上の問題を併発し，学校での学習活動や集団活動，ひいては社会生活を困難にするものである。また，その主な特徴は選択性かん黙（または場面かん黙）や，不登校などの非社会的行動として現れることである。

さて，情緒障害には単に環境的・心理的要因であるとするには悩ましい現症も多くみられる。人格心理学ではパーソナリティの基本的特性である気質は，個人の刺激に対する感受性や反応の習慣的な強さ・速さや，固有の根本的気分が含まれ，個体内部の生理学的過程との関連が深く先天的に決定されやすいものとされている。また，脳を含む身体のどこかに特に損傷は見当たらないが正しく機能していない状態が疑われる機能性の問題には，心因性と内因性の両方が含まれる。したがって，教育，臨床現場では，環境的・心理的要因のみならず素因・素質や遺伝的要因の両方が相まって現れる場合もあり，その要因が明白で決定的であるとは限らないという観点が必要とされる。

選択性かん黙

選択性かん黙とは，発声器官などの障害や言語能力に問題がないのにもかかわらず，特定の状況で音や言葉を一貫して発さない状態が1か月間持続していることをいう。

一般に，乳幼児期は母子間や家族間で言語発達が促進される。したがって，家庭生活上の会話が円滑で，保育所や幼稚園での行動や，小学校での学習面に問題がないと，恥ずかしがり屋・引っ込み思案など内向的性格特性との区別が難しい。幼児期（2～5歳頃）に発症しても学童期まで診断されなかったり，就学後も家庭で特に問題なくふるまう子どもは見落とされやすい。一方，症状は青年期まで残存し，改善には時間を要し，自然寛解は困難とされている。

症状の中核は情緒的に著しく強固な選択性である。家庭では話すが幼稚園や学校などの特定場面や状況では全く，あるいはそれほど話さないという態度をとり続ける。表情，発語や回避行動などの不安反応・緊張度は，場所，状況や対面する人によって異なる。内気，消極的で対人コミュニケーションの欲求が乏しく，ときには緘動（かんどう）症状（高不安から身体が動かせなくなる）を伴い，集団生活に不都合が生じる。その多くが，強迫傾向（治療抵抗を含む），後述する分離不安障害や社交不安障害と診断される。帰国子女や外国籍の親など言葉の問題によるストレスや，虐待などによる心的外傷（トラウマ）に起因する場合は，深刻な症状や心的外傷後ストレス障害（PTSD）に進行することもある。

不登校

不登校は，文部科学省では「何らかの心理的，情緒的，身体的あるいは社会的要因・背景により，登校しないあるいはしたくともできない状況にあるために年間30日以上欠席した者のうち，病気や経済的な理由による者を除いたもの」（文部科学省，2003）と定義されている。このように不登校の要因は様々だが，情緒障害の具体的問題として不登校が生じている場合は，情緒的理由から，学校へ行こうとしても行けず，自宅を出ても登校できなかったり，自宅に閉じこもってしまう状態をいう。

まず，情緒的理由は，自信喪失や無気力につながりやすい高不安や高緊張という気質にある。次に，乳幼児期からの家庭における基本的生活習慣の未形成や家庭内不和による自我の未発達がある。また，学童期以降は友人や教師との関係不全や，協調および競争を含む集団行動における不適応があげられる。

また，不登校児は分離不安障害や社交不安障害（社交恐怖）と診断されることがある。乳児期（8か月～2歳頃）にみられる分離不安（人見知り）は正常な発達だが，分離不安障害は幼児期（3歳頃）に発症し思春期（11歳頃）まで続く。養育者からの分離に対し発達段階に不相応な過剰な恐怖，悲痛や身体的愁訴が4週間以上持続する状態をいう。一方，社交不安障害は，思春期に発症し女児に多いとされる。劣等感や羞恥心が強く，他者の期待や評価に過剰に反応する特徴や対人恐怖（症）が生じる。一般には不安や緊張を感じることのない状況で，高不安や過換気症候群の症状（動悸，発汗，赤面，手足の震えなど）が現れる。

さらに，不登校の要因とされる不安障害には，限局性（広場，高所，閉所など）恐怖症がある。パニック発作が特徴のパニック症は，原因不明の激しい予期不安を突然感じ，それが1か月以上繰り返される。一般に男性は青年期（25～30歳），女性は成人期（35歳頃）に，男女同程度の割合で発症するとされている。

このように，不登校児には伝統的診断分類では小児神経症とされる多様な症状が現れることもある。たとえば，乳幼児期（9か月～5歳未満）に発症する過度の警戒あるいは拡散した愛着を示す反応性愛着障害である。非器質性の排泄障害（夜尿症，遺尿症など）は幼児期に発症し青年期までに収束するが，約1％は成人期も続くとされている。学童期（10歳以下）にみられる反抗挑戦性障害は，権威的人物に対する怒りに基づく癇癪（かんしゃく），口論といった反抗的な態度や行動範囲が限度を越え，6か月以上持続するものである（非行には至らない）。ほとんどが20歳以下で発症する強迫性障害には，不合理な思考（強迫観念）や行為（強迫行為）を反復する確認強迫，洗浄強迫や醜形恐怖などが含まれる。チック症[(1)]，物質関連障害（アルコール，覚醒剤など）および嗜癖性障害（アルコール，薬物，ギャンブルなど）や摂食障害（反芻（はんすう）症[(2)]，神経性やせ症，神経性過食症）も存在する。

2　精神障害児の種類と概要

要　因

精神障害は，器質的・機能的要因によって生じ，行動様式には異常や苦悩を伴う医学的診断の概念である。

主として，統合失調症スペクトラム障害，パーソナリティ障害，双極性障害，抑うつ障害があげられる。統合失調症スペクトラム障害は，思春期後半から成人期初期に発病し，学童期までの発病は稀（まれ）とされてきた。しかし，発達途上の子どもの体験不足や未熟な言語能力からは明確な診断が困難という事情は否めない。パーソナリティ障害も成人期に突然発病するわけではないが，年少児の診断には同様の難しさがあるとされている。一方，双極性障害や抑うつ障害は，近年，発病は珍しいとされてきた学童期から診断されるようになった。

全般性不安障害（対象を欠く持続的不安）や物質関連障害のように遺伝素因の可能性を含むもの，知的能力障害（第13・15章参照）などの発達上の問題も含まれる。学童期から青年期に発病する全般性不安障害，30歳未満に発病する身体症状症，解離性障害は，あらゆる年齢で発病する可能性があるとされている。

統合失調症スペクトラム障害とパーソナリティ障害

統合失調症スペクトラム障害は原因不明だが，胎児期から乳児期までの発達早期の脳の生物学的異常に起因し，複数の遺伝子が関与していると考えられている。超早期徴候には，乳児期での身体発達（始歩）の遅れや幼児期での言語発達の遅れなどがあるとされる。学童期には攻撃行動，小児神経症や発達障害が疑われるような多彩な前駆症状がみられる。発病後は，知覚（幻覚），思考（妄想），対人関係（パラノイア）[3]において異常を伴い（6か月以上持続），慢性化し，社会生活に支障をきたす疾患である。小児も成人と同様の病状とされ，青年期には感情の異常や引きこもりが顕著となる。薬物乱用，脳の感染症，外傷や腫瘍などの有無を検査し，一定期間の経過観察によって診断される。

パーソナリティ障害とは，人の一貫して特徴的・持続的な行動様式の総称であるパーソナリティが社会的不適応になり，著しい苦痛や機能の障害をもたらすことをいう。限局できない深い問題が，抑うつ，不安感，厭世観や希死念慮など複数の慢性症状となる。パーソナリティ障害には，強迫性・依存性などが顕著なもの，自己愛性・反社会性などが顕著なものと，妄想性・シゾイド・統合失調型などがある。妄想性・シゾイド・統合失調型などは，統合失調症スペクトラム障害の家族や親族が存在し，統合失調症スペクトラム障害の前駆症状の場合がある。先天的・後天的要因の両方に影響され，学童期，青年期や成人早期に好発するとされる。しかし，学童期の統合失調型の場合，すべてが統合失調症スペクトラム障害になるわけではなく，逆に防御しているという考え方もある。また，成人期に発症する場合は，ストレスや脳の疾患などに伴って生じた可能性も考えられる。

双極性障害

双極性障害の概念は，躁病症状（多幸的，開放的，易怒的などの気分が異常に持続する）と抑うつ症状（幸福や喜びを期待する能力の喪失）の両方の病相期があることである。近年，明確な病相期がある挿話的なもの以外にも，慢性的に経過する超急速交代型（短期間に躁うつが交代する）や日内交代型が学童期や思春期にみられるようになった。成人の双極性障害には，10歳未満に前駆症状がみられたり発症したものもある。学童期の特徴的な躁症状や軽躁症状は，情緒不安定，重篤なイライラ感，攻撃性，衝動性，破壊的行動，注意散漫，多動などである。9歳を過ぎると多幸感，誇大感，観念奔逸などが多く，思春期になると過活動，多弁，睡眠覚醒の乱れ，自傷行為（カッティングなど），パニック発作，解離性健忘[(4)]が現れやすい。青年期には精神病像を伴うこともある。双極性障害の有病率は男女同等で，早期発症の予後は悪く，自殺の危険率は高い。遺伝学的観点や家族歴などからは，統合失調症スペクトラム障害と抑うつ障害の橋渡しをする位置にある。精神病ではないとされる障害から，長期の抑うつ症状や気分の不安定などが社会機能面（対人関係，就労など）で深刻になる障害まで多岐にわたる。さらに，注意欠如／多動症（ADHD，第15章参照），素行障害（破壊，窃盗，規則違反など），物質・医薬品誘発性双極性障害（薬物乱用）を併存する場合が多い。

抑うつ障害

重篤気分調整症，うつ病などが含まれる。

重篤気分調整症は，12歳までの子どもに適用され，その大部分が男児で，慢性的な易怒性（頻回の癇癪発作を伴う）や極端な行動のコントロール不全をいう。欲求不満耐性がきわめて低く，激しい攻撃性，危険行動，自殺企図などが家族・友人関係の不全や学業成績の低下などと関連してみられる。双極性障害や反抗挑戦性障害との鑑別が難しいだけではなく，反抗挑戦性障害と重複する場合も多く，併存疾患は広範囲にわたる。また，青年期や成人期になると単極性抑うつ障害や不安障害が現れる確率が高い。

うつ病は，感情，認知，自律神経機能の明確で反復性のある変化を伴う悲嘆，悲哀の状態である。学童期や青年期には易怒的で気難しい気分の方が生じやすいとされる。体重変化と希死念慮を除いて，主たる症状（疲労感，罪責感，無価値感，集中力の低下，睡眠障害など）が一日中ある。神経症的特質（否定的感情）はうつ病を発症する素因として確立されている。この気質傾向が強いとストレスになる出来事に反応して抑うつが生じる可能性が高く，すなわち，環境的・心理的要因の関与が大きいとされている。

その他の精神障害

全般性不安障害は，過度で理由のない不安をコントロールできず社会生活に不全を及ぼす状態である。身体症状（震え，筋肉の緊張，発汗，嘔気，過敏性腸症候群，頭痛など）を伴う慢性症状が寛解する比率は低いとされる。発症年齢は広範囲で，早期であるほど症状が顕著で併存症が多い。学童期や青年期では，過度に同調的，完璧主義である一方で，自信がなく過度の保証と是認を求める。

物質関連障害および嗜癖性障害は，アルコール，覚醒剤，薬品，カフェインなどの過剰摂取によって病的な行動様式（コントロール障害，社会的障害など）が生じる。遺伝的・生理学的要因の可能性が高いが，環境的・心理的要因も強く影響する。早期の発症は学童期で，青年期も含め素行障害や，いくつかの物質関連障害が併存することが多い。多くは成人期までに発症するが老年期の身体変化に伴い発症する場合もある。具体的には，家庭，学校や職場での役割責任が果たせなくなり，対人関係上の問題，身体的（知覚障害，記憶障害，内臓疾患など）・心理的（抑うつ，不安，不眠など）な問題が持続する。

解離性障害は，知覚，情動，意識，記憶，運動制御，同一性など心理機能の不連続および破綻である。気質要因が認められるも，幼少期の虐待，災害や戦争などの環境要因も大きく，PTSD の併存が多い。フラッシュバック，健忘，麻痺，離人感，自殺行動などの症状が現れる。学童期，青年期，成人期で発症し，学童期や青年期では，集中困難，不注意，反抗的行動や（限局性）学習症（LD）との区別が難しい。また，適切な治療の遅れは予後不良と関連している。

3　情緒障害児と精神障害児への援助

特別な教育的援助

まず，小中学校は通級指導教室と自閉症・情緒障害特別支援学級を設置している。教育課程は小中学校の学習指導要領を原則とし，児童生徒の実態に応じて特別支援学校学習指導要領を参考に編成される。情緒障害児童生徒を対象とする通級指導教室では，在籍学級での情緒・行動・対人・社会面の問題から通級指導が望ましいと判断された児童生徒を対象に，個別の指導計画に基づく指導，在籍学級と連携し教科の補充や特別支援学校学習指導要領の自立活動の内容に基づく指導や，保護者への支援が行われる。自閉症・情緒障害特別支援学級は，通級指導では十分な効果が期待できないと判断された児童生徒を対象に個別の指導計画に基づく指導，チームティーチングや交流および共同学習が，児童生徒の実態や保護者の要望に応じて，組織的，計画的，具体的に行われる。

選択性かん黙や不登校は，心理的安定，コミュニケーション，人間関係の形成などが主要課題とされる。情緒障害は必ずしも年齢とともに自然寛解するわけではない。放置されると症状そのものが強化されることもあり，早期からの援助が重要である。したがって特別な教育的援助では，一人ひとりの児童生徒に適したコミュニケーションで交流を図り，まずは信頼関係（ラポール）を形成する。心理的負担（プレッシャー）を与えず受容的・支持的で気長に接する態度が児童生徒に受け入れられたら，集団活動の構成や活用の工夫を視野に入れつつ，無理のない範囲の課題に段階的に誘導する。そこでは不安や緊張の軽減に配慮し，活動参加を十分に褒めて意欲を高める。保護者と連携しつつ，社会的体験に対して正当な評価を与え，自発的行動を促進し，有能感（コンピテンス）を高めていくことが重要である。

また，特別支援学校は，幼稚園，小中学校，高等学校に準ずる教育を行い，障害による学習・生活上の困難を克服し自立を図るために必要な知識技能を授けることを目的としている。そのため，幼児児童生徒の障害の状態・発達段階・特性ならびに地域や学校の実態を考慮し，選択・組織・配列した教育課程がなされている（第4・9章参照）。

子どもの精神保健

精神障害児に対しての援助は正確な診断に基づく適切な治療が基本である。診断は，親や教師による行動観察の聴取，身体検査や心理検査（知能・発達・性格の検査など）の結果，病相，併存症状などを，小児の精神障害に精通した医師が慎重に考査せねばならない。正確な診断に基づく適切な治療がなされなければ症状は継続し，他の精神疾患の合併（発達障害など）および思春期の心理発達に悪影響を及ぼすおそれがある。しかし，乳幼児期や学童期での発症の診断について完全な合意（コンセンサス）は得られておらず，成人発症型との連続性や鑑別は今後の課題とされているのが実情である。

さて，治療においては，薬物療法は症状をコントロールする効果が期待され

コラム　小児精神病の流行？――アメリカの診断事情

今やアメリカの精神科医や心理学者は小児精神病を深刻に捉えざるを得ません。精神科的診断が低年齢化しているのです。アメリカ公衆衛生部は18歳未満の10人のうち1人は深刻な精神病とし，国立精神衛生研究所の報告は児童の2.5%，10代の若者の8.3%がうつ病としています。18歳までに5人に1人が重篤な感情的疾患とする報告，わずか2歳で重度のうつ病の前駆症状がみられたり，本格的なうつ病や PTSD と診断された報告もあります。プライマリケア医が診断できない「酷い2歳児」以上の子どもも，適切な診断があれば治療されます。適切な治療とは子どもを「普通の生活」に戻すことを意味し，「診断は生活における障害に機能するものでなくてはならない」とサージェント博士は言います。早期治療は，癇癪など子どもの行動上の問題の予防となり，二次的障害を引き起こしたり，身体的精神的発達や同年代の仲間と一緒に成長することを阻害してしまう「問題児のレッテル」を貼られることを回避できます。治療に家族の関与は不可欠であり，薬物療法が奨励される一方で，遊戯療法のような「生化学と同様に適用的な」心理療法が効果を上げているとされます。

参考資料

Schabner, D. (2018) An Epidemic of Child Mental Illness？（https://abcnews.go.com/US/story?id=90448&page=1 2019年2月15日確認）

るが，学童期までは薬の副作用（震え，動作緩慢，運動障害，肥満など）が生じやすい。症状が悪化した場合は，薬の用量の調整や安全確保のために入院が必要となることもある。したがって，心理療法，社会的スキルトレーニングやリハビリテーションのみならず，家族に対する心理・教育的支援が不可欠となる。

心理療法は教育・福祉・医療の専門機関で行われる。低年齢児には心理的安定を重視する遊戯療法を用いることが多い。行動変容を重視する行動療法（系統的脱感作法，モデリング法，モニタリング法，暴露療法）や，欧米で統合失調症スペクトラム障害，抑うつ障害や不安障害など多くの精神疾患への効果が実証されている認知行動療法も行われる。

社会的資源の利用

社会的資源の利用に際しては，発達期にかかわらずすべての精神障害児・者の隔離にならないような環境整備と人材確保が不可欠である。

成人の精神障害者の社会復帰の支援としては，入院中は生活療法や作業療法，保健所や精神保健センターではデイケアや作業訓練が受けられる。職場復帰が困難な重篤な精神障害者には，作業所や共同住居など様々な福祉サービスが提供されている。むろん十分とはいえないかもしれないが，精神障害児の場合は小児精神科がある医療機関さえ少ないという現状があり，社会的資源について議論できるまでには至っていないと思われる。

精神障害児の社会的資源としては，まず，小中学校のみならず高等学校を含む家庭訪問や院内学級の拡充，公的機関（保健所，精神保健センターなど）における児童生徒期対象のデイケアやフリースペースの設置など，制度や施設の充実が急務である。病態水準に適した学習支援やレクリエーション活動が行われ，同年代の交流の機会が得られることは改善促進と再発予防につながると思われる。また，養護教諭を含む教員や施設のスタッフが，精神障害児への誤解や否定的感情を抱くことがないよう，その家族や医療関係者と連携し協力し合う場が重要である。医療関係者が行う専門知識の研修制度や，すべての関係者による懇親会の開催は，人材育成とともによりよい人材確保に貢献すると思われる（第7章参照）。

注

(1)　突発的，急速に，繰り返される不規則な運動，発声（瞬目，咳払いなど）。
(2)　食べたり食べさせたりした後に食物の吐き戻しを繰り返す。
(3)　異常で強い被害妄想や誇大妄想などにとらわれること。
(4)　心的外傷になるような強いストレスとなる出来事の記憶を思い出せなくなること。

参考文献

文部科学省（2003）「不登校の現状に関する認識」（http://www.mext.go.jp/a_menu/shotou/futoukou/03070701/002.pdf 2019年2月15日確認）。

American Psychiatric Association (2013) *Diagnostic and Statistical Manual of Mental Disorders, Fifth Edition, DSM-5,* American Psychiatric Association（高橋三郎・大野裕監訳（2014）『DSM-5　精神疾患の診断・統計マニュアル』医学書院）.

International Statistical Classification of Diseases and Related Health Problems (2016) International Classification of Diseases, ICD（http://www.who.int/classifications/icd/icdonlineversions/en/ 2019年2月15日確認）.

読者のための参考図書

齊藤万比古（2015）『子どもの精神科臨床』星和書店。

――本書は，児童青年期の精神病理の理解と支援について，その症状や病態の症例をあげながら丁寧に説明されている必読書である。

河合洋・山登敬之（2006）『子どもの精神障害』日本評論社。

――本書は，広範，深刻かつ緊急性を要する子どもの精神障害について具体的な取り組みをしている複数の執筆者によって書かれている。学派，世代を超え結集した現場の知である。

第17章

DV家庭の児童や被虐待児童への支援と理解

本章では，今日社会問題となっているDV（Domestic Violence）と児童虐待について取り上げる。

本来児童が安心して過ごし，安全基地としての役割をもつ保護者（養育者）において，DVが行われていた場合，児童の面前でのDVは，心身に大きな影響を及ぼし，養育環境として不適切であり，心理的に大きな傷つき体験となる。

DVについては，明確な定義はないが，日本では「配偶者や恋人など親密な関係にある，又はあった者から振るわれる暴力」という意味で使用されることが多い。そのような児童の面前でのDVについて，家庭での傷つき体験は，何らかの形で，保育・福祉・教育の場で行動化されて表出されることが考えられ，実践者には，その児童への心身の支援と理解が求められる。そして，必要に応じて関係機関と連携・協働し，児童の最善の利益のために絶えず支援に取り組まなければならない。

本章では，そのようなDV家庭や被虐待児童の現状を理解し，具体的な支援や理解をもつことができるように努めたい。

1 DV家庭の児童の支援と理解

DVの現状

2001（平成13）年に配偶者からの暴力を防止し，被害者の保護等を図ることを目的として「配偶者からの暴力の防止及び被害者の保護等に関する法律」（略：DV防止法）が施行された。法の施行により，その社会的認知が進んできてはいるものの，被害に関する相談等は増加の一途をたどっている（図17-1）。

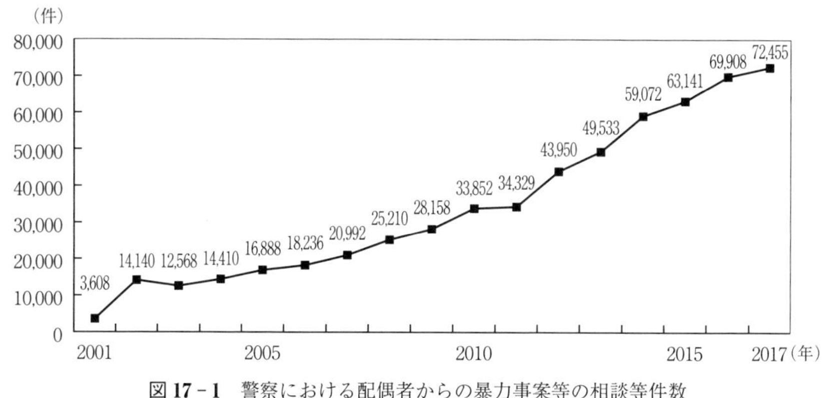

図17－1　警察における配偶者からの暴力事案等の相談等件数

備考1：配偶者からの身体に対する暴力の相談等を受理した件数。
　　2：配偶者とは，婚姻の届出をしていないが，事実上婚姻関係と同様の事情にある者を含む。
資料：警察庁調べ。
出所：内閣府男女共同参画局，2018。

また，DV防止法においては，被害者を女性には限定していないが，多くの場合は女性が被害者となっている。

配偶者からの暴力には，身体的なもの，精神的なもの（経済的なもの，社会との隔離を含む），性的なものに分類される（表17－1）。このような行為は，人権を著しく侵害する重大な問題であり，相談件数や調査結果等から，DV防止法施行時からのデータをみると年々増加傾向にあり，少数の人だけが被害を受けているのではなく，多くの人が被害を受けていることがわかる（図17－1）。

このような現状において，子育て世代の相談者には，児童の目の前でDVが行われていた可能性を考え，その影響に鑑みた支援が重要になってくる。

DVの実態および背景

DVの実態として，内閣府では，1999（平成11）年から3年に1度全国の20歳以上の男女5000人を無作為に抽出し，「男女間における暴力に関する調査」を実施している。2017（平成29）年の同調査によると，これまでに結婚したことのある人（2485人）のうち，配偶者（事実婚や別居中の夫婦，元配偶者も含む）から「身体的暴行」「心理的攻撃」「経済的圧迫」「性的な行為の強要」のいずれかについて「何度もあった」という人は，女性13.8％，男性4.8％，「1，2

表 17－1　暴力の形態と内容

身体的なもの	殴ったり蹴ったりするなど，直接何らかの有形力を行使するもの 具体例：平手で打つ，足で蹴る，身体を傷つける可能性のある物で殴る，げんこつで殴る，刃物などの凶器を体につきつける，髪をひっぱる，首を締める，腕をねじる，引きずりまわす，物を投げつける。
精神的なもの（経済的なもの，社会との隔離）	心ない言動等により，相手の心を傷つけるもの 具体例：大声でどなる，「誰のおかげで生活できるているんだ」「甲斐性なし」などと言う，実家や友人と付き合うことを制限したり，電話や手紙を細かくチェックしたりする，何を言っても無視して口をきかない，人の前でバカにしたり，命令するような口調でものを言ったりする，大切にしているものを壊したり，捨てたりする，生活費を渡さない，「外で働くな」と言ったり，仕事を辞めさせたりする，「子どもに危害を加える」と言っておどす，殴るそぶりや物を投げつけるふりをして脅かす。
性的なもの	嫌がっているのに性的行為を強要する，中絶を強要する，避妊に協力しないといったもの 具体例：見たくないのにポルノビデオやポルノ雑誌を見せる。

出所：内閣府男女共同参画局ホームページを参考に筆者作成。

度あった」という人は，女性17.5%，男性15.1%となっており，１度でも受けたことがある人は，女性31.3%，男性19.9%となっている。つまり，女性の約３人に１人，男性の約５人に１人は，何らかの暴力を受けた経験があることとなる。

暴力の背景としては，男性が女性を軽視するような男尊女卑の考え方，感情表現の一つとして，暴力を振るうのはある程度は仕方がないといった社会通念，片働きで収入がない場合の男女の経済的格差など，個人の問題として片づけられないような構造的問題も大きく関係している。男女が社会全体の対等なパートナーとして様々な分野で活躍するためには，いかなる場合においてもその前提として，人に対する暴力は絶対にあってはならないことである。

DV による子どもへの影響

2004（平成16）年の「児童虐待の防止等に関する法律」（略：児童虐待防止法）の改正により，子どもの目前での DV も児童虐待（心理的虐待）に当たることが明確化されている（第２条）。本来安心して過ごすことのできる安全基地としての家庭において，家族内の DV は，児童への影響がきわめて大きい。友田によると「小児期のマルトリートメント（不適切な養育）経験は高頻度に精神疾患の発症を招き，脳の器質的・機能的な変化を伴うことがわかってきた。たとえば，暴言虐待による聴覚野容積の拡大や両親の DV 目撃による視覚野容積の縮小をもたらし，うつ病や PTSD，認知機能の低下を引き起こす」（友田，2016，15頁）ことが明らかになったということである。家庭内は，プライベートな空間であり，多くの DV はみえにくく，児童がどのような場面を目にし，どれくらいの心理的負担があるかについては計り知れない。

そのことで心身への影響は，様々な形で行動化され，表出される。視覚的に感情的な刺激により，それをしばしば児童の特性としての問題行動と捉えられることがあるが，実践者は，その背景を理解することが重要である。友田によると，「解離症状をはじめとするトラウマ反応がもっとも重篤なのが，『DV 目撃と暴言による虐待』の組み合わせだった。つまり，身体的虐待やネグレクトを受けた人よりも，親の DV を目撃し，かつ自分も言葉でののしられた人の方が，トラウマ症状が重篤であった」（友田，2016，17頁）ことが明らかとされ，脳へのダメージが大きく，知能や語彙能力につながる脳の部分の容積の減少が起きる。

DV への対応

DV 防止法では，その目的として前文で「配偶者からの暴力に係る通報，相談，保護，自立支援等の体制を整備することにより，配偶者からの暴力の防止及び被害者の保護を図る」ことを掲げている。そこで，具体的な対応を管轄する関係機関は，複数にわたっている。配偶者からの暴力全般に関する相談窓口として，各都道府県にある「配偶者暴力相談支援センター」，安全対策や緊急時の対応として「警察」，女性問題に関する相談窓口として「婦人相談所（センター）」，児童に関する相談も含めた場合「児童相談所」があり，このほか「福祉事務所」「保健所」「精神保健福祉センター」などの行政機関だけでなく，民間のシェルターなどもあり，被害者ならびに児童の安全な生活を確保するための社会資源が連動して，保護や支援，またその後の自立支援を行っている。

2　被虐待児童への支援と理解

児童虐待の現状

児童虐待とは，児童虐待防止法によると，「保護者（親権を行う者，未成年後見人その他の者で，児童を現に監護するものをいう。）がその監護する児童（18歳に満たない者をいう。）について行う」行為と定義されている。その行為とは，「身体的虐待」「性的虐待」「保護の怠慢・拒否（ネグレクト）」「心理的虐待」である（表17－2）。

児童虐待は，DV の問題と同様に，近年大きな社会問題としてクローズアップされていることは，実感としてあるのではないだろうか。国民の子どもの権利意識への高まりや「児童福祉法」や児童虐待防止法の改正，悲惨な事件も含め連日のメディアでの注目が大きく影響している。そのことは，児童相談所における児童虐待相談対応件数の推移からもうかがえる（図17－2）。

また，児童虐待相談対応件数の内訳として，児童虐待の相談種別対応件数（表17－3）をみると心理的虐待の増加率が顕著で，前節に述べた DV の問題が密接につながっていることがうかがえ，児童虐待の相談の中で最も多い割合

表17－2　児童虐待の定義と分類

身体的虐待	身体に外傷が生じ，又は生じるおそれのある暴行を加えること 具体例：殴る，蹴る，叩く，投げ落とす，激しく揺さぶる，やけどを負わせる，溺れさせる，首を絞める，縄などにより一室に拘束する　など
性的虐待	わいせつな行為をすること又は児童をしてわいせつな行為をさせること 具体例：子どもへの性的行為，性的行為を見せる，性器を触る又は触らせる，ポルノグラフィの被写体にする　など
ネグレクト	心身の正常な発達を妨げるような著しい減食又は長時間の放置，保護者としての監護を著しく怠ること 具体例：家に閉じ込める，食事を与えない，ひどく不潔にする，自動車の中に放置する，重い病気になっても病院に連れて行かない　など
心理的虐待	著しい暴言又は著しく拒絶的な対応，児童が同居する家庭における DV，児童に著しい心理的外傷を与える言動を行うこと 具体例：言葉による脅し，無視，きょうだい間での差別的扱い，子どもの目の前で家族に対して暴力をふるう（DV），きょうだいに虐待行為を行う　など

出所：「児童虐待防止法」および厚生労働省ホームページ「児童虐待の定義と現状」より抜粋。

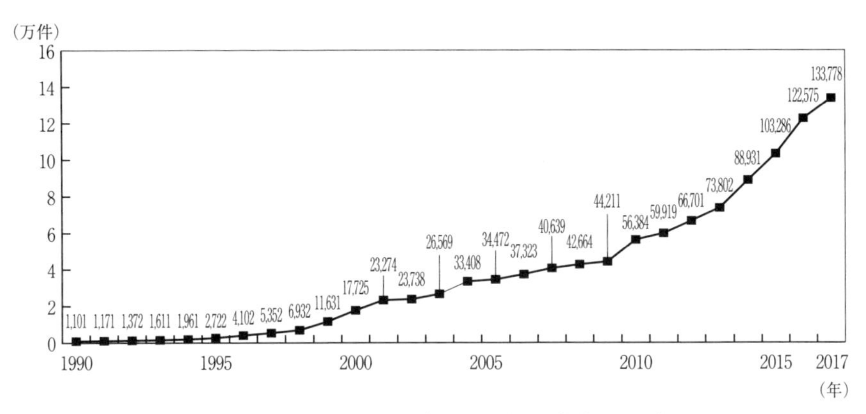

図 17－2　児童相談所での児童虐待相談対応件数とその推移

出所：厚生労働省，2018aより筆者改変。

表 17－3　児童虐待の相談種別対応件数の年次推移

年　度	総　数	身体的虐待	保護の怠慢拒否(ネグレクト)	心理的虐待	性的虐待
2013	73,802	24,245	19,627	28,348	1,582
2014	88,931	26,181	22,455	38,775	1,520
2015	103,286	28,621	24,444	48,700	1,521
2016	122,575	31,925	25,842	63,186	1,622
2017	133,778	33,223	26,821	72,197	1,537

出所：厚生労働省，2018bより筆者改変。

が心理的虐待であることもわかる。一方，性的虐待はここ数年増加していないようにみえるが，「見えない（見えにくい）虐待」と言われ，被害児童からの相談も難しく，表に現れにくいため，この数字は氷山の一角であることを知っておいてほしい。

児童虐待の実態および背景

児童虐待の実態として，表 17－4 の虐待者別構成割合について注目してみていただきたい。一般に実母からの虐待や実父以外の父親からの虐待が取り沙汰されていることが多いが，増加しているのは，実父だということである。このことが何を意味するのか，一概に説明することは難しいが，共働きによる女性の社会進出に伴い，男性の育児参加による知識や技術不足，都市化・核家族化

表17－4　児童虐待相談における主な虐待者別構成割合の年次推移

年　度	総　数	実　父	構成割合	実父以外の父親	構成割合	実　母	構成割合	実母以外の母親	構成割合	その他	構成割合
2013	73,802	23,558	31.9	4,727	6.4	40,095	54.3	661	0.9	4,761	6.5
2014	88,931	30,646	34.5	5,573	6.3	46,624	52.4	674	0.8	5,414	6.1
2015	103,286	37,486	36.3	6,230	6	52,506	50.8	718	0.7	6,346	6.1
2016	122,575	47,724	38.9	7,629	6.2	59,401	48.5	739	0.6	7,082	5.8
2017	133,778	54,425	40.7	8,175	6.1	62,779	46.9	754	0.6	7,645	5.7

出所：厚生労働省，2018bより筆者改変。

による家族機能の脆弱化など様々な問題が絡まり合っている。

相談件数の増加の背景には，先に述べたように国民の児童の権利に関する意識の変化や家族問題の社会化，児童虐待防止法等の改正により，相談窓口の拡大や児童虐待通告ダイヤルの３桁化（189），オレンジリボンキャンペーンの周知など様々な取り組みによる成果からの顕在化がある。しかし，それだけが相談件数の増加につながるわけではなく，児童虐待自体が増加していることも考えられる。というのも，家族機能が崩壊し，養育力の低下，さらに複雑な社会ゆえに様々な要因，離婚率の増加に伴いひとり親家庭と低所得からなる貧困の問題，若年出産による未熟な子育てなど，重層的な課題を背景にしている。

児童虐待の子どもへの影響

児童虐待の子どもへの影響は，低身長・低体重といわれ身体の発育に影響を及ぼすだけでなく，心身への深い傷つき体験となり，その後の成長に与える被害はきわめて大きい。

たとえば身体症状として，頭痛，腹痛，夜泣き，夜尿，夜驚（夜中に飛び起きて叫び声をあげる），うつ症状，情緒不安定，無気力，無感動，落ち着きのなさ，親への憎悪，人への不信感など日常生活を送る上で，甚大な被害となる。自己（パーソナリティ）を形成することが困難となり，自尊感情や自己肯定感をもつことが難しく，自己否定により「どうせ，私なんて……」「生まれてこなければよかった」「死にたい」などの自傷行為，自殺企図の感情をもつことも起こりうる。

また社会性，対人関係においても人との距離感がうまくつかめず，基本的信頼関係が築きにくいといったことになりかねない。アタッチメント障害や不登校や引きこもり，他児へのいじめ，いじめられ，攻撃的な言動，粗暴な態度などがみられがちである。主たる養育者からの虐待により，不安や恐怖などの感情をいやすための安全基地がなく，行き場を失い，くっつくことができず，回復することができないまま，さらに虐待を受け常に不安や緊張・恐怖と向き合い防御・防衛することを強いられた生活を送ることとなる。

また，落ち着きのなさや衝動的な行動，攻撃性など児童虐待は「第4の発達障害」と称されるほど脳への影響も大きい。前述のとおり，面前 DV の目撃による心理的虐待の脳への影響だけでなく，身体的虐待であっても性的虐待であっても脳へのダメージが大きいことがわかっている。たとえば，記憶や視覚，感情や思考をつかさどる脳への影響がわかってきている。

児童虐待の発生予防に向けた取り組み

子ども・家庭の福祉を支える法律としての「児童福祉法」や国連で採択され，2019（平成31）年1月現在，世界196か国が批准している「児童の権利に関する条約」，児童虐待防止法など，子どもの最善の利益，児童虐待の根絶，子どもの権利擁護，発生予防，発生後の対応などが法律等に明記されている。

厚生労働省の『子ども虐待対応の手引き』では，「児童虐待は，誰にでも，どこにでも起こりうるという認識をもち，子育て支援サービスを充実させることが重要であり，その中でも特に，虐待に至るおそれのある要因（リスク要因）が3つ抽出されている。その要因として，保護者側のリスク要因，子ども側のリスク要因，養育環境のリスク要因がある。保護者側のリスク要因には，妊娠，出産，育児を通して発生するものと，保護者自身の性格や精神疾患等の身体的・精神的に不健康な状態から起因するものがある。また，子ども側のリスクとして考えられることは，乳児期の子ども，未熟児，障害児，何らかの育てにくさを持っている子ども等である。養育環境のリスク要因は，リスキーな家庭環境として考えられるものは，未婚を含む単身家庭，内縁者や同居人がいる家庭，子ども連れの複雑な再婚家庭（ステップ・ファミリー等），夫婦を始め人間関係に問題を抱える家庭，転居を繰り返す家庭，親族や地域社会から孤立した家庭，生計者の失業や転職の繰り返し等で経済不安のある家庭，夫婦の不和，配偶者からの暴力等不安定な状況にある家庭である。

それらのリスク要因を持ち，養育支援を必要としている家庭であるかどうかを把握し，アセスメントを行い，早期に支援につなげることが大切である。もとより，仮にリスク要因を多く有するからといって，直ちに虐待が発生するものではないが，より多くの機関からリスク要因を有している家庭の情報を収集するよう努め，虐待の発生を予防することが大切である」（厚生労働省，2009，15～16頁）と示されている。

児童虐待への対応は，できるかぎり早く気づき素早く対応することが，児童にとっても保護者にとっても最善の支援へとつながる（早期発見・早期対応）。保育所等や学校等に通園通学している場合は，毎日出会う中で，児童生徒の小さな変化に気づく目をもっていなければならない。就学前の児童の通う保育所等では，排泄や衣服の着脱，年齢相応の語彙や言動など変化に気づく機会が多い。送迎時の保護者とのコミュニケーションや児童の様子などからも感じ取れる部分は多い。このような日々の関わりから，子育ての不安や子どもの変化に気づいていくことで，速やかに援助や関係機関と連携することができる。

具体的な窓口には，各都道府県，政令指定都市に設置された児童相談所を中心とした相談援助等の対応（図17－3）があり，市町村では，地域子ども・子育て支援事業として，様々な家庭のニーズに応じたサポートにより，訪問や相談支援，子育てのリフレッシュ支援，児童養護施設等での子育て短期支援事業（ショートステイ，トワイライトステイ）によるレスパイト支援など，様々な取り組みが行われている。

保育所等では，園庭開放などの子育て支援を充実させ，未就園児など在宅の児童の子育て支援を行い，家庭養育の見える化に努めている。保育者等が子育てサークル活動をサポートし，子育てのアドバイスなどを行い，子どもへの愛情を高めることができるような愛着形成支援なども行われている。このほか，子育て世代包括支援センター（母子健康包括支援センター）では，妊娠期から子育て期にわたるまでの切れ目のない支援を実施しており，連続的かつ包括的な支援により関係機関との連携を図り，子育ての拠点を担っている。

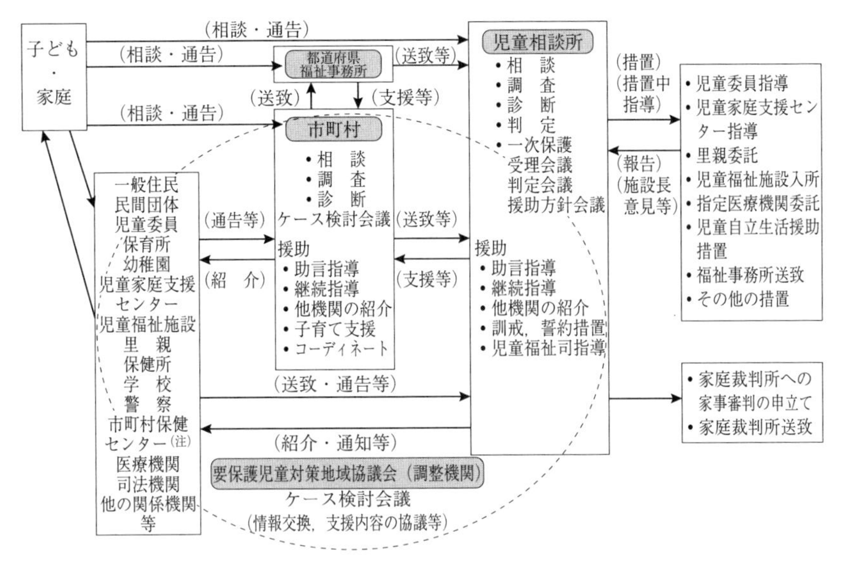

図 17－3　市町村・児童相談所における相談援助活動系統図

注：市町村保健センターについては，市町村の児童家庭相談の窓口として，一般住民等からの通告等を受け，相談援助業務を実施する場合も想定される。
出所：厚生労働省，2016。

3　DV や虐待への児童や保護者への支援の課題

DV 家庭の児童に対する支援の課題

DV 家庭の支援において，単純に児童を家族と引き離すことが支援，解決策ではない。児童の最善の利益を考え，第一に児童の安全を確保した上で，気持ちを受容する専門職としての役割が必要となってくる。しかし，家族が加害者であるため心理的なケアは重要であり，離婚などによる二次的な影響とリスクも含んでいる。さらに，被害を受けた側の親の精神的・身体的状態により治療が必要となれば，継続して児童の様子に注視していく必要がある。また，日常的に暴力を目の当たりにしていた場合，トラウマを抱えることや逆に暴力に対して肯定的になり加害側へと移る場合もある。いずれにせよ，面前での DV を経験した児童に対しては，一人の専門職・一つの機関で抱えるのではなく，多様な専門職の視点で，複数の関係機関（保育・教育，医療，福祉，司法，心理，警察，行政）が連携協働して支援していくことが求められている。

DV 家庭の保護者に対する支援の課題

DV 家庭の保護者に対する支援の課題として，一つの機関で解決が困難な場合が多いため，関係機関との調整などの中核を担うコーディネート機能やサポート機能を配偶者暴力相談支援センターが果たす役割がきわめて重要である。また，発見や相談で安堵するのではなく，アセスメントし，プランニングへとソーシャルワークのプロセスを描いた支援により，自立までの総合的支援を行うことが必要となってくる。そのため，担当する婦人相談員などの職員の高い専門性が求められる。また家庭内でみえにくいため，地域住民への啓発や理解にも努めなければならない。そして，必要に応じて一時保護や施設入所（母子生活支援施設など）など，その後の生活を支えていくこととなる。

虐待被害の児童に対する支援の課題

児童虐待といっても４つに分類され，その具体的な虐待被害はそれぞれ異なる。身体的な傷だけでなく，心身や脳への影響は明らかである。友田によると「脳の傷は決して治らない傷ばかりではない。環境や体験，ものの見方や考え方が変わることで脳も変化する。子どもの脳は発達途上であり，可塑性という柔らかさを持っている」（友田，2016，22頁）。そのため，児童への対応は，形骸化されたものでなく，早い段階で介入し，一人ひとりの状況に合わせた対応が必要である。本人の気持ちの整理（言語化），虐待を受けた期間や内容によってアセスメントし，支援計画を立てていく。実践者として，児童の被虐待経験を理解し，自尊感情や自己肯定感，他者との関わりの回復に向けた養育者としての関わり，生きる力を育む心の教育を行うことである。トラウマに対する心のケアを行う心理的な治療やカウンセリング，様々な社会資源との調整を行うソーシャルワーカーなど，地域の関係機関の専門職が慎重に時間をかけて行っていく必要がある。

虐待等により保護者に監護させることが適当でない児童（要保護児童）は，児童養護施設等への入所となるが，多くの場合は，地域での継続した支援を行う要支援児童となる。家庭というみえにくい空間に介入して支援していくため

コラム　親へのケア「MY TREE プログラム」

虐待への対応として，これまで児童への対応が多く取り上げられてきました。しかし，加害者である保護者への対応は，まだまだ不十分です。先にも述べたように保護者は，加害者であり，被害者の場合も多いのです。筆者の経験からも，児童は児童養護施設等施設入所により，基本的生活習慣の獲得や自己の回復，人との関係づくり，基本的信頼感を回復させていく環境をもつことができます。しかし，保護者は子どもと離れたからといって自動的に，回復するわけではありません。もちろん一時は，子育ての不安やストレスから解放され落ち着くこともあるのかもしれませんが，むしろ，自らの関わりにより児童と離れたことで，自分を否定し責めたり，寂しさから別のものへと意識が向き児童のことを放っておいたり，引き離されたというストレスを生み関係機関に対して拒否的になり関係を拒んだりと，別の問題につながっていったことが思い返されます。

そこで，『虐待・親にもケアを』の著者でもある森田ゆり氏の MY TREE 取り組みを紹介します。これは先進的であり，すでにこれまで20年近く実践されてきた“親の回復プログラム”です。開発者である森田氏は，アメリカカリフォルニア州で子どもの虐待防止の業務を経て，虐待した親たちへの回復支援は，子育てスキルを教えることが養育支援ではないといいます。“人権”とは，人が生まれながらにもつ生きる力であるということをプログラムの土台にし，構成されています。自分の内面を掘り下げ見つめていく作業から次第に外とのコミュニケーションの力をつける練習や，自分と家族についての社会での位置づけを考え，気づく機会を取り入れています。

具体的には，瞑想やヨガ，感情の表出など自己を見つめる精神世界へといざない，心を解放することで自らに安らぎがもたらされていくということです。また，愛着の再形成のために誰もができることとして，夜寝る前に絵本を読み聞かせることが最善だということです。これは，子どもにとって安心できる寝る前という最も無防備な時間に寄り添いそばで過ごすことが，身体的なぬくもり，心理的な安心につながるということでしょう。

このプログラムの受講により，虐待につながる行動をストップさせた保護者は1000人を超し，現在その普及が，全国の児童相談所や市の担当局などの主催により実施されています。

これまで難しいとされてきた親支援により，児童虐待で傷つく児童がいなくなり，保護者も児童も人間として尊重された人権をもち，明るい社会の実現に向けて一人ひとりが生きる力を磨いてほしいと願います。

参考文献

森田ゆり（2018）『虐待・親にもケアを――生きる力を取り戻す MY TREEプログラム』築地書館。

には，インフォーマルな社会資源とも連携して，地域全体で見守り支え，育てていかなければならない。このような地域での取り組みとしては，昨今全国各地で展開されている「子ども食堂」がその一助として期待され，活躍がめざましい。児童が傷つくことがない未然予防への取り組みを基本に「ひょっとしたら」の気づきが早期発見につながることを意識しておきたい。

虐待する保護者に対する支援の課題

児童虐待をする保護者を断罪することでは，この問題は解決しない。児童虐待の背景としてあげたようなリスクのある家庭に対しての早期のアプローチ，積極的介入がカギとなる。これまで，「虐待かも……」と気づいても，「家庭の問題だし，よっぽどであれば，だれかが通報するだろう」と考えられていたことも，児童虐待防止法第６条にあるとおり児童虐待と思われる場合や，疑わしい場合は通報し，未然予防や早期発見のために地域が子育て家庭を包むきめ細やかなネットとなり，機能していかなければならない。それこそ子育ての社会化，広義の社会的養護である。

保護者側のリスク要因としてあげられるものに，望まぬ妊娠や若年での妊娠があり，その結果，子育てに意欲がもてないことや，子どもを受容することが困難な場合がある。また，保護者が妊娠，出産前後の時期に精神的に不安定な状況に陥ったり，元来性格が攻撃的・衝動的であったり，医療につながっていない精神障害，知的障害，発達障害等がある場合も考えられる。特に，保護者が精神的に未熟である場合は，育児に対する不安やストレスが蓄積しやすい。

さらに，児童虐待をする保護者もまた被害者である場合も多い。このように児童虐待が世代間で連鎖することは，しばしば起こりうるといわれている（虐待の世代間連鎖）。そのようなことも含め，保護者を否定すること，養育力を否定することは，適切支援とはいえず，保護者の気持ちに寄り添い，一緒に子育てをすることで，保護者もまた傷をいやし，適切な子育てへとアップデートし，養育力の向上に向けて専門職の姿からモデリングすることにつながる。

参考文献

厚生労働省（2009）『子ども虐待対応の手引き』。

厚生労働省（2016）「市町村児童家庭相談援助指針について」。
厚生労働省（2018a）「平成29年度の児童相談所での児童虐待相談対応件数（速報値）」（https://www.mhlw.go.jp/content/11901000/000348313.pdf 2019年1月15日確認）。
厚生労働省（2018b）「平成29年度福祉行政報告例の概況――児童虐待の相談種別対応件数の年次推移」（https://www.mhlw.go.jp/toukei/saikin/hw/gyousei/17/index.html 2019年1月15日確認）。
厚生労働省「児童虐待の定義と現状」（https://www.mhlw.go.jp/stf/seisakunitsuite/bunya/kodomo/kodomo_kosodate/dv/about.html 2019年1月15日確認）。
立花直樹・波田埜英治編著（2017）『児童家庭福祉論（第2版）』ミネルヴァ書房。
立花直樹・安田誠人・波田埜英治編（2017）『保育実践を深める相談援助・相談支援』晃洋書房。
友田明美（2016）「被虐待者の脳科学研究」『児童青年精神医学とその近接領域』第57巻第5号。
内閣府男女共同参画局「ドメスティックバイオレンス（DV）とは」（http://www.gender.go.jp/policy/no-violence/e_vaw/dv/indey.html 2019年1月15日確認）。
内閣府男女共同参画局（2018）「配偶者からの暴力に関するデータ」（http://www.gender.go.jp/policy/no_violence/e-vaw/data/pdf/dv_data.pdf 2019年1月15日確認）。
山下英三郎・石井小夜子編（2006）『子ども虐待――今，学校・地域社会は何ができるか』現代書館。

読者のための参考図書

森田ゆり（2018）『虐待・親にもケアを――生きる力を取り戻す MY TREEプログラム』築地書館。
――本書は，解決するためには親の回復が不可欠であること，そのためのプロセスとプログラムが述べられており，親の思いにも触れることができる。
木村草太ほか（2018）『子どもの人権をまもるために』晶文社。
――本書は，複数の執筆者による様々な立場の視点から，子どもの最善の利益を考えた権利擁護について解説されており，多角的に学ぶことができる。

第18章

不登校児童やいじめ被害児童への支援と理解

本章では，障害児と不登校やいじめとの関連について，主に発達障害に焦点を当てて考える。また，それらへの支援役割を担う社会資源や，関係機関・専門職との連携についても述べる。不登校といじめは，連続して起こるものではないが，関連性の高い概念である。本章では，不登校といじめが相互に関係し，影響し合うものであるとの認識の上に考えていく。

1 障害と不登校・いじめとの関連

障害児に対する社会からのまなざし

障害児に対する社会からのまなざしは，1980年代の国際障害者年を起点とするノーマライゼーション思想の導入，近年のソーシャル・インクルージョン概念や地域共生社会等の考え方の広まりによって，人間の多様性に対する理解が浸透し，その影響は障害児にも及んでいる側面がある。

上記の視点は，障害児の保育・教育の歴史においても，統合保育・統合教育の実施や，インクルーシブな教育の実施などによって，健常児と障害児を分け隔てて保育や教育を実施することよりも，子どもたちを同一の空間において共に育むことがよいとする思想の転換にも現れている。これらの概念の浸透は，子どもたちに「障害のある子どもたちに対する差別はよくないこと」や「彼らをいじめることはよくない」という考え方をすることを期待する福祉教育の側面も有しているといえよう。

では，このような障害児に対する差別や偏見の解消が目指される社会において，これらの子どもたちと，不登校・いじめとの関連はどのような様相を呈しているのであろうか。

近年の福祉思想は，障害のある子どもたちを分け隔てて育てることを嫌う。そのため，今日の障害児は，障害のない子どもたちとより多くの時間を過ごすことになる。そのことにより子どもたちは，人間の多様性を知り，社会には自分とは異なる様々な人が存在するということを学ぶことになる。それは，障害児にとっても，そうでない子どもにとっても有益である。

障害種別と不登校・いじめ

不登校やいじめ問題は，障害のある子どもたちにとっても無縁ではいられない。それは，障害を理由とした差別や偏見が解消されていない教室に通い，それらに対抗する手段を十分に発揮することのできない障害児にとって，自身がその当事者となる可能性を増大させる。

ひとことに障害児といっても，それは身体障害・知的障害や発達障害などの障害の種類による分類や，重度や軽度といった障害の程度に関する分類が可能である。ノーマライゼーションなどの福祉思想の浸透は，子どもたちが障害に対する理解を深め，社会的弱者に対する寛容さを育む機会を提供した。

しかし，それは重度の身体障害などの目に見えやすいものに対しては比較的容易に浸透したとしても，発達障害や軽度の身体障害・知的障害などに対しては，健常児との微細な差が明らかになることによって，かえっていじめの対象と認識される場合がある。また，障害児が，周囲との関係につまずく中で，学校に登校することをやめる不登校となる場合もある。

不登校・いじめとスクールカースト

近年，子どもたちの間では，「キャラ化」が進行しているとされている（土井，2009）。そこでは，教室内においてスクールカースト制が存在し，カーストの異なる人間は，互いに交わることがなく，日常生活圏から圏外化されている。カーストが異なる者同士は交流がなく，いじめの対象にはならないとされている（土井，2009，21頁）。

スクールカーストについては，鈴木による詳細な先行研究がある。それによれば，スクールカースト上位の生徒は，にぎやか・異性にもてる・若者文化へのコミットメントが高い・運動能力が優れているなどの特徴があり，カーストの低い生徒は地味で，特徴がないのがあえてあげる特徴であるとされる（鈴木，2012）。

これらの研究は，近年における子どもたちのコミュニケーションにおいては，カースト制の存在と，自分と異なるものを排除しようとするのではなく，自分と同質な者同士の微細な差が強く認識されることを明らかにしている。

このことは，「空気を読む」などのコミュニケーション至上主義の浸透と無縁ではない。ノーマライゼーションやソーシャル・インクルージョン思想は，健常者の障害者に対する理解の浸透に貢献した一方で，健常者とは少し物事の認識方法が異なるとされる発達障害のある子どもたちなどの異質性を顕在化させることにもなった。

特別支援学級に通う障害児の中で，不登校やいじめに遭うリスクが特に高いのは，これまで述べてきたような軽度の障害をもつ子どもたちである。

たとえば，重度の身体障害で常に医療的ケアが必要な子どもは，学校に通うことができないため，不登校やいじめに遭う可能性は低下する。その場合は，教師との個別のやりとりが重視され，他の子どもたちと日常的に交流するのは困難であろう。また，重度の自閉症のある子どもも，不登校やいじめに遭うリスクは高いとはいえない。それは，他者とのコミュニケーションによって関係を築くことが困難である特性をもつ自閉症児は，友人関係を築くことも難しく，上述の「空気を読む」ことがそもそもできないと認識されているため，ここでも教師との個別のやりとりが重視されることになる。

しかし，軽度の障害のある子どもは，その他の子どもたちとの小さな差が際立つことになる。たとえば，軽度の発達障害のある子どもは，「空気を読むこと」は苦手であるが，そのほかの日常生活は支障なく行うことができ，障害を可視化することは困難である。それは，障害の存在を覆い隠し，その障害を有する個人に責任を転嫁させることにつながる。

定型発達の子どもの側からみれば，自分と同じように，日常生活を送っている子が，空気を読むことができず，他者を不快にさせたり，集団の行動を乱したりするならば，その子と親しく接することはやめよう，できるだけ関わらないようにしようとなる。それはいじめとはいえないが，そのような行動が積み重なると，その対象となった子どもは，学校に居場所をなくし，登校しづらくなる。やがて，不登校となるリスクも高まるのである。

近年においては，コミュニケーション力がより重視される社会となり，それが低いとされる「コミュ障」の人々には，深刻な生きづらさをもたらすことになる（貴戸，2018，31頁）。生きづらさは，自己責任を原則とする個人主義が浸透した現代社会において登場した概念である。本章で取り上げている軽度障害をもつ子どもたちへの視点も，この考え方が紛れて入り込んでいるため，事態はより複雑である。

なお本章では，不登校やいじめを根絶することは念頭においていない。それは，不登校が悪いわけではなく，いじめは職場等の大人たちの間でも存在する現実があるため（金子，2007），それをなくす取り組みよりも，それへの対抗手段を身につけることが必要であると考えるからである。

しかし，障害児が不登校やいじめ問題に遭遇することは，決してよいこととはいえず，その解決や緩和を目指した取り組みは必要不可欠であろう。

2　障害と不登校・いじめに対する配慮と援助

子どもへの福祉教育

障害のある子どもが不登校やいじめに遭うリスクを減少させるためには，障害当事者に対する配慮や援助が欠かせない。

前節で取り上げた軽度発達障害の子どもの例は，子どもたちの多様性を認めようとする学校教育の中で，その成果を十分に上げることができていない現状を明らかにしている。また，障害のある子どもが，不登校やいじめに遭った場合には，その子どもに対する個別の理解とともに，周囲の子どもたちに対する配慮や援助も必要であろう。それは，周囲の大人が単に子どもたちに対して，「差別や偏見はよくないからやめよう」「いじめはやめよう」と話すだけにとどまらない。障害のある子ども一人ひとりについての，障害の特性やその症状について，周囲の子どもたちに話すことによって，障害児が不登校やいじめに遭う可能性を減少させることにつながる。具体的な取り組みの一つとして，以下で述べる社会福祉協議会における福祉教育をあげることができる。

教職員への支援

保育所や幼稚園，学校などに勤務する者も，様々な障害に対する深い理解が必要となる。子どもが不登校になる原因の一つに，教職員との関係がある。子どもたちがより楽しく元気に園生活や学校生活を送るためには，教職員との関わりは重要である。しかし，担任は，学級経営はできても，発達障害等の「気になる子どもに個別に対応することが欠けている」との指摘があり，子どもを支援していくためには，「学級担任を支える手立てを検討していくことが必要」（咲間，2010，9頁）である。

一方，中学校で情緒障害児の通級指導教室に勤務する藤本は，いじめや不登校などの学校不適応を起こす子どもは，事前に何らかの SOS を必ず出しているとし，そのような課題を抱えた子どもたちの相談窓口として通級指導教室を位置づけるだけでなく，教室巡回を積極的に行う中で，配慮が必要な子どもへの教師の理解と子どもへの支援方法について話し合える指導教室を目指すとしている（藤本・井澤，2008，173頁）。

本章において主題としている子どもたちに関わる教職員は，子どもたちから発せられるサインを見逃すことなく，より積極的に子どもたちの状態を把握し，サポートしていく姿勢，すなわちアウトリーチの姿勢が必要不可欠である。

特別支援教育に従事する教員からは，特別支援学校では，いじめの被害に遭い，他校より特別支援学校に転校してきた子どもが，重度障害の子どもを軽んじたり，いじめたりする現状や，小中学校の特別支援学級にいる子どもに対するいじめがあることが報告されている（藤田，2010，1～8頁）。その場に勤務する教職員は，このような現状を正確に把握し，子どものいじめ被害の予防，低減に努力する必要がある。

また，障害のある子どもたちが生活する場所は，学校だけではない。社会的養護の場にも，障害のある子どもたちは多数在籍している。また，近年，児童養護施設に入所する子どもたちの大半は被虐待児である。それらの子どもたちの中には情緒面や発達の側面で障害を有する者が含まれる。これらの子どもたちは，他者とのコミュニケーションをうまくとることができず，人間関係において困難を抱える場合が多い。被虐待児は，「いじめ・いじめられ関係」の中に巻き込まれやすい子どもである（宮内，2013，43頁）。このような課題を抱える子どもたちに対して，ソーシャルスキル・トレーニングを実施し，有効な結果を得たとする宮内の報告は，今後の社会的養護の現場における支援のあり方を考える上で，有益な視点を提供してくれるといえよう。

ここで取り上げた学級担任を支えること，子どもたちへのアウトリーチの姿勢を身につけること，いじめ被害の予防，低減への努力については，教員同士によるスーパービジョン，後述するスクールソーシャルワーカー等によるコンサルテーション，教育センターによる研修などによって実施されている。

3　障害児の不登校・いじめに関する社会資源

障害児の不登校・いじめに関する社会資源には様々なものがあるが，ここでは，フリースクール，教育センター，通信制高校，サポート校に焦点を当てて考えていこう。

フリースクール

フリースクールは，明確な概念がないまましばしば濫用されてきた歴史を有する。日本では1980年代からその運営の萌芽がみられた。田中の概念整理によると，フリースクールとは，活動内容の自由度，利用形態，学校復帰に対する姿勢，運営主体，学校法人格の有無によって峻別することが可能であるとされる（田中，2016，33頁）。これらが示しているのは，フリースクールがこれまでの学校教育とは異なった視点から，子どもたちを育もうとしているということである。

本章において主題としている子どもたちは，公的な学校制度の中で不登校やいじめに遭ったり，またその可能性を有する存在である。いじめや不登校という事象は，継続的に学校に通ったり，学校が「登校すべき場所」であるという前提の中で発生する。フリースクールは，その点を逆手にとり，子どもたちに公的な学校教育以外の居場所を提供しているのである。

フリースクールは，障害のある子どもたちを限定して受け入れる場所ではないものの，子どもたちが不登校やいじめから逃れるための居場所としても活用されている。また，フリースクールに通う障害のある子どもは，身体障害，精神障害，発達障害など多様なものがいる（庄司，2013，37～44頁）。

公的な学校制度は，「徹底して公共性を生む場」であるのに対し，フリースクールは，「共同的なリズム生成を強要され」ず，「触発されるとなると強い恐怖として体験されてしまう，そのような他者経験をせずにすむ」（遠藤，2013，149頁）というメリットがある。

その一方で，「『普通学級』へのインクルージョンを主張してきた障害者運動は，『多様な個性が生かされる教育』『多様な教育機会』は子どもの分別につながると批判的に捉えて」きた歴史があり，「フリースクールが子どもの分別に利用されないようにする仕組みづくり」（田中，2017，19頁）を整備していく必要がある。

教育センター

不登校・いじめを考える際，公的機関における社会資源の一つとして教育センターをあげることができる。教育センターでは，不登校・いじめ問題に対する解決のため，適応指導教室等を設置している。適応指導教室とは，「不登校の小・中学生が，再び登校できるように手助けをする教室[(1)]」である。

教育センターではほかにもいじめ問題に関し，子どもやその保護者から電話相談を受け付けている。このような公的機関の機能が十分に発揮されることは，不登校・いじめ問題の解決・緩和に向けた一助になろう。

通信制高校

障害のある子どもの不登校・いじめに関連する社会資源の一つとして，通信制高校をあげることができる。それは，発達障害等によって，全日制高校での不適応から，中途退学に至るケースや通信制高校への転校を余儀なくされるケースが多数存在すると考えられるからである（藏岡，2018，51～52頁）。

通信制高校は，1961（昭和36）年の学校教育法一部改正によって，全日制高校，定時制高校に次いで誕生した。今日における通信制高校は，「全日制高校には適応できなかった，あるいはできない可能性のある生徒の学校としてその役割を担うようになった」（尾場，2005，280～281頁）とされている。

藏岡によると，発達障害のある生徒の中学卒業後の進路を高等学校の課程別にみると，全日制1.8%，定時制14.1%，通信制15.7%となっており，通信制に進学する生徒が多い（藏岡，2018，51頁）。その一方，高等学校では，特別支援教育を実施するための取り組みの遅れが指摘されており，通信制高校においても同様の課題が生じている。

通信制高校は，「不登校，校内暴力，いじめ，中退問題といった教育問題が『無化』（意味をなさない状態になる）され」「固定したクラスがない通信制高校では，集団の凝集性が高まらず，いじめの素地となる集団圧力が生じにくい」（藏岡，2018，57頁）という特徴がある。さらに，通信制高校は「自分のペースで学習を進めることができる」（尾之上・綿巻，2010，40頁）とされている。このような特徴は，通信制高校が不登校やいじめの被害を受けた障害児の「セーフティネット」（尾場，2011，61頁）として機能している一面を浮かびあがらせる。

定型発達の子どもたちの多くは，高校までの学校教育を，ほとんど疑問なく通過する。それは，「制度化された教育」を暗黙のうちに正当化し，不登校などの学校に行けない（行かない）子どもたちを「例外」とすることで，制度から弾き出してしまうことにつながる。本章において主題としている子どもたちの置かれた現状を考えるとき，現在の学校教育のあり方を見直す必要性があるとする論考には説得力がある（東村，2004，140～154頁）。

サポート校

サポート校とは，「通信制高校に籍を置いている生徒の学習や生活を援助する教育施設」である。全国で約200校あるといわれており，要出席日数の少なさを特徴としている。生徒は，普段サポート校にて授業を受け通信制高校の単位取得や卒業を目指す（塩谷，2017，1頁）。通信制高校は，自由が大きい代わりに自らが主体的に学ぶ姿勢が求められるため，生徒一人では意欲を維持することが困難な側面がある。しかし，サポート校の存在は，そこに通うことによって，生徒の生活リズムを整え，基礎学力を身につけることにとどまらず，対人関係を維持・構築していく上でも貴重な社会資源であるといえる。

4　問題解決と支援，関係機関・専門職との連携

スクールソーシャルワーカー

本章の主題である障害児の不登校・いじめに対応する専門職としてまずあげることができるのは，スクールソーシャルワーカー（以下，SSW）である。SSW は，学校を主な実践現場とし，社会福祉の視点から問題の解決・緩和を図る相談援助の専門職である。SSW は，今日の日本においてはまだ十分に定着しているとはいい難い。しかし，本章で取り上げている問題には，SSW の力が必要不可欠である。SSW は，1995（平成7）年に心の専門家としてスクールカウンセラーが導入されてから10年以上遅れて，2008（平成20）年に制度化された。これは，同年に文部科学省が SSW 活用事業を開始したことに起因する。SSW は，「主に県や市町村の教育委員会に配置され，学校からの依頼に応じ対応する派遣型と主に小学校や中学校などの学校に配置され学校内のケースに対応する学校配置型がある」（木村，2017，56～58頁）とされている。

本章において取り上げている問題は，主に子どもたちが集まる保育所・幼稚園や学校において発生するといえる。そのため，この問題に関係する機関としてあげることができるのは，学校等の教育機関である。そこでは，上記にあげたスクールソーシャルワーカーのほかにも，教員の役割が重要である。また，それは学級担任だけを示すのではなく，養護教諭等を含めた，より一体的な連携・協力が必要である。

学童保育，放課後等デイサービス

子どもたちが，日中の居場所として過ごすことの多い学童保育所や放課後等デイサービス等も重要な社会資源となる。ここでは，子どもたちが普段の学校生活の中ではみせない新たな顔や，違った側面を表面化させる場合があり，そこに携わる職員の役割は重要である。

社会福祉協議会

社会福祉協議会が実施する福祉教育もこの問題の解決・緩和には欠かせない。

コラム　進むキャンパスソーシャルワーカーの配置

障害のある子どもたちは，やがて青年期に達しそれぞれの進路を歩むことになります。その一つの選択肢として大学進学があります。今日の大学では，発達障害の学生，精神疾患を抱えている学生，不登校の学生，友人関係に悩む学生など，大学からの組織的な支援を必要とする学生が増加しています。そこで，大学内でソーシャルワークを実践するキャンパスソーシャルワーカーを配置する大学が増加しています。

日本の大学において，初めて「キャンパスソーシャルワーカー」という名称を用いて，ソーシャルワーク専門職を全学的・組織的な取り組みによって配置したのは，大分大学でした。その源流は，2006（平成18）年に同大学の学生支援課が「キャンパスなんでも相談」を開設したことにあります。

上記の特徴は，文字通り，不登校傾向のある学生に対して，キャンパスソーシャルワーカーを含む多職種チームがアウトリーチを実践していくことにあります。

大分大学で実践されたアウトリーチ型支援は，①不登校傾向の予防と早期識別，②不登校傾向の学生へのアウトリーチ，③３つ（心理・社会的支援，家族支援，学習支援）の専門的支援，④支援体制の強化に分類されます。上記①～③を実施するための場所として，2008（平成20）年に「ぴあ ROOM」が開設されました。そこでは，「相談室」「フリースペース」「学習サポートデスクコーナー」が設けられました。

上記のような取り組みが全国各地の大学において展開されている一方で，課題もみえてきています。大学で働くキャンパスソーシャルワーカーの多くは，任期制や非常勤等の不安定な雇用を余儀なくされています。そのため，キャンパスソーシャルワーカーは短期間で，実績を出す必要性に迫られ，落ち着いて業務に従事することが困難な状況にあるといえます。

また，大学内でキャンパスソーシャルワークの存在意義が浸透していない職場においては，連携等の業務遂行をしていく上で，キャンパスソーシャルワーカーは様々な「壁」を感じざるを得ない側面があります。多様なニーズをもった学生が大学内に居場所をつくり，学生生活における様々な悩みを共に解決してくれる存在として，キャンパスソーシャルワーカーは必要不可欠です。キャンパスソーシャルワークの進展は，本章で主題としている子どもたちが，安心して将来を歩いていくためにも望まれることです。

参考文献

平塚良子・鹿嶋隆志・武宮律子・渡邉幸恵（2011）「大学における学生支援のためのソーシャルワークモデル導入の意義――キャンパスソーシャルワーカーの実践から」『大分大学大学院福祉社会科学研究科紀要』15，１～15頁。

障害児が，障害があることによって，普段どのようなことに困っているのか，また，当事者に対し，どのように働きかけることが周囲には望まれているのかを知ることは，子どもたちの理解を促進し，いじめの減少につながるであろう。さらにそれは，障害のある子どもが日常生活を送りやすくすることにもつながるため，不登校の発生を防ぐことにもなる。

本章において取り上げたこれらの関係機関，専門職は単独で業務を行うのではなく，相互に連携を保ちながら業務を遂行していくことが，不登校・いじめに関する問題を解決していく上で不可欠である。

注

(1) 高崎市教育センターホームページ「適応指導教室」(http://swa.city.takasaki.gunma.jp/ky-center/ 2019年２月15日確認)。

参考文献

遠藤野ゆり（2013）「発達障害のある不登校児の集団への馴染みがたさについての現象学的考察――学校とフリースクールにおける共同性の違いに定位した研究方法論」『法政大学キャリアデザイン学部紀要』10，149頁。
尾場友和（2005）「通信制高校の正当性に関する研究――生徒の学校に対するまなざしの変容を中心として」『人文論究』55（1），280～281頁。
尾場友和（2011）「オルタナティブな進路としての通信制高校――入学者の属性と意識」『広島大学大学院教育学研究科紀要』60，61頁。
尾之上高哉・綿巻徹（2010）「思春期に不登校を呈した学習障害のある一少年への支援――その少年の学習行動や対人行動の変容過程」『特殊教育学研究』48（1），40頁。
金子雅臣（2007）『職場いじめ――あなたの上司はなぜキレる』平凡社。
貴戸理恵（2018）『「コミュ障」の社会学』青土社。
木村淳也（2017）「児童生徒の孤立」牧田満知子・立花直樹編『現場から福祉の課題を考える　ソーシャル・キャピタルを活かした社会的孤立への支援――ソーシャルワーク実践を通して』ミネルヴァ書房，56～58頁。
蔵岡智子（2018）「通信制高校における特別支援教育とは――発達障害の特性を持つ事例を通して」『崇城大学紀要』43，51～52，57頁。
咲間まり子（2010）「学校不適応児童生徒の現状と課題――病弱特別支援学校の変容を通して」『岩手県立大学社会福祉学部紀要』12（2），９頁。
塩谷隼平（2017）「サポート校における構成的グループ・アプローチの実践」『東洋学園大学紀要』26，１頁。

庄司証（2013）「発達障がいのある生徒に対する支援機関としてのフリースクール――chefoo International Christian School における中学校卒業後の生徒の場合」『学校教育学会誌』18，37～44頁。
鈴木翔（2012）『教室内カースト』光文社。
田中佑弥（2016）「日本における『フリースクール』概念に関する考察――意訳としての『フリースクール』とその濫用」『臨床教育学論集』8，33頁。
田中佑弥（2017）「フリースクールの制度化に関する考察――不登校生支援のあり方をめぐる論争を中心に」『臨床教育学研究』23，19頁。
土井隆義（2009）『キャラ化する／される子どもたち――排除型社会における新たな人間像』岩波書店。
東村知子（2004）「サポート校における不登校生・高校中退者への支援――その意義と矛盾」『実験社会心理学研究』43（2），140～154頁。
藤田裕司（2010）「特別支援教育論考（3）」『大阪教育大学障害児教育研究紀要』33，1～8頁。
藤本優子・井澤信三（2008）「中学校における情緒障害児通級指導教室の現状に関する一考察」『発達心理臨床研究』14，173頁。
宮内俊一（2013）「問題行動とコミュニケーション――児童養護施設におけるソーシャルスキル・トレーニングの実践と成果」『名寄市立大学紀要』7，43頁。

読者のための参考図書

土井隆義（2009）『キャラ化する／される子どもたち――排除型社会における新たな人間像』岩波書店。

――今日の子どもたちは，コミュニケーション至上主義に晒されている。そうした中で，学校内において子どもたち同士がどのようにコミュニケーションを図りながら生活を営んでいるのかを「キャラ」という視点から考察している。本章において主題となっている子どもたちにも大いに関係する文献である。

牧田満知子・立花直樹編著（2017）『現場から福祉の課題を考える　ソーシャル・キャピタルを活かした社会的孤立への支援――ソーシャルワーク実践を通して』ミネルヴァ書房。

――ソーシャルワークの視点から，現代社会に生じる様々な課題に関して多角的に分析が行われている。この本の第4章では，木村淳也によって「児童生徒の孤立」が不登校生徒の事例から考察されており，必読である。

第19章

非行児童への支援と理解

本章では，非行児童と障害の関連について触れる。障害が原因となり非行を行うという考え方は間違っている。しかし，児童の障害に周囲が気づかなかったり，適切な支援や指導を行わなかったりするケースの中には，ときとして子どもが疎外感や孤独を感じ，その結果として非行行為を行うことも見受けられる。ここでは，非行児童の実態，非行支援機関や支援体制などについて述べる。

1 非行児童の実態

非行の定義

「子ども」に関する用語の定義は法律によって様々である（表19-1）。児童福祉領域に関する法律である児童福祉法においては，「児童」は「満18歳に満たないもの」（第4条）と定義されている。一方，学校教育に関する法律である学校教育法では，「児童」というと初等教育を受けている者，つまり小学校課程（特別支援学校も含む）に在籍するものを指す。中学校課程や高等学校に在籍する者，中等教育を受けている者については「生徒」とされている。他に子どものことに関する法律としてあげられる少年法では，満20歳未満の者に対し「少年」という言葉が用いられている（第1条）。このように，使用される法律によってその名称や対象年齢は微妙に異なっている。

少年法では，非行児童をその状況によって3つに区別し定義している（表19-2）。まず，14歳以上で罪を犯した少年については「犯罪少年」，14歳未満で罪を犯した少年は「触法少年」，性格や養育環境に鑑みて将来罪を犯したり，刑罰法令に触れる行為をするおそれがあると認められる少年については「ぐ犯

表19－1　法律ごとの「子ども」の定義について

児童福祉法	「児童」…満18歳に満たない者
学校教育法	「児童」…初等教育を受けている者 「生徒」…中学校課程や高等学校に在籍する者
少年法	「少年」…満20歳未満の者

表19－2　少年法における非行少年の3つの定義

犯罪少年	14歳以上で罪を犯した少年
触法少年	14歳未満で罪を犯した少年
ぐ犯少年	性格や養育環境に鑑みて将来罪を犯したり，刑罰法令に触れる行為をするおそれがあると認められる少年

少年」としている。犯罪少年のうち，刑法犯で警察に検挙された14歳以上20歳未満の少年については刑法犯少年とされる。なお，14歳未満の少年については刑事責任を問わないことが定められている。ほかに非行児童には該当しないものの，飲酒，喫煙，深夜徘徊，そのほか自己または他人の徳性を害する行為をした少年については不良行為少年という。

2018（平成30）年の警察庁統計（警察庁，2019）によると，検挙された者のうち刑法犯少年は2万3489名（2008〔平成20〕年には9万966名，2013〔平成25〕年には5万6469名で，その数は徐々に減少している），年齢別の内訳としては中学生が4635名，高校生が9166名，大学生が1362名，その他学生が755名，有職少年が4607名，無職少年が2964名と若年層の割合が多いことがうかがえる。触法少年の数は6969名である。2008（平成20）年には1万7568名，2013（平成25）年には1万2592名とその数は減少している。年齢別にみると未就学が11名，小学生が3578名，中学生が3380名となっている。ぐ犯少年は1150名であり，その数は2008（平成20）年以降微増減を繰り返している。このように，全体としては少年犯罪の数は減少しているものの，近年では振り込め詐欺による補導数や検挙数の増加，性犯罪の低年齢化などがみられる（警察庁，2018）。

次項では，その相談援助機関や処遇までの過程について述べる。

相談援助機関について

非行は家庭，学校，地域のそれぞれが抱えている問題が複雑に絡み合い起こっていることから，それぞれが一体となった非行防止と立ち直り支援の推進が試みられている。内閣府（2018）の『子供・若者白書』では以下のように示されている。

①　「サポートチーム」（内閣府，警察庁，法務省，文部科学省）

学校，警察，児童相談所，保護観察所といった関係機関がチームを構成し，適切な役割分担のもとに連携して対処するものである。関係機関は，日常的なネットワークの構築などを通じて，「サポートチーム」の編成やその活動において緊密な連携を図っている。警察庁と文部科学省は，サポートチームの効果的な運用を図るため，管区警察局との共催により問題行動に対する連携ブロック協議会を開催し，緊密な連携を図っている。

②　学校と警察の連携（警察庁，文部科学省）

子どもの非行や校内暴力を防止するためには，学校と警察が密接に連携する必要がある。このため，警察署の管轄区域，市町村の区域等を単位に，すべての都道府県で学校警察連絡協議会が設置されている。2017（平成29）年４月現在，全国の小中学校，高等学校の約98％の参加を得て，約2300組織の学校警察連絡協議会が設置されている。また，非行防止や健全育成を図るため，都道府県警察と都道府県教育委員会などとの間で締結した協定や申し合わせに基づき，非行少年，不良行為少年，その他の健全育成上問題を有する子どもに関する情報を警察・学校間で通知する「学校・警察連絡制度」が各地で構築されている。

③　スクールサポーター（警察庁）

警察は，退職した警察官などをスクールサポーターとして警察署などに配置し，学校からの要請に応じて派遣するなどしている。スクールサポーターは「警察と学校の橋渡し役」として，学校における子どもの問題行動への対応や，巡回活動，相談活動，安全確保に関する助言を行っている。2017（平成29）年４月現在，44都道府県に約860人が配置されている。

④　更生保護サポートセンター（法務省）

処遇活動，犯罪予防活動をはじめとする更生保護の諸活動を一層促進するための拠点である「更生保護サポートセンター」が，2017（平成29）年度現在，全国に計501か所設置されている。保護司が駐在し，教育委員会や学校，児童相談所，福祉事務所，社会福祉協議会，警察，ハローワークといった様々な関係機関・団体と協力し，保護観察を受けている人の立ち直り支援や，非行防止セミナー，住民からの非行相談等を行っている。

⑤　法務少年支援センター（法務省）

少年鑑別所は，「法務少年支援センター」として，非行・犯罪に関する問題や，思春期の少年たちの行動理解等に関する知識・ノウハウを活用して，少年や保護者などの個人からの相談に応じて情報の提供・助言等を行っているほか，地域における非行・犯罪の防止に関する活動や，健全育成に関する活動の支援を行っている。

処遇までの過程について

少年事件の発生後，警察官や検察官などから裁判所に事件の内容が送られる。その後，調査や審判を経て，家庭裁判所は非行を犯した少年を改善・更生させることを目的として処分を行う。その具体的なものとしては，保護処分決定，検察官送致，不処分などがあげられる。保護処分決定には，保護観察官や保護司などの指導・監督を受け，家庭などで生活しながら更生できると判断された場合は「保護観察」，家庭等での生活では更生が難しく再び非行を犯すおそれが強いと判断された場合には「少年院送致」，開放的な施設での生活指導が適切と認められた場合には「児童自立支援施設送致」となる。児童自立支援施設は，児童福祉施設の一つであり18歳未満の児童が対象となるため，比較的低年齢の少年が対象となることが多い。家庭裁判所の教育的な措置によって，少年の更生が見込めると思われる場合には，不処分となる場合もある。少年院は，少年の健全な育成を図ることを目的とした矯正教育であり，社会復帰支援等を行う法務省所管の施設である。

法務省ホームページによると，少年院ではおおむね12～20歳までの少年を収容している。在院者の処遇の段階は，３級，２級，１級の３つに区分されており，それぞれの段階に応じた教育目標や教育内容が設定されている。少年院における矯正教育の内容は，生活指導，職業指導，教科指導，体育指導および特別活動指導からなり（表19－3），必要性や施設の立地条件等に応じた特色のある様々な教育活動が行われている。また在院中だけでなく，その後の円滑な社会復帰を図ることを目指し，様々な関係機関と連携を図りながら，在院者の帰住先や就労先を確保するなど社会復帰支援にも力を入れている。

少年刑務所は，少年という名称であるものの26歳未満の受刑者を収容する刑

表19－3　少年院における矯正教育の内容

生活指導：善良な社会人として自立した生活を営むための知識・生活態度の習得
職業指導：勤労意欲の喚起，職業上有用な知識・技能の習得
教科指導：基礎学力の向上，義務教育，高校卒業程度認定試験受験指導
体育指導：基礎体力の向上
特別活動指導：社会貢献活動，野外活動，音楽の実施

出所：法務省ホームページ「少年院」。

務所であり，全国で7か所の施設がある。前出の少年院は，保護処分の一つである少年院送致によって少年に対して教育を行う施設で，刑を執行する刑務所とは性質が異なっている。受刑者の中には，義務教育を修了していない者や，たとえ修了していても学力が不十分な者が少なくない。そのような受刑者には小中学校の教科の内容に準ずる指導を行っている。学力向上を図ることが円滑な社会復帰に役立つと認められる場合には，高等学校または大学に応じた指導を行うこともある。

少年鑑別所は，2015（平成27）年施行の少年鑑別所法に基づき業務を行う施設で，各都道府県庁所在地など全国で52か所に設置されている。少年院とは異なり少年を教育する施設ではなく，生活態度などについて助言や指導を行う場所である。法務省ホームページによると，少年鑑別所は，①家庭裁判所等の求めに応じ鑑別を行うこと，②観護の措置の決定が執られて収容している者等に対して観護処遇を行うこと，③地域社会における非行および犯罪の防止に関する援助を行うことを目的とする法務省所管の施設である。在所者は，落ち着いた気持ちで審判を受けることができるよう，規則正しい生活を送り，少年鑑別所は健全な社会生活を営むために必要な基本的な生活習慣等に関する助言・指導を行っている。また，健全な社会生活を営むための知識および能力を向上させることができるような学習支援や読書や講話の時間，季節の行事等の機会を設定している。

2　障害と非行の関係

発達障害と非行

何らかの非行行為を行い少年院や児童自立支援施設に入所している子どもの

中には，発達障害のある子どもが含まれることが指摘されている（玉城・神園，2013；内藤・高橋，2015）。この点を論ずる前に，必ず理解しておかねばならないことは，非行・犯罪と障害には直接的な関係は認められないという点である。たとえ障害があっても，非行や犯罪とは無縁の人生を歩むものの方が一般的である。非行や犯罪につながる場合，それは障害から起こるものではなく，障害に対する周囲の理解や適切な支援が得られないことなどから生起する場合があるというものである。障害のある子どもの中には，障害特性から起こる社会の中での生きづらさがあったり，幼少期からの育てにくさから保護者より不適切な養育を受けることがあり，そのことが反社会的な行動につながっていく可能性が潜んでいることに配慮しなければならない。

内藤・高橋の全国にある少年院の職員に対する調査結果では，「認知・理解力の困難」をあげたものが20.2%，「不注意・注意転動」が9.6%，「不器用さ・身体の動きにくさ」が8.6%であったことを報告している。「認知・理解力の困難」の項目においては，「言葉で説明をすることが苦手である」「言語理解が低い，語彙力が乏しい，指導や指示を理解できない」といった内容があげられた。「不注意・注意転動」の項目では，「落ち着きがない」「集中力が続かない」などがあげられた。また「不器用さ・身体の動きにくさ」の項目では，対人関係面では問題がなく，一見「発達障害等の調査該当者ではない」と捉えられがちな少年の中に，身体の不器用さを抱えている少年が少なからずいることが明らかにされた。具体的には「手と足をうまく動かせない，音楽やリズムに合わせて行進等ができない」などである。また「力加減ができない」ことから起こるトラブル（他者を叩いてしまうなど），「洋服がうまく着替えられない」など身辺自立の困難さを抱えている者がいることが報告されている（内藤・高橋，2015）。

児童自立支援施設における発達障害の疑いのある児童の割合について，龍田らは39.4%であったことを報告している（龍田ほか，2008）。厚生労働省によると児童自立支援施設に在籍するもののうち47%には，発達障害・行動障害等があるとし，特別なケアを必要とするケースが増加していることを報告している（厚生労働省，2017）。田中は，児童自立支援施設や児童養護施設を何度も訪れ，子どもたちや職員と話をする中で，そこで過ごす子どもたちの生きにくさへの気づきがあったことに触れ，その子どもらが，①家庭での不適切な養育を受けてきた子ども，②発達障害の存在が疑われる子ども，③結果，非行・反社会的行動を行う子どもの３つに集約されると述べている（田中，2012）。

橋本は，発達障害児は周囲や環境とのバランスが取れず，その結果として法規範などの枠を逸脱してしまう場合があることを指摘している。特に自我が成長する児童期から青年期にかけてその傾向が高まり，警察沙汰になるような非行問題にまで発展してしまうことがあるという。そして，生活そのものの上手くいかなさが逸脱行為と結びつきやすいと述べた。具体的には，イライラして他者に対して暴力的になってしまう背景に，実は最近ゲームに夢中になり深夜まで起きていることが増え，そのため睡眠不足になっていたことがあったという。このように彼らの暴力行為などの行動だけを取り出して検討するのではなく，生活上のつまずきがないかという視点から生活全般にアプローチしていくことの重要性を指摘している（橋本，2012）。

知的障害と非行

厚生労働省は，2013年に社会的養護施設に対して調査を行い，児童自立支援施設に在籍する知的障害のある児童が225名（総数に占める割合は13.5%）であったことを明らかにしている。宍倉は，児童自立支援施設を退所後，児童が特別支援学校に進学することがあるが，中には保護者や本人が障害を認識できておらず，そのようなケースでは学校や児童相談所はそれを保護者や本人に伝えられていないことがあると指摘し，特別支援教育への移行が困難になっている事例があることを述べている（宍倉，2016）。

知的障害があるにもかかわらず，そのことが理解されておらず適切な支援が受けられていない場合，児童は学校での授業内容が十分理解できないことがある。学習内容だけでなく，友達との関係が上手く構築できず，仲間はずれにされたり，本人が周囲から馬鹿にされていると思ったり，疎外感を感じてしまうこともある。家庭においても，本人の知的障害が保護者に十分に認識されていない場合，成績不良の原因が怠惰として認識されることがあり，保護者から常に厳しく叱責されたり，心理的・身体的虐待など不適切な養育を受け続けることになる。そのようなケースでは子どもの自己肯定感が低くなったり，学校にも家庭にも自らの居場所がないと感じてしまうこともある。

上述の宍倉（2016）は中学生以降にコミュニケーションの困難な状況が広がっていく中で，特に通常学級に在籍する「知的な遅れのない発達障害」や「知的障害の境界圏」にある児童生徒に触れ，この時期に障害が発見されたとしても，すでに逸脱行動がかなり進んでいることがあり，学校だけでの対応が困難になるケースが多くみられることを指摘している。

3　学童期・生徒期における支援

児童福祉領域における支援

児童福祉領域における非行児童への支援としては，1つ目に最も大きな役割を担っているといえる児童自立支援施設があげられる。児童福祉法第44条で規定されているように「児童自立支援施設は，不良行為をなし，又はなすおそれのある児童及び家庭環境その他の環境上の理由により生活指導等を要する児童を入所させ，又は保護者の下から通わせて，個々の児童の状況に応じて必要な指導を行い，その自立を支援し，あわせて退所した者について相談その他の援助を行うことを目的とする施設」である。これまでその施設の特性から，寮長とその妻が一つの建物の中で少人数の子どもとともに生活するという夫婦小舎制が取られることが多かった。近年では職員の勤務体制や労務管理などの面から異なる体制が取られるようになっている施設もある。これまでの生育歴から生活上のルールやマナーが身についていなかったり，大人との信頼関係の構築が困難なケースが多い入所児童に対して，温かい家庭的な雰囲気のもと，自立を目指した関わりが行われている。また入所している児童生徒は学齢期にある。そのため児童自立支援施設の長は，施設に入所中の児童を就学させなければならないことになっており（児童福祉法第48条），入所児童は昼間，地域の小中学校への通学や施設内における分校・分教室などにおいて学習を行うものとなっている。

2つ目としては，児童養護施設があげられる。児童自立支援施設を退所後，家庭復帰が困難な児童が，児童養護施設へと入所するケースがある。また，児童養護施設で生活する児童の中にも，非行行為を行うものがいる。職員たちは，

コラム　デンマークにおける非行少年への支援

日本では非行少年に関わる施設として，児童自立支援施設，少年院，更生保護施設などがあり，子どもが社会の中で生きていく力を身につけられるような支援が行われています。一方，子どもらの社会復帰の難しさの一つに，就労の問題があります。本人に就労の意思がある場合でも，保護者が十分な養育能力を持ち合わせていないために，子どもを精神的，物理的，経済的に支えてくれる環境が整わないことがあります。また，雇用側にも子どもの非行といったこれまでの経歴への偏見があり，就労先がなかなかみつからないというケースもあります。

デンマークでは，非行少年や若年で罪を犯した者の社会復帰支援として，国家レベルで就労支援を行う「ハイ・ファイブ」という機構が設けられています。2006年に創設され，前科のある者，犯罪から抜けだそうとする若者を支援する団体です。その主な活動は，①仕事・教育をみつけること，②仕事先・学校と若者をつなぐことです。運営に関する予算は労働省から資金の提供があり，2013年からは２億６千万円となっています。

その支援の対象者は「前科があり矯正施設に入っている・出てきた者」のうち，「自力での就労が可能で支援不要の者」「精神的・身体的に職場や学校への復帰が困難なために支援不能の者」を除いた６割に対して支援を行っています。

具体的には，支援を受けることを希望する若者に対して，「ハイ・ファイブ」が面談を行い将来の就職や就学についての希望を聞き取り，就労への準備ができていると判断された場合は企業に紹介を行います。企業は通常と同様の手続きで採択を決めることができます。成果については，この取り組みを受けた若者の81％が再犯を犯すことがなかったと報告されています。

参考文献

松澤伸（2015）「デンマークにおける非行少年・若年成人犯罪者の社会復帰支援の一断面――就労支援機構『ハイ・ファイブ』の活動を一例として」『早稲田大学社会安全政策研究所紀要』第８号，３～16頁。

根気強く丁寧に，自立に向けた関わりや支援を長期的・継続的に行っている。

３つ目として児童相談所があげられる。犯罪行為を行った児童については家庭裁判所が処分を決定するが，児童を児童福祉機関の指導に委ねることが適当と認められる場合，都道府県知事または児童相談所長に事件が送致される。

教育領域における支援

教育領域においても様々な取り組みが行われている。

警察庁や文部科学省は，警察が職員を学校に派遣したり，非行防止教室を開催するなどしている。具体的な非行事例などを題材として子どもに語りかけ，子ども自身の規範意識の向上を図ろうとしている。

法務省では，保護司が直接小中学校を訪れ，非行や薬物問題をテーマにした非行防止教室を開催している。また，子どもへの指導方法などについて教師との協議を通して，児童生徒の非行や犯罪の未然防止と健全育成を図っている。

近年，学校内において様々な暴力行為，SNS を利用したいじめによる自殺など児童生徒による重大な事件が発生している。そのため学校においても安心して学習できる環境づくりをはじめ，命を大切にする授業や情報社会の中でのモラルやマナーについての指導が行われている。

参考文献

警察庁（2018）「平成29年中における少年の補導及び保護の概況」（https://www.npa.go.jp/safetylife/syonen/hodouhogo_gaikyou/H29.pdf 2018年12月13日確認）。

警察庁（2019）「平成30年における少年非行，児童虐待及び子供の性被害の状況（改定版）」（https://www.npa.go.jp/safetylife/syonen/hikou_gyakutai_sakusyu/H29-revise.pdf 2018年12月13日確認）。

厚生労働省（2017）「児童養護施設等について」新たな社会的養護の在り方に関する検討会・参考資料。

宍倉悠太（2016）「発達障害を有する非行少年，不良行為少年の再犯防止に関する考察――実態調査結果をもとに」『国士館法学』第49号，425～463頁。

龍田希・北洋輔・知名青子・笹原未来・福田愛・斉藤未紀子（2008）「発達障害児の社会自立に向けたカリキュラム作成に関する研究（Ⅰ）　児童福祉施設における実態調査」平成20年度大学院生中心プロジェクト型共同研究（東北大学大学院教育学研究科）。

田中康雄編（2012）『児童生活臨床と社会的養護――児童自立支援施設で生活するということ』金剛出版，7頁。

玉城晃・神園幸郎（2013）「児童自立支援施設における発達障害のある児童生徒への指導・支援に関する研究――施設併設の分校・分教室における教育的支援について」*Asian Journal of Human Services,* 5, pp. 64～77.

内閣府（2018）「非行・犯罪に陥った子供・若者の支援等」『子供・若者白書』。

内藤千尋・高橋智（2015）「少年院における発達障害等の特別な配慮を要する少年の

実態と支援に関する調査研究――全国少年院職員調査を通して」『東京学芸大学紀要．総合教育科学系』66（2），107～150頁。
橋本和明（2012）「生活臨床の実践」田中康雄編『児童生活臨床と社会的養護――児童自立支援施設で生活するということ』金剛出版，50～52頁。
法務省ホームページ「少年院」（http://www.moj.go.jp/kyousei1/kyousei_kyouse04.html 2018年1月10日確認）。

読者のための参考図書

松嶋秀明（2005）『関係性の中の非行少年――更生保護施設のエスノグラフィーから』新曜社。
――当事者との会話分析を通して，「非行は，少年やその家族に問題がある」という社会の中にある「あたりまえ」を再考している。

寮美千子編（2011）『空が青いから白をえらんだのです――奈良少年刑務所詩集』新潮文庫。
――少年刑務所内での更生教育の場で生まれた57編の詩。少年らが自分に向き合う中で，生き方への苦悩，母親を慕う気持ちなどが素直に表現されている。

第20章

外国籍の児童やLGBTの児童への支援と理解

本書のタイトルと照らし合わせて，「外国籍やLGBTは障害か？」と疑問や違和感を抱いた読者もいるだろう。国籍や性は障害ではないが，支援の現場では外国籍やLGBTなど「マイノリティ（少数者）」となる児童とその保護者に対する適切な配慮と対応が求められ，今後もそのニーズは増加していくと予想される。国籍や性は「自分とは何か」というアイデンティティ（identity：自己不変性）の確立に直結した要素であり，人の生涯発達と人格形成を支える土台となる。これから対人支援を目指す読者には，マイノリティと位置づけられる人々への先入観や偏見の存在を認識し，多様性について正しい知識と理解を得続けようとする姿勢が望まれる。

本章は，マイノリティの児童とその保護者の対応にあたる上で必要な知識基盤を備えることを目的に，今日の日本における外国籍とLGBTという立場をそれぞれ概観し，児童支援の現場で直面しやすい多様性に関連した問題をいくつか紹介する。

1 マイノリティと多文化共生

マイノリティはマジョリティ（多数者）の対概念とされるが，国際的に統一された定訳があるわけではない。男性に対する女性のように，数は多くても被支配者集団としてマイノリティに位置づけられる場合もあり，その文脈に応じて多義的に使用される。国際情勢の変化に伴う人・物・金の移動によって世界はボーダレス化が進み，日本でも様々な面でマジョリティとは異なる人々が同じ生活の場で暮らすようになった。肌や髪の色など目に見える違いだけでなく，価値観や信条といった目に見えない違いも含めてお互いの多様性を認め合い，対等な関係を築こうとしながら共に生きていく「多文化共生の地域づくり」が今日の社会的課題となっている。

2　国籍や性におけるマイノリティとは

多文化共生の実現が求められる日本では，国籍や性においてマイノリティとなる人々への関心が高まっている。以下に，日本における外国籍や外国につながりのある児童と LGBT の児童について概説する。

外国籍の児童や外国につながりのある児童

2018（平成30）年６月現在，３か月以上の日本在留資格をもつ外国人数は263万人を超え，京都府とほぼ同じ人口規模となっており，そのうち０～18歳までは約11％を占めている。かつて日本に暮らす外国人の大半は歴史的背景から朝鮮半島出身の在日韓国人・朝鮮人だったが，1970年代には中国からの帰国者である残留孤児や残留婦人，1980年代には社会主義体制に移行したベトナム・ラオス・カンボジアからのインドシナ難民が来日した。そして1980年代後半にバブル経済の好景気によって主にアジア諸国からの外国人労働者が入国し，1990（平成２）年６月の「出入国管理及び難民認定法」（略：入管法）改正後はブラジルやペルーなど中南米からの日系人労働者が急増した。

こうした移民背景のある人々が日本で暮らし始めると，異文化適応や日本語習得の難しさが注目されたが，その子どもらのおかれた状況はさらに深刻であった。日本での就学は親の教育観や家庭環境に左右されることが多い。定住目的のない大人が日本における子どもの教育を重視しなかったり，また子どもが就学しても日本の学校生活になじめず不適応を起こしてしまったりなど，対応の難しいケースが相次いだ。

そして入管法改正から20年近くが経過した2019（令和元）年現在，外国につながりのある児童の背景はさらに多様になっている。親の就労事情などで新たに来日する外国籍児童のほか，外国籍でも親の定住化により日本で生まれ育った児童，帰化して日本国籍を取得した児童，親のどちらかが日本人で日本国籍をもつ児童，日本国籍でも海外に長期滞在していた児童，二重国籍の児童，日本国籍でも日本語に接する機会が少なく語学教育が必要な児童，外国籍でも母国語が話せない児童など，どのような配慮や支援が必要なのか国籍だけでは判別が難しいケースが増えている。

また，日本では外国籍の児童は就学義務が課せられない。この制度的な影響もあり，外国につながりのある不就学の児童は相当数いると推測されている。しかし，国の対応は自治体任せになっており，その自治体の対応にはかなりばらつきがあることから，不就学児童の実態把握は非常に困難であり，支援体制の構築も難しい状況である。教育現場では就学した児童生徒の日本語や教科の指導といった学校生活への適応を促す支援から，進学・進路指導や就職相談へと支援内容が拡大しており，いわば児童の成長と共に広がる生活ニーズに現行の支援体制が追いついていないことが指摘されている。

性の多様性と LGBT の児童

かつて性（セクシュアリティ）を表現する言葉は男か女かの二択が主流だったが，近年は性の多様性を示す用語として LGBT や SOGI など，いろいろな言葉が使用されるようになっている。LGBT は Lesbian（レズビアン：女性同性愛），Gay（ゲイ：男性同性愛），Bisexual（バイセクシュアル：両性愛），Transgender（トランスジェンダー：割り当てられた性別とは異なる性別にアイデンティティをもつ）という4つの性別カテゴリーの頭文字をつなげたものである。これら以外にもQ（Questioning：クエスチョニング，不確定の状態），I（Intersex：インターセックス，身体的性の分化が多様な状態），A（Asexual：アセクシュアル，性愛や恋愛の感情を他者にもたない無性愛）など，既存のカテゴリーには当てはまらない当事者が声を上げて自分自身の性を定義することで頭文字が増え続けている。SOGI（ソジあるいはソギ）は，性的指向（Sexual Orientation：恋愛対象として好きになる性）と性自認（Gender Identity：自分の心の性）の頭文字を組み合わせたものであり，ここに Gender Expression（服装やメイク，名前などの性別表現）を加えて SOGIE とするなど，すべての性の多様性を含む概念として提唱されている。性にはさらに，性染色体や内性器・外性器といった身体的な性や，社会的にみてその性に相応しい性役割（Gender Role）を話し方や所作などで示す表現の性もある。

これらの性の構成要素は各々に強弱や濃淡があるだけでなく，社会，文化，時代によっても異なり，さらには人々の捉え方や態度も個々人で異なる。つまり，性の多様性を表す用語はどれをとってもすべての人が恒久的に納得できるものではなく，そこに性の多様性の本質が垣間見えるといえる。

日本における LGBT の児童については，これから知見が集積されようとしているところである。性的マイノリティであることを自認する人々の割合には世代差があり，児童生徒の場合は30人から50人に１～２名程度の割合で性的マイノリティとしての自覚がある子どもが存在するといわれている。成人した当事者を対象に行われた回顧調査では，大半が子どもの頃に自分の性が周囲とは違うと気づいており，子ども時代のいじめや嫌がらせによる被害，さらに不登校やリストカットなど自殺企図の高い割合が報告されている。

このように，深刻な精神的苦痛を受けている性的マイノリティの児童生徒の存在が，日本でも認知・理解され始めている。特に心の性と体の性が一致しない性別違和をもつ子どもについては，2015（平成27）年に文部科学省が「性同一性障害に係る児童生徒に対するきめ細かな対応の実施等について」とする文書を各地の教育委員会に通知し，教職員における言動や認識の改善を求めている。これを受けて性の多様性についての教職員研修を実施する自治体も出てきたが，様々な活動や行事が男女の切り分けの中で行われる学校風土の改革は容易なことではなく，性の多様性を支持する風土づくりが喫緊の課題となっている。

3　外国につながりのある児童と求められる配慮

国や文化が異なる児童とその保護者への支援には，多様性とは何かという理解が不可欠である。次に，外国につながりのある児童の支援において多様性への理解が問われる問題をいくつか取り上げ，支援者に必要な資質を考えたい。

①　言　葉

言葉に関する問題は，日本語を母国語としない児童生徒とその保護者の生活を大きく左右する。特に，児童の発達に関して保護者との情報のやりとりが重要となる乳幼児期は，日本語が通じない家庭や日本語が理解しにくい家庭に対する保育士側の配慮が不可欠である。保護者との連絡帳や園からのおたよりに，ひらがなやカタカナを使用したり漢字にかなをふったりするなど，日本語が不得意な保護者も読めるような工夫が望ましい。ただし日本語を母国語としない人々にとって日本語の読解は難易度がきわめて高いことから，登園・降園時などに保護者と直接会って口頭でも説明するなど，支援者側が積極的に関わる努力と姿勢（アウトリーチ）が求められる。

② 食 事

食事に関しては，児童が日本の食材や味付けに慣れるまで特に問題となりやすい。口に合わないために児童が給食を食べようとしない場合には，調理方法や提供量を変えたり子どもへの声かけをまめに行ったりするなど，徐々に日本食に慣れていくような働きかけが必要となる。また，宗教上の理由で禁止されている食材もあるため，保護者に事前の確認が必要である。ちなみに，日本の保育施設や学校生活では当たり前の食事形態として「弁当」の習慣がある。日本文化における弁当は栄養や配置，いろどりやバランスなど，一般的につくり手が意匠を凝らす携行食だが，つくりやすさや食べやすさを重要視する国や文化もある。日本の食文化を知らない保護者にとって，子どもの遠足や運動会などの弁当づくりが予期していなかった課題となりうることにも留意したい。

③ 服 装

日本には衣替えの習慣や入学式といったハレの日に相応しい服装，さらに日常生活の中でも TPO に合った色や素材，デザインなどがあり，明文化されていない服装のルールが存在する。これは四季があり，特に夏と冬の違いが大きい日本の気候が育んだ生活様式の一つだが，世界には年間を通して気候の変化が少ない地域もあれば，一日のうちで激しい寒暖の差がある地域など，様々な気象条件の下で暮らす人々がいる。服装の文化はそれぞれの国や地域の気候だけでなく，歴史や宗教的な背景も反映している。たとえば，健康のために身体を冷やしてはいけないという考えから，とにかく冬は厚着をよしとする文化もある一方，日本では薄着が健康法として支持されている。日本文化における服装のルールは，外国から来たばかりの児童や保護者にはわかりづらいこともあるため，支援者として気にかけたい習慣の違いの一つである。

④ 学校生活

日本独自の様式や慣習は保育施設や学校生活にも溢れている。例として，持参する持ち物に名前を書いたり掃除のための雑巾を持参したりするなど，大人による準備があって初めて成り立つ子どもの生活がある。保護者が日本の学校文化になじみがないと，子どもの持ち物にどのように名前を書けばよいのか，また雑巾はどのように準備するのかなどわからないことも多く，戸惑う保護者も多い。さらに日本の学校生活の中で給食や掃除の時間は，児童生徒にとって集団の中での役割分担を学ぶ機会だが，配膳や掃除は地域における雇用創出の機会として地元の業者が請け負っている国も存在する。児童生徒と保護者の異文化適応を支えるために，日本文化では当たり前のことが他の文化では滅多にないことであるという認識をもつことが求められる。

⑤　外国籍児童が家庭内で担う役割

一定の日本語能力が身についた外国籍の子どもの中には，家庭内で重要な役割を担い，家族の生活を支えていることがある。たとえば，親が就労を重視した生活を営む家庭であれば，親が仕事に行っている間は親代わりとなって幼い兄弟の世話をしていたり，炊事や洗濯といった家事全般を行うなど，生活のための働き手となっている場合がある。また日本語が話せない親のために，家族の通訳者として外部とのやりとりを行う子どもも存在する。緊急事態が発生したときなど，大人がしなければならない判断を迫られることで，子ども本人の成熟度では受け止めきれない大きな負担が生じ，学校での学習面や交友関係に影響を及ぼすこともある。移民の国アメリカでは，英語を母国語としない親に代わって子どもが病気の告知を受けたり，法的な判断をしなければならないケースが報告されており，子どもの人権侵害として深刻に受け止められている。一人ひとりの児童生徒に家庭内での役割や立場があることに気づき，必要に応じて適切な支援につなげることが，周囲の支援者に求められている。

4　LGBT の児童と求められる配慮

LGBT の児童生徒の中には，カミングアウト（性の自己開示）をして学校生活を送る子どももいれば，仲間外れやいじめの標的となることを恐れて自分の本当の性を隠しながら学校生活を送っている子どももいる。カミングアウトには周囲の理解や支援体制が整っていることが必須条件となる。以下に，性について悩む児童を支援するために改めて考えなければならない現状をいくつか取り上げ，周囲に必要な姿勢と態度を考えてみたい。

表現としての性

表現としての性については，まず私たちが日頃から使用している言語の特徴に関して気づいておきたい。日本語は「私」「僕」「俺」など一人称によって自らの性が表現でき，また「さん」「くん」「ちゃん」などの敬称によって他者からみた社会的な性が明確になる。これらの言語的な特徴に加え，話し方や所作などの行動面においても，社会的な性役割を意識させられやすい。先生が何気なく発した「男子だからこうすべき，女子だからこうすべき」という性別を基準とした指導によって，当事者である子どもが心を閉ざすこともある。さらに男子であれば青色というような色による表現としての性は，衣服のみならず文房具やスポーツ用品などにもみられる。親が用意する衣服や髪型が心の性に符合しない子どもにとっては，割り当てられた性で生活しなければならない日常そのものが苦しみとなる。発達段階にある子どもは自分の気持ちや考えをうまく表現することが難しく，また性への関心ゆえに周囲の性に対する反応を注意深く観察しており，自分から性の悩みを相談する機会を制限してしまう。これには周囲の大人が子どもの思考をくみ取り，子どもの性の発達をゆっくりと見守ろうとするおおらかな態度や姿勢が必要となる。

学校生活

学校生活には，男女という性別二元論の枠組みで進められる活動がきわめて多い。性別違和の児童生徒にとって男女別の制服や体操服は，自分の心の性が体の性に対峙させられるアイテムであり，また男女別に設置されているトイレや更衣室は同様の理由で緊張を強いられる場となりやすい。実際学校でトイレに行かなくてもよいように水分摂取を制限したり，どうしてもトイレに行きたくなった場合のために普段からあまり使用されていないトイレをあらかじめ調べておくなどの対処方法は，学生時代を終えた大人の当事者からよく聞かれる。男女別に着替えなければならない体育や水着着用が必須の水泳の授業，そして集団入浴のある修学旅行などは休んでいたという経験談も多い。第二次性徴によって心や体に変化が現れると，自分の性が「ばれないように」マジョリティである異性愛者の友人の恋愛話に同調しておく気苦労もある。このように学校生活は LGBT の児童がありのまま過ごすことを許さない環境であり，次第に不登校につながる要因が多数存在している。

性的マイノリティの児童とその家族

性的マイノリティの子どもにとって，親へのカミングアウトは一般的にとても難しいものである。自分の性をカミングアウトしたら「親に申し訳ない」という気持ちや，「親を悲しませるのではないか」「親に迷惑をかけるのではないか」という心配や遠慮の気持ち，そして「親から否定されるのではないか」「変な目で見られるのではないか」という不安や恐怖を感じているとの研究報告もある。性の多様性に関する親の理解不足や不寛容さを知ってしまい，高齢化した親の受けるショックを思えば一生親にはカミングアウトしないと決断した大人の当事者も少なくない。

性について悩みのある子どもは，日常生活を送る中で親の性に対する考え方や捉え方を敏感に察知している。親が子どもに期待する性別役割は，親が薦める習い事やスポーツから成人式の着物に関する話など，親が子どもにとってよかれと思う言動に現れることがある。そのため，親の期待と自分の性が合致しないことに苦しみながら成長する子どもは多く，家庭内で孤独を感じながら育つことになる。子どもが勇気を出してカミングアウトしても，親が「気のせいではないか」と取り合おうとせず，「いつか治るだろう」と性の多様性を治癒できるものとして扱うなど，子どもにとって落胆と諦めとなる反応もみられる。性的マイノリティの児童生徒の家族が一番の理解者とならない場合は，家族以外でもありのままを受け入れてくれるアライ（Ally）の存在が望ましい。アライとは，異性愛者で性的マイノリティのよき理解者であり支援者である人々のことを指す。誰にも話せず苦悶する子どもの一時避難場所となるような，性の多様性に理解のある学校関係者や地域の大人がアライとして存在するコミュニティの実現が待たれる。

5　多様性に対応する社会資源

次に外国につながりのある児童と LGBT の児童に対する支援と連携について，概説する。

外国につながりのある児童への支援と連携

文部科学省は，帰国・外国人生徒の受け入れから卒業後の進路までの指導・支援体制の整備を目標に，2013（平成25）年から「公立学校における帰国・外国人児童生徒に対するきめ細かな支援事業」として各自治体の経費の一部を補助している。2019（平成31）年度は71の自治体がこの補助金を受けて帰国・外国人児童生徒への支援に取り組んでおり，就学支援や，プレクラス（初期適応指導教室）・外国人児童生徒の受け入れおよび日本語指導などを行うセンター校と呼ばれる小中学校の配置，日本語能力の把握と指導，母語がわかる支援員や日本語指導補助者の派遣，高等学校における帰国・外国人生徒の受け入れ体勢づくりなどが実施されている。センター校では在籍校とは別に日本語指導等を受ける「取り出し授業」が実施されており，地域によっては母語教室が設置されるなど，母国の言語や文化の継承に配慮しているところも出てきている。しかし，センター校への通級者数急増と指導に当たる人材確保の難しさから，近年は対応が追いつかないことが課題となっている。

支援者間の連携として，在籍校とセンター校による情報共有があげられる。近年は多様な背景をもつ児童が増えたことから，語学指導に限らず教育相談や進路相談など，母語での相談にも対応している自治体もある。特に保護者の相談内容は子どもの進学・就職相談だけでなく，永住の相談など多岐にわたり，生活の安定に向けた総合的な支援として必要となっている。また児童にとって日本語教室は語学習得の場というだけではなく，仲間と母語で自分を表現し合える，いわば息抜きの場としても機能している。言葉の壁によって在籍校では話していない不安や悩みを打ち明けている児童がみられることもあるため，適切な支援に結びつけられるよう，支援者間で日頃から情報共有しておくことが望ましい。

LGBT の児童に向けた支援と連携

LGBT の児童支援に関する国の動きは，2015（平成27）年に文部科学省から通知された「性同一性障害や性的指向・性自認に係る，児童生徒に対するきめ細かな対応等の実施等について」が新しい。この通知では，各都道府県の教育委員会や学校関係者に対して，性同一性違和の児童に対する特有の支援が必要であることを認め，学校として個別の対応を行うよう求めている。その中で学校における支援体制として，学校内外に「サポートチーム」，校内に「支援委員会」，校外に「ケース会議」などを組織するよう指示している。これらの組織は，性自認と身体的な性に違和感のある性同一性違和の児童生徒支援を強く想定した内容となっており，性的指向が同性の児童生徒については，性同一性違和の生徒とともに相談体制の充実が必要と記されている。

支援者間においては，特に性同一性違和を抱える児童に対する支援において，心の性で学校生活を送ろうとする児童のために，学校側は専門医療施設の協力を得ながら適切な対応を実現することが求められる。同時に学校保健の役割も大きい。児童本人への支援はもとより，ほかの生徒への教育的支援，保護者への情報提供など，性の多様性について学校全体からの問い合わせを受けつける相談窓口となることが求められる。

6　支援者の課題

外国につながりのある児童や LGBT の児童といったマイノリティとみなされる子どもが，少数者として疎外感を感じずに健やかな成長を遂げる社会の実現には，周囲の大人の理解が何よりも重要となってくる。大人のまなざしが子どもを「マイノリティ」から「一個人」へと個別化することがその第一歩となるが，そのためには大人自身が自分のアイデンティティおよび自分が子どもにとってどのような大人に見えるのかを理解しておかなければならない。子どもが「どうせ言ったってわかってもらえない」と大人に対して話すことを諦めるのは，子どもとの間に心理的距離があることを示している。たとえ支援者が同じマイノリティの立場ではなくても，相手を真摯に理解しようとする姿勢がその距離を縮めることにつながるであろう。この大人は自分のもつ悩みなどは

コラム　LGBT の誇りと尊厳を祝うプライド・パレード

日本では東京と大阪で開催されている「プライド・パレード」をご存知でしょうか。きっかけは1969年のニューヨークで起きた「ストーンウォールの暴動」に遡ります。ソドミーとは不自然な性行為を意味する単語ですが，当時のアメリカではソドミー法と呼ばれる法律によって，自然に反する性行動として同性愛が禁止されていました。特に男性同性間の性行為に対して世間の目は厳しく，多くのゲイバーや飲食店に警官が抜き打ちでやってきては取り締まりを行っていました。

1969年６月28日未明，ストーンウォール・インというゲイバーの店内にいた200名近い人々に対していつものように取り締まりが行われました。ところが，店外に集まってきた人々が警察の行動に対して激しく反発し，警官400名に対して同性愛者グループ2000人という大規模な反乱に発展しました。多くの負傷者を出したこの事件をきっかけに，アメリカでは LGBT の権利拡大を訴える動きが活発になり，暴動からちょうど１年後，ニューヨークで世界初のプライド・パレードが開催されました。

その後プライド・パレードは LGBT の権利を求める人々によって各国で開催され，世界規模のイベントになっています。しかし，その一方で2018年に初開催となる予定だったロシアでは，子どもへ悪影響との理由から地方政府によってパレードが禁止され，性的マイノリティへの偏見や差別の根強さを印象づけています。世界には今なお同性愛行為が法律で禁止され，最悪の場合は死刑となる国も多数存在しています。

2016年６月には，ストーンウォール・インとその周辺がアメリカ初の LGBT 国定文化遺産保護地域に指定されました。ニューヨーク・プライドは毎年150万人以上が参加するイベントとなっており，パレードは必ずストーンウォール・インの前を通過することになっています。レインボー・フラッグに彩られた虹色はプライド・カラーとも呼ばれ，LGBT の尊厳とコミュニティ団結の象徴となっています。

もっていないだろうが，もしかしたらわかってくれるかもしれないという希望がもてる大人に対して，子どもは精神的な落ち着きを覚えるであろう。そのような大人にはマイノリティもマジョリティもなく，子どもも一人の人間として正面から向き合う態度が求められる。多文化共生の実現に携わる支援者には，自分がもつ先入観や偏見を自覚し，それらを認めることができる人間性が必要である。

参考文献

大野彰子（2015）「外国人児童生徒の教育等に関する国際比較研究報告書　国立教育政策研究所　国際研究協力部」（https://www.nier.go.jp/05_kenkyu_seika/pdf_seika/h26/2-2_all.pdf 2019年1月15日確認）。

康純（2017）『性別に違和感がある子どもたち――トランスジェンダー・SOGI・性の多様性』合同出版。

総務省（2006）「地域における多文化共生推進プラン」（http://www.soumu.go.jp/main_content/000400764.pdf 2019年2月25日確認）。

名古屋国際センター NIC（2014）「外国にルーツを持つ子どもたち」（http://www.nic-nagoya.or.jp/japanese/nicnews/archives/1363 2019年1月15日確認）。

針間克己編（2016）『LGBT と性別違和』（『こころの科学』189号）日本評論社。

法務省（2018）「政府統計の総合窓口（e-Stat）在留外国人統計（旧登録外国人統計）統計表　2018年6月末」（http://www.moj.go.jp/housei/toukei/toukei_ichiran_touroku.html 2019年1月15日確認）。

文部科学省（2016）「性同一性障害や性的指向・性自認に係る，児童生徒に対するきめ細かな対応等の実施について（教職員向け）」（http://www.mext.go.jp/b_menu/houdou/28/04/__icsFiles/afieldfile/2016/04/01/1369211_01.pdf 2019年1月15日確認）。

文部科学省（2018）「帰国・外国人児童生徒等教育に関する事業内容（平成25年度～）」（http://www.mext.go.jp/a_menu/shotou/clarinet/003/001/1339531.htm 2019年1月15日確認）。

U. S. Department of State (2018) "FIS's Experience with Language Learning" (https://www.state.gov/m/fsi/sls/c78549.htm 2019年1月15日確認).

読者のための参考図書

愛知県県民生活部社会活動推進化多文化共生推進室（2018）『「多文化子育てサークル」実施マニュアル』（https://www.pref.aichi.jp/uploaded/life/199468_499393_misc.pdf 2019年1月15日確認）。

――全国2位の外国人県民が暮らす自治体の多文化共生。外国人の子育て支援を始めるときの具体策がわかる。

中塚幹也（2017）『封じ込められた子ども，その心を聴く――性同一性障害の生徒に向き合う』ふくろう出版。

――性別違和のある生徒本人へだけでなく，親や教師など周囲の望ましい対応を具体的にアドバイス。

エピローグ

共生社会の実現に向けた
保育・福祉・教育の実践

本章では，本書の総括に先立ち，今後の障害児を含む配慮を要する子どもに関しての重要な理念のノーマライゼーションとインクルージョンとの関係について国際的な背景と課題を説明している。そして本書の特徴とそこからみえる日本の課題について触れている。むすびには尊厳を尊重した支援の実践を行うために大切な視点を述べている。今後，共生社会の実現に向け誰もが排除されない保育・教育と，柔軟で多様な環境への対応のために，私たちが行わなければならないことを本章を通して一緒に考えてもらいたい。

1 ノーマライゼーションとインクルージョンとの国際的背景

ノーマライゼーション理念は時代とともに発展する

ノーマライゼーションとインクルージョンとの関係について国際的な背景と日本の課題を説明しておく（日本の状況は第1～5章等参照）。はじめに巻末の資料は，歴史的背景として，①日本と世界の社会情勢，②日本の配慮を要する子ども[(1)]の施策等，③日本の保育・福祉・教育等の法律の変遷，④国際機関等の子どもの権利に関する歴史を一覧にした年表である。ただし，資料は本書で取り上げている事柄を抽出し，その後本書で重要と思われる事柄を補足した。そのためにすべての法律，各法改正などは網羅してはいない。そのことを理解した上で参照してほしい。

さて，ノーマライゼーションの理念であるが1950年代にデンマークの N. E. バンク＝ミケルセンが知的障害者の親とともに政府に提出した要望書（「ノーマライゼーション」）から始まり，1960年代にはスウェーデンの B. ニィリエがノーマライゼーションを理論化し８つの原則からノーマルな（ふつうの）生活を提示した（第２章）。1960年後半には，W. ヴォルフェンスベルガーによって北米やカナダでノーマライゼーションは紹介された。当時，アメリカでは障害は克服すべきものと捉えられ，健常者に近づけるために医学的リハビリテーションを行うことが主流であった。この考えに対して，障害者は自分らしく生きる権利を訴え，障害当事者による自立生活運動が発展していく。この運動は日常生活動作（ADL）による身辺的自立だけではなく，生活の質（QOL）を高めることも重要であるとし，新しい価値観を周知することとなった。その後，アメリカの障害児保育・教育は，「インテグレーション（統合）教育」を補うために「メインストリーミング」の考え[(2)]が発展していく。さらにこれを進展させたのが「インクルージョン」の運動であり，“障害別や能力にとらわれず，子どもの生活年齢に相応するふつうの教育の環境を保障する”という活動につながっていく。この考えは日本の障害児保育・教育にも影響を与えていく（第２・３章）。

1981年にヴォルフェンスベルガー（1982）はノーマライゼーションを「可能なかぎり文化的に通常である身体的な行動や特徴を維持したり，確立するために，可能なかぎり文化的に通常となっている手段を利用する」と定義し，体系化した。その後もアメリカ，イギリスなどの社会サービスに大きな影響を与えていく。日本では1970年代から障害者福祉分野でノーマライゼーション理念は用いられ，現在でも重要な理念である。

北欧のノーマライゼーション理念は障害のある人もない人も皆違って当たり前，できるだけノーマルな環境で障害者が生活するという社会的包括（包摂）を意味したが，アメリカでは障害のある人はない人と同じ権利を有すると障害者の権利を主張していった。しかしその共通点は，障害者の人権，価値，尊厳性は他の人と同じであり，障害の有無にかかわらず，平等に生活できる社会こそふつうの社会であるという考えである。このように，障害に対する考え方は文化や社会，時代とともに変化するので，最新の状況を理解した上で保育・福祉・教育を実践していくことが重要である。

児童の権利条約と障害者の権利条約

国際社会が子どもの人権を取り上げたのは，1924年の児童の権利に関するジュネーブ宣言である。その後，多くの子どもたちが戦争や暴力等の犠牲になったことの反省から，児童に関する宣言や憲章を採択してきた。しかし，子どもが犠牲になる事柄は後を絶たず，1989年には児童の権利に関する条約（略：子どもの権利条約）が採択された。同条約は今までの宣言や憲章とは異なり，国連が締約国に対して立法措置や行政措置等を講ずることができる法的拘束力をもつ。いわゆる国外から子どもの権利を守るために国内法に影響を与えられるという大きな意味がある。

資料から，国際社会では戦争の猛省から人権保障の考えや体制を整備し，世界全体で平和への取り組みや安全保障に尽くしてきたことが見て取れる。

本書において，第Ⅱ部で述べられている配慮を要する子どもを含むすべての子どもの権利は，子どもの権利条約において守られる。また，障害児は“子ども”であるということから子どもの権利条約と，“障害”や病気のある子どもということから障害者の権利に関する条約という2つの条約によって権利が守られることになる（第5章参照）。

ノーマライゼーションとソーシャル・インクルージョンとの関係

インクルージョンであるが，アメリカではインクルージョンは保育・教育分野を中心に発展していったが，1970年代フランスでは共生社会の政策として用いられた。インクルーシブ教育の元はソーシャル・インクルージョンからきており，北欧の障害者（差別）を中心にしたノーマライゼーションの考えが発展したといわれている。ソーシャル・インクルージョンは社会的に排除される人とその可能性のある人を，社会的なつながりの中に内包し，社会の構成員として互いに支え合うことを意味している。

社会的排除とは，“ある人が属する社会の主要な社会活動や社会関係の参加を拒まれている状態”をいう（岩田，2008）。排除されやすい人とは，本書の第11～20章の対象が含まれ，それ以外に家族の崩壊，貧困，学習困難，中途退学，無国籍，少数民族や難民などの要因のある人があげられる。多様な要因が複雑に絡み合い連鎖した結果，社会に排除されることになる。重要なことは，社会的排除は個人の不利益だけにとどまらず，社会（国）の連帯や多様性における統合機能が損なわれて，国際社会全体の大きな課題に発展することである。社会的排除を生み出さないためにも，すべての人の学習への参加・促進は最も重要な課題である。

そこで，インクルージョンを教育政策に位置づけたのが，1994年のサラマンカ宣言である（第２章参照）。その後，2016年のユネスコの教育行動計画の総括原則では，“万人に対して誰も排除しない，公平で，質の高い教育を保障し，さらに生涯学習を推進する”と掲げ，教育効果を重点課題として示している。翻訳監修した嶺井は日本ではインクルーシブ教育が多様な意味合いで用いられているため，もともとの言葉の意味としてある「誰も排除しない」という言葉を今回使用したと述べている。[(3)]

インクルージョンは多様性への学びの実践

日本では1990年後半に共生社会の実現に向けて検討[(4)]を始め，そこでインクルージョンの言葉を用いた。現在文部科学省では，共生社会の形成に向けて“障害のある子どもとない子どもが共に学び共に育つ教育”の必要性と特別支援教育の重要性を明記している（第９・10章）。しかし，これまでの国際的背景から，インクルーシブ教育で重要なことは，障害の有無でなく，人には個別性があることを認め，誰もが排除されることなく学習等へ参加できることと，その多様性への対応である。この教育は，子どもや障害の有無という狭い範囲のものではなく，生涯教育をも含めると幅広い人たちがその対象となる。

子どもの権利として保育・教育を捉えると，子どもが自己理解し，他者理解でき，互いに認め合い多様な人が助け合って，一緒に生活することがふつうの社会であるということを，遊びや学習を通し学び，そして行動できる精神的な成熟を保障されることである。そのためには保育・教育などの役割や使命は大変重いものがある。また，インクルージョンや合理的配慮を行うことは多様性への学びの実践である。それを保育や教育を豊かにする機会として実践現場が捉えられるどうかは，保育・教育職の専門家としての力量の見せどころとなろう。

2 保育・福祉・教育を学ぶ上で重要な視点

本書の特徴は，大きく４つにまとめられる。①従来のテキストと異なり就学前の保育，就学後の教育という制度の分断をなくし，子どものライフコースの初期の段階である保育と教育を連動させて構成している。②遊びや学習などへの参加から排除されやすい障害児を中心に配慮を要する子どもにも焦点を当てて，その基本的知識と支援を整理して述べている。③日本が実践してきた子どもの生きる力の育みを整理し捉え，日本でのインクルーシブ教育を取り上げている。④保育・福祉・教育・医療等領域間の切れ間をなくし協働することへの重要さを読者に伝えるために，保育幼児教育学・社会福祉学・教育学・心理学・医学・看護学などの各専門職が分担して執筆している。

本書の第Ⅰ部第1～5章までは，子どもの権利と尊厳を守り，守られるために重要な理念と権利，歴史的変遷，法律や制度などが述べられている。第6～10章では，ライフステージにおける子どもへの支援の現状と課題，そして各機関が連携するために重要な支援計画について基礎的な事柄が述べられている。

第Ⅱ部は各論となり，第11～16章では病気や各障害児についての支援と理解，第17～20章では，日本の社会的な要因により配慮を要している子どもについての支援と理解を取り上げている。

今回，本書では取り上げきれなかった貧困や格差，薬物乱用，若年妊娠，ヤングケアラー（子どもが親やきょうだいを介護），無戸籍・無国籍の子ども，障害児等のきょうだいの保育・福祉・教育などの課題も日本には山積している。本書が子どものニーズや課題に対してどのように支援計画を立案し，具体的に支援していくかを考える思考のプロセスの一端となることを願っている。

最後に，人が生きていくためになくてはならない人間関係の形成のプロセスとして尊厳を支える支援について取り上げる。尊厳という言葉は誰もが知っているが，その内容は説明しにくく，捉えにくい。ここではむすびに代えて1冊の本を紹介しながら尊厳について考える。

3　尊厳を尊重した保育・福祉・教育の支援のあり方

人間の最後の砦は尊厳

『輝（ひかる）――いのちの言葉』（臼田，2012）は，重度の障害があり16歳で生涯を終えた臼田輝（ひかる）さんの詩との関わりが記録された著書である。彼は1歳のときに転落事故により，日常生活のすべてに介助を必要とし，しかも14歳まで外界との交信手段を全くもっていなかった。その後，重度心身障害者用の文字入力ソフトと出合い，自分の意思を表現することができるようになった。彼は次のような詩（抜粋）を書き残している。

> きのうのくるしみは　きのうというじかんのなかに　おいてきて
> みらいというじかんのなかにあるのは　しんらいという
> いちばんじぶんをささえてくれるあいです
> 　～　略　～
> しんらいこそがひとをいかしてくれるものです
> きぼうというひかりをしっかりいだきながら
> きぼう　そらにおもいえがきながら　このきれいなとびらをあけて
> いいみらいにむかって　うえをみつめながら
> くるしみは　きのうのものとして　あかるいゆめをみながら
> あるいていこう　きぼうのみらいを　ひかりとしながら
>
> （臼田，2012，19～20頁）

この詩から，不自由な状況にもかかわらず輝さんその人の内なる世界は豊かなものであり，希望は未来への生きる力に転化することが表現されている。輝さんは自分の思いを社会に伝えたいので文章を出版社に送付してほしいと母親に伝えた。その後，輝さんが通っていた特別支援学校の教員たちが企画編集して出版し，その概略が新聞[(5)]に掲載された。そのことによって，同じような重度の障害者とその家族が勇気づけられ（中村，2014），そして多くの人がかけがえのない命の尊さについて考えることとなった。

尊厳を尊重した支援を行うための大切な視点

尊厳を尊重した支援について大切な５つの視点として，①様々な思いを意識する大切さ，②個別性を認める大切さ，③みて（観察），きいて（傾聴），一緒に感じ（共感），つながる（共有）大切さ，④その人の能力に着目する大切さ，⑤互いが影響を受け合う対等な関係の大切さから考える。

①　様々な思いを意識する大切さ

障害の程度によっては，感情の受け止めや表出が不十分なために，“あまり感じていない”や“何もわからない”と認識されてしまうこともあるかもしれない。しかし何も感じていないわけではない。私たちと同様に快不快，喜怒哀楽，不安，痛み等を感じている。障害があるからこそ，より敏感に感じることもある。当たり前のことであるが，どのような状況や状態にある人でも，様々な思いを抱え生きていることを意識することが必要である。

②　個別性を認める大切さ

配慮を要する子どもが，抱えている課題や困難さには個別性があり，同じ病気や障害，生活上の困難であってもその意味は一人ひとり異なっている。ICF（国際生活機能分類）の視点から考えると理解しやすい。一人ひとりの環境因子[(6)]，個人因子[(7)]，健康状態[(8)]，心身機能[(9)]・身体構造[(10)]などは個別性があり，そのために活動や参加のあり方も異なる（第2章）。すなわち，人は皆「個別性」と「多様性」を有していることを理解することが重要である。そもそも人の生活は固有性があり，その人の特性や困難さを理解するとともに，集団や個別の配慮や支援，環境調整を行うことが「尊厳」につながっていく。

③　みて（観察），きいて（傾聴），一緒に感じ（共感），つながる（共有）大切さ

ここでいう“みる”とは，病気や障害の特性などの基本的知識とともに，その子どもの日常の健康状態などの把握をもとに観察し，子どものありのままをみることである。ありのままをみるとは簡単なことのようであるが，知識の裏づけがあってこそできるものである。“きく”も同じで，その人に関心を寄せてメッセージを受け取る傾聴のことである。子どものそばでしっかりみてきき，その子どもの世界について考えると，私たちと共通する行動や感情が必ず発見できる。子どもの行動や言葉に共感を感じるときに初めて子どもとの世界を共有することができる。その情報を家族や多職種間で共有し協働することによって，尊厳を尊重した支援となる。また，子ども同士のつながりはとても大切であり，「ただ単にその場に一緒にいる」のではなく，「集団としての相互作用の中で一緒にいる」ことが重要である。そのためには，保育・教育者たちが保育・教育上の意図や目的を設定し共有し，実践する。その中で必要なことは子どもの個別性への配慮と集団力量への配慮，そして子どもたちが交わることができるような環境への配慮を考えることである。すなわち合理的配慮を実践することが子ども同士がつながることの前提となる。

④　その人の能力に着目する大切さ

家族が輝くんの微かな表現を読み取り，そこに輝くんの言葉の世界を確信したことはとても重要なことであった。それは輝くんの状態を把握したことから，文字入力装置を活用し，能力を最大限に活かして，生きる意欲を高めることにつながったからである。すなわち，障害だけに目を向けるのではなく，障害を理解しながら，その人の潜在能力に目を向けて可能性を信じ行動し，そのことによって子ども自身が生きる力や意欲を発揮する。このことは保育・教育の要である。

⑤　互いが影響を受け合う対等な関係の大切さ

配慮を要する子どもがどのような世界で生きているのか，私たちはイメージしているつもりでも実はわかっていないことが多いので，子どもから学ぶという基本姿勢を常に意識することが大切である。保育や教育などの場面では，人間として対等な関係を意識しているつもりでも，「教える者」「教えられる者」という思い込みが生じることがある。保育や教育は一方向の行為ではなく，相互の関係性の行為として捉えることが重要である。対等な関係性を築いていくことは容易ではないが，子どもへの個別的で継続的な関わりが，やがて双方向の交わりのある関係になり，それが信頼関係へと発展していく。相互に認め合う人間関係の過程にこそ，保育・福祉・教育における尊厳の意味がある。

4　共生社会の実現に向けての展望

尊厳は，その人の権利を守った上で，人間の相互の関係の中で，そして実際のやりとりの中で築き上げるものである。特に配慮を要する子どもにとって，質の高い保育・教育は，人間の尊厳を保ち，その人らしい生活や人生を支え，その人となりの生を全うすることを支えるものとなる。そのため，保育士・教員が行う保育・教育上の判断や行動は高い倫理性が求められる。

2017（平成29）年３月に公示された各指針や要領[(11)]の改正は，それぞれの独自性を残しながらも整合性を図り改訂（定）された。これらが連動することにより，全国どこの地域でも一定の水準で，保育から小中学校教育，特別支援教育まで円滑な接続が図られ，施策による子どものよりよい育ちを保障することとなったが，実践はこれからの段階である。現在，配慮を要する子どもの保育・教育の場は，特別支援学校だけではなく，地域における小学校等も含まれている。このことから，子どもに関わる職種は配慮を要する子どもが個々の状況に応じた柔軟で多様な保育・教育を享受できるように環境を整える必要がある。共生社会の形成に向け，誰もが排除されない（インクルージョン）教育と，柔軟で多様な保育・教育環境の構築のために，私たち保育・福祉・教育に関わる者がしっかりと学び，行動を起こし，実践することが重要となる。

注

(1) 本章における配慮を要する子どもとは，現状の社会生活や学校教育などにおいて学習などへの参加や教育活動から排除されるおそれのある子どもをいう。配慮を要する子どもはすべてが障害に起因するのではなく，環境（家庭環境，教育環境，親や教員などの周りの大人など）による多様な要因を含んでいる。

(2) 障害児が障害のない同世代と可能な限り一緒に学び成長していくことが，双方の人格形成にとって大切であるという障害のある子どもとない子どもの相互作用を示した。日比野清・大熊信瀬成・建部久美子編（2014）『障害者に対する支援と障害者自立支援制度』弘文堂，254頁。

(3) 福地健太郎ほか翻訳監修 UNESCO IBS「カリキュラム発展のための道具箱――全ての学習者にゆきとどくために：排除しない教育を支えるためのリソースパック」(http://koukyouiku.jp/ 全体版 2019年２月20日確認)。

(4) 1998～2004年の立法府「共生社会に関する調査会」。

(5) 『朝日新聞』2012年10月30日付。

(6) 生活していく上で必要な，生産品・機器・装置・用具，自然環境と人間がもたらした環境変化，支援と関係，習慣や慣習などの態度，サービス・制度・政策などがある。

(7) 年齢，性別，出身地，出産時の状態，病気や障害の種類と程度やその経過，生活習慣，性格，楽しみや趣味，家族構成とキーパーソン，家庭環境などがある。

(8) 身長や体重，体力，既往歴，症状や訴え，現在抱えている病気やけがとその対応，内服薬，リハビリテーション，食事などがある。

(9) 精神機能，感覚機能と痛み，発声と会話の機能，心血管系・血液系・免疫系・呼吸器系の機能，消化器系・代謝系・内分泌の機能，排泄・性・生殖の機能，神経筋骨格と運動に関する機能，皮膚および関連する機能がある。

(10) 神経系の構造，目・耳などの構造，音声と発語に関わる構造など，心身機能に関わる構造。

(11) 2017（平成29）年３月に公示（2018〔平成30〕年４月１日施行）された「幼稚園

教育要領」「保育所保育指針」「幼保連携型認定こども園教育・保育要領」。小中学校の「学習指導要領」(小学校は2020年,中学校は2021年施行),「特別支援学校幼稚部教育要領」「特別支援学校小学部・中学部学習指導要領」「特別支援学校高等部学習指導要領」の検討を進め2017年に改訂を行い,整合化を図った。

参考文献

荒川智(2014)「インクルーシブ教育の実現に向けて」『SGRA REPORT』No. 70(http://www.aisf.or.jp 2019年1月29日確認)。

岩田正美(2008)「社会的排除——参加の欠如・不確かな帰属」『社会的包摂と司法支援 総合法律支援論叢』第1号,1～12頁。

ヴォルフェンスベルガー,ヴォルフ/中園康夫・清水貞夫訳(1982)『ノーマリゼーション——社会福祉サービスの本質』学苑社,48頁。

臼田輝(2012)『輝——いのちの言葉』学校法人愛育学園愛育養護学校(特別支援学校)企画・編集。

落合俊郎・島田保彦(2016)「共生社会を巡る特別支援教育ならびにインクルーシブ教育の在り方に関する一考察」『特別支援教育実践センター研究紀要』第14号,27～41頁。

清水貞夫(2010)『インクルーシブな社会をめざして』クリエイツかもがわ。

デッセブロー,ヤン・グスタフソン,アンデシュ・デューレンダール,ギューリ編/二文字理明監訳(1999)『北欧の知的障害者——思想・政策と日常生活』青木書店。

独立行政法人国立特別支援教育総合研究所(2018)『特別支援教育の基礎・基本(新改訂版)』ジアース教育新社。

中村明美(2014)「介護の理念——尊厳を支える介護」川井万加子・野中ますみ編『介護の基本/介護過程』法律文化社,29～46頁。

ニィリエ,ベンクト/河東田博・橋本由紀子・杉田音穏子訳(1998)『ノーマライゼーションの原理——普遍化と社会変革を求めて』現在書館。

日本学術会議地域研究委員会多文化共生分科会(2014)『提言 教育における多文化共生』。

日本障害者リハビリテーション協会『平成15年度厚生労働省科学研究費補助金 障害保健福祉総合研究推進事業報告書』(http://www.jsrpd.jp/static/houkoku/pdf/h15_suisin_houkoku.pdf 2019年1月29日確認)。

マンセル,ジム・エリクソン,ケント編著/中園康夫・末光茂監訳(2000)『脱施設化と地域生活』相川書房。

文部科学省ホームページ「グローバル化と教育に関して議論していただきたい論点例」(http://www.mext.go.jp/b_menu/shingi/choua/kokusai/004/attach/1247196.htm 2018年12月25日確認)。

資　料

日本と世界の社会情勢	日本の配慮を要する子どもの施策等
	1878年　京都盲唖院開設
	1880年　長野県松本尋常小学校の知的特殊学級開設
	1887年　岡山孤児院設立
	1891年　滝乃川学園設立
1894～1895年　日清戦争	
1896年　明治三陸地震津波	
	1900年　二葉幼稚園設立
1904～1905年　日露戦争	
	1909年　白川学園設立
1914～1918年　第一次世界大戦	
	1916年　桃花塾設立
	京都市立盲唖院の聾唖部に幼稚科開設
1919年　パリ講和条約，ヴェルサイユ条約調印	1919年　藤倉学園設立
1922年　ソビエト連邦成立	
1923年　関東大震災	1923年　筑波学園設立
	1927年　東京盲学校に幼稚園開設
1929年　世界恐慌	
1931年　満州事変	
	1938年　恩賜財団愛育会が愛育研究所設立
1939年　ノモンハン事件	
1939～1945年　第二次世界大戦	
1941年　ハワイ真珠湾攻撃	
1945年　広島，長崎に原爆投下	1945年　白川学園に託児所開設
ポツダム宣言受諾，終戦	
	1946年　近江学園設立
	1946～1952年　アジア救護公認団体（LARA）によるララ救援物資
	1948年　国立光明寮設置
	1949年　国立身体障害者更生指導所設置
1950年　朝鮮戦争	

教育等に関するあゆみ

日本の保育・福祉・教育等の法律の変遷	国際機関等の子どもの権利に関する歴史
1872年　学制布告書公布	
1874年　恤救規則	
1886年　就学義務の猶予（第一次小学校令）	
1890年　就学義務の猶予（第二次小学校令）	
1900年　就学義務の猶予（第三次小学校令）	
1923年　盲学校及び聾唖学校令	
1924年　児童の権利に関するジュネーブ宣言採択	
1933年　国際連盟脱退	
1941年　国民学校令公布	
1946年　日本国憲法公布	1946年　国連児童基金（UNICEF）設立
1947年　教育基本法・学校教育法・児童福祉法公布	
1948年　世界人権宣言	
1948年　中学校の就学義務並びに盲学校及び聾学校の就学義務及び設置義務に関する政令公布 児童福祉法施行	1948年　世界保健機関（WHO）憲章効力発生 世界精神衛生連盟（WFMH）結成
1949年　身体障害者福祉法公布	
1950年　精神保健及び精神障害者福祉に関する法	

	1951年　国際肢体不自由福祉協会（現国際障害者リハビリテーション協会）高木憲次が理事就任
1952年　第一回国際ストーク・マンデビル競技大会開催 欧州石炭鉄鋼共同体（ECSC）設立 サンフランシスコ平和条約 日米安全保障条約発効	
1953年　奄美大島の日本復帰	1953年　「教育上特別な取扱を要する児童・生徒の判別募集について」
1955年　ヒ素入り粉ミルク事件	1955年　愛育養護学校が学校教育法の養護学校として認可
1956年　日ソ共同宣言 朝日訴訟	1956年　京都市協力の特別保育級「ひなどり」開所
1959年　伊勢湾台風	
1960年　日米安保条約改定	
	1961年　島田療育園設立
1962年　キューバ危機 サリドマイド薬禍報告により販売中止・回収	1962年　「学校教育法および同法施行令の一部改正に伴う教育上特別な取り扱いを要する児童・生徒の教育的措置について」
1963年　狭山事件	1963年　びわこ学園設立
1964年　アジア初のパラリンピック東京大会開催 公民権法制定（アメリカ）	
1964～1975年　ベトナム戦争	
1965年　日韓基本条約調印	1965年　国立小児病院開設 太陽の家設立
1969年　第1回プライド・パレード（アメリカ）	
	1971年　国立特殊教育総合研究所設置
1972年　沖縄返還 日中国交正常化	

律公布	
1950年　WHO 加盟，LO 加盟	
1951年　ユネスコ加盟 社会福祉事業法制定 児童憲章制定 児童福祉法改正	1951年　難民の地位に関する条約（難民条約）
1954年　児童福祉法改正	
1956年　公立養護学校整備特別措置法公布 国際連合加盟	
1957年　児童福祉法改正	
1958年　学校保健安全法公布	
	1959年　「児童の権利に関する宣言」採択
1960年　障害者雇用促進法施行 精神薄弱者福祉法公布（その後知的障害福祉法に改称）	
1961年　児童福祉法・学校教育法改正	
1963年　義務教育諸学校の教科書用図書の無償措置に関する法律公布	
1964年　OECD 加盟	1964年　ユネスコ「障害者の教育に関する決議」採択
1966年　母子保健法施行 特別児童扶養手当法公布	1966年　国際人権規約採択
1967年　児童福祉法・身体障害者福祉法・精神薄弱者福祉法改正	
	1968年　児童権利憲章採択
1970年　心身障害者対策基本法制定（その後障害者基本法に改称）	
	1971年　知的障害者の権利宣言採択

1973年　第4次中東戦争 第1次オイルショック	1973年　心身障害児の養護教育を1979年から義務教育化することを閣議決定 中央児童審議会「統合保育」を提言 1974年　障害児保育事業実施要綱 小児慢性特定疾患治療研究事業を実施
1978年　日中平和友好条約調印	1978年　保育所における障害児の受け入れについて通知
1979年　第2次オイルショック	
1980～1988年　イラン・イラク戦争	
1986年　チェルノブイリ原子力発電所事故（ソビエト連邦） 1989年　天安門事件（中国） ベルリンの壁崩壊（ドイツ） マルタ会談・冷戦終結	
1990～1991年　湾岸戦争 1991年　ソ連解体・ラトビア・エストニア・リトアニアのバルト三国独立 アパルトヘイト政策撤廃（南アフリカ）	
	1993年　軽度の障がいがある児童生徒に対する通級による指導を制度化
1995年　阪神・淡路大震災	1996年　盲学校，聾学校及び養護学校施設整備指針策定
1997年　香港を中国に返還（イギリス）	1998年　障害児保育事業

	1975年　障害者の権利に関する宣言採択 1978年　ユネスコ「特殊教育分野におけるユネスコ活動の拡大に関する報告」採択 「ウォーノック報告書」イギリス議会に提出

1979年　国際児童年

1979年　養護学校教育の義務制の政令の公布 国際人権規約批准	1979年　ユネスコ「特殊教育分野におけるユネスコ専門家会議の結果」報告

1980年 ICIDH（国際障害分類）を WHO 発表

	1980年　ユネスコ「1980年委員会児童の障害：その予防とリハビリテーション」採択

1981年　国際障害者年―ノーマライゼーションの実現　完全参加と平等―
障害者に関する世界行動計画

1981年　障害者に関する用語の整理のための医師法等の一部を改正する法律公布	

1983～1992年　国連・障害者の10年

	1989年　児童の権利に関する条約採択 【日本は1994年に158番目に批准】

1993～2002年　アジア太平洋障害者の10年

1993年　学校教育法施行規則の一部を改正する法律 障害者基本法施行 1994年　児童の権利に関する条約批准 高齢者，身体障害者等が円滑に利用できる特定建築物の建築の促進に関する法律：ハートビル法制定公布 1997年　児童福祉法改正	1994年　ユネスコ「特別なニーズ教育に関する世界会議」 サラマンカ宣言

	1999年　学習障害に関する調査研究協会会議報告
2001年　同時多発テロ発生（アメリカ）	2001年　文部科学省（文部省と科学技術庁統合） 「21世紀の特殊教育の在り方について」最終報告
2003年　イラク戦争	2003年　「今後の特別支援教育の在り方について（最終報告）」
	2004年　学校施設バリアフリー化推進指針策定 「小・中学校における LD，ADHD，高機能自閉症に児童生徒への教育支援体制の整備のためのガイドライン（試案）」策定
	2005年　「特別支援教育を推進するための制度の在り方について（答申）」
	2007年　文部科学省初等中等局長による「特別支援教育の推進について」通知
2008年　リーマン・ブラザーズ破綻（アメリカ）	2008年　発達障害教育情報センター開設
2010年　「アラブの春」勃発	2010年　中央教育審議会初等中等教育分科会に「特別支援教育の在り方に関する特別委員会」設置
2011年　東日本大震災 2011年～　シリア内戦（シリア・アラブ共和国）	2011年　保育所におけるアレルギー対応ガイドライン策定 中央教育審議会初等中等教育分科会特別支援教育の在り方に関する特別委員会に「合理的配慮等環境整備検討ワーキンググループ」設置
	2012年　中央教育審議会初等中等教育分科会「共生社会の形成に向けたインクルーシブ教育システム構築のための特別支援教育の

1999年　精神薄弱の用語の整理のための関係法律の一部を改正する法律施行 2000年　介護保険法施行 児童虐待防止法施行 高齢者，身体障害者等の公共交通機関を利用した移動の円滑化の促進に関する法律：交通バリアフリー法施行	

2001年　ICF（国際機能分類）を WHO 採択
2001～2010年　世界の子どもたちのための平和と非暴力のための国際の10年

2001年　学校教育法改正 DV 防止法施行	
2002年　身体障害者補助犬法施行 学校教育法施行令改正	
2004年　児童虐待防止法改正	
2005年　発達障害者支援法施行	
2006年　教育基本法，学校教育法，学校教育法施行規則改正 障害者基本法改正 高齢者，障害者等の移動等の円滑化の促進に関する法律：バリアフリー新法（旧ハートビル法，交通バリアフリー法が一体化）施行 2006～2013年　障害者自立支援法施行 2007年　学校教育法等の一部を改正する法律施行	2006年　障害者の権利に関する条約採択 【日本は2014年に141番目に批准】
2010年　障害のある児童及び生徒のための教科書用特定図書等の普及の促進等に関する法律施行 2011年　障害者基本法一部改正 社会福祉士及び介護福祉士法改正 障害者虐待の防止，障害者の養護者に対する支援等に関する法律成立 障害者基本法改正 2012年　児童福祉法改正 子ども・子育て支援法，認定子ども園法の一部改正法，子ども・子育て支援法及	

	推進（報告）」
2014年　過激派組織 IS が国家樹立を宣言	
2015年　パリ同時多発テロ発生（フランス）	2015年　「性同一性障害に係る児童生徒に対するきめ細やかな対応の実施等について」通知
	2016年　教育・保育施設等における事故防止及び事故発生の対応のためのガイドライン策定
	2017年　保育所保育指針，幼稚園教育要領，幼保連携型認定こども園教育・保育要領，中学校学習指導要領，特別支援学校幼稚部教育要領，特別支援学校小学部・中学部学習指導要領全面改定（訂）告示 文部科学省と厚生労働省協働「トライアングル」プロジェクト
2019年　同時爆発テロ事件発生（スリランカ）	

注：この表はすべての制度政策などを網羅して作成していない。本書で説明している事柄を抽出し，さらに
出所：内閣府・法務省・文部科学省・厚生労働省等のホームページ『国民衛生の動向 2018/2019』，『国民の教育新社。

	び認定子ども園法の一部改正法の施行に伴う関係法律の整備等に関する法律（子ども・子育て関連三法）施行	
2013年	障害者総合支援法施行（旧障害者自立支援法） 学校教育法施行令改正 障害者雇用促進法改正 障害を理由とする差別の解消の推進に関する法律制定	
2014年	障害者の権利に関する条約批准 子どもの貧困対策の推進に関する法律施行 難病の患者に対する医療等に関する法律施行	
2015年	児童福祉法改正	
2016年	児童福祉法改正 障害を理由とする差別の解消の推進に関する法律施行 障害者の日常生活及び社会生活を総合的に支援するための法律及び児童福祉法の一部を改正する法律公布 改正がん対策基本法第21条（がん患者における学習と治療との両立）	
2017年	児童福祉法などの一部を改正する法律 学校教育法施行規則一部改正	
2018年	学校教育法施行規則一部改正「高等学校における通級による指導の制度導入」 アレルギー疾患対策基本法公布 障害者総合支援法改正	
2019年	バリアフリー新法改正	

重要な事柄をあげているために，資格制度や精神障害者などに関する法律や，各改正法などは割愛している。
福祉と介護の動向 2017/2018』，国立特別支援教育総合研究所『特別支援教育の基礎・基本新改訂版』ジアース

（表作成者　井上南・中村明美）

あとがき

本書は，「新・はじめて学ぶ社会福祉」の一冊として刊行させていただいた。

障害者支援の根幹である障害者基本法第１条では，「障害のある人々（乳幼児・学童生徒・成人）の支援は，福祉や保育の分野のみにとどまらず，教育や就労・まちづくり等，社会生活に関わるあらゆる分野において実践され，『共生社会（障害者も含めてすべて国民が，当たり前に助け合い協力し合って，ふつうに生活できる社会）』を築いていく重要性」が示されている。

さらには，同法第11条に「政府，都道府県，市町村において障害者の状況を踏まえ，障害者のための施策に関する基本的な計画（障害者基本計画または障害者計画）を策定しなければならない」と明記され，これまで同法を基盤として，「発達障害者支援法」「障害者自立支援法」「障害者総合支援法」「バリアフリー新法」「障害者差別解消法」等が新たに誕生し，「学校教育法」「教育基本法」「障害者雇用促進法」等が改正されてきた。つまり，障害のある人々の支援は，福祉や保育の分野のみにとどまらず，教育や就労・まちづくり等，社会生活に関わるあらゆる分野の専門職が関わり，「障害のある状態」を受け入れて生きていくことを見据えながら，「専門職間の連携」「教育や保育課程の接続」「支援内容の移行」を意識して，将来にわたり切れ目のない支援を実現していかなければならないといえる。

このような時代の要請に応えるために，保育士や社会福祉士，幼稚園教諭や学校教諭等を目指す学生にとって，わかりやすく役に立つテキストを目指した。

刊行にあたり，杉本敏夫先生（関西福祉科学大学名誉教授）に監修していただいた。さらには，保育や教育，保健・医療・福祉等の分野で活躍されている先生方や，各分野での職務経験が豊富な先生方にも執筆者に加わっていただいた。新制度の動向等を踏まえて構成したため，執筆者の先生方にも無理なお願いをすることもあったが，その要望にも快く応えていただき感謝している。

2019年８月

編者一同

さくいん

執筆者紹介（執筆順，＊印は編者）

＊立花　直樹（たちばな　なおき）（プロローグ）

現在，聖和短期大学保育科准教授。
主著：『児童家庭福祉論（第２版）』（共編著）ミネルヴァ書房，2017年。『施設実習』（編著）ミネルヴァ書房，2019年。

＊松井　剛太（まつい　ごうた）（第１章）

現在，香川大学教育学部准教授。
主著：『子どもの育ちを保護者とともに喜び合う』ひとなる書房，2018年。『特別な配慮を必要とする子どもが輝くクラス運営』中央法規出版，2018年。

新川　朋子（にいかわ　ともこ）（第２章）

現在，太成学院大学人間学部専任講師。
主著：『障がい児保育の基本と課題』（共著）学文社，2017年。『生活事例からはじめる保育内容 人間関係』（共著）青踏社，2018年。

岡野　弘美（おかの　ひろみ）（第３章）

現在，京都光華女子大学健康科学部講師。
主著：『介護総合演習』（共著）ミネルヴァ書房，2010年。『社会福祉』（共著）ミネルヴァ書房，2018年。

末次　有加（すえつぐ　ゆか）（第４章）

現在，大阪総合保育大学児童保育学部講師。
主著：『教育の理念と思想のフロンティア』（共著）晃洋書房，2017年。『生活事例からはじめる保育内容 人間関係』（共著）青踏社，2018年。

大嶋　健吾（おおしま　けんご）（第５章）

現在，大阪城南女子短期大学総合保育学科講師。
主著：『保育実践を深める相談援助・相談支援』（共著）晃洋書房，2017年。

日光　恵利（にっこう　えり）（第６章）

現在，金沢学院短期大学幼児教育学科助教。

＊井上　和久（いのうえ　かずひさ）（第７章）

現在，大谷大学文学部准教授。
主著：『スヌーズレンの理論と実践方法――スヌーズレン実践入門』（共編著）大学教育出版，2019年。『新版キーワードブック特別支援教育――インクルーシブ教育時代の基礎知識』（共著）クリエイツかもがわ，2019年。

安田　誠人（やすだ　よしと）（第８章）

現在，大谷大学教育学部教授。
主著：『現場から福祉の課題を考える――子どもの豊かな育ちを支えるソーシャルキャピタル』（共著）ミネルヴァ書房，2018年。『保育者の協働性を高める子ども家庭支援・子育て支援』（共編著）晃洋書房，2019年。

大久保圭子（おおくぼけいこ）（第９章）

現在，大和大学教育学部教授。
主著：「特別支援学校のセンター的機能を活用した特別な支援が必要な就学前の子どもへの相談支援の取組――特別支援学校12校への面接調査から」（共著）『大和大学研究紀要』１，59-67。「特別な支援が必要な生徒への中学校から高等学校への支援継続の方法に関する考察――ガイドライン作成と普及への取組を通して」（共著）『発達障害研究』38（1），111-121。

小林　徹（こばやし　とおる）（第10章）

現在，郡山女子大学短期大学部幼児教育学科教授。
主著：『知的障害教育における学力問題』（共著）ジアース教育新社，2014年。『ライフステージを見通した障害児の保育・教育』（共編著）みらい，2016年。

真鍋　健（まなべ　けん）（第11章）

現在，千葉大学教育学部准教授。
主著：『小学校教師のための気になる子の保護者対応』（共著）学研，2019年。「米国幼児期特殊教育領域における肢体不自由児の心理的・身体的特性の位置づけ」（共著）『千葉大学教育学部研究紀要』66（1），327-334。

高井　小織（たかい　さおり）（第12章）

現在，京都光華女子大学健康科学部准教授。
主著：「思春期のネットワーク作りと『固定制難聴学級』を核にしたサマーキャンプの試み」『聴覚障害』2005年11月号。

和田　幸子（わだ　ゆきこ）（第13章）

現在，京都光華女子大学こども教育学部准教授。
主著：『わらべうたを用いた障害児保育の実践』三学出版，2011年。『子どもと共に歩む保育』（共著）三学出版，2017年。

うの　りさ
宇野　里砂（第14章）

現在，武庫川女子大学教育学部准教授。
主著：『発達障害事典』（共著）丸善出版，2016年。『障害児保育』（共著）晃洋書房，2018年。

たかい　ひろみ
高井　弘弥（第15章）

現在，武庫川女子大学教育学部教授。
主著：『障害児保育』（共著）晃洋書房，2018年。

なかじま　のぶみ
中島　暢美（第16章）

現在，大分県立芸術文化短期大学美術科教授。
主著：『高機能広範性発達障害の大学生に対する学内支援』関西学院大学出版会，2013年。『対人援助職のためのリスニング』ナカニシヤ出版，2014年。

あけしば　さとし
明柴　聰史（第17章）

現在，富山短期大学幼児教育学科講師。
主著：『保育と社会福祉（第３版）』（共著）みらい，2019年。『演習・保育と社会的養護実践――社会的養護Ⅱ』（共著）みらい，2019年。

たなか　ひでかず
田中　秀和（第18章）

現在，日本文理大学経営経済学部准教授。
主著：『ソーシャル・キャピタルを活かした社会的孤立への支援』（共著）ミネルヴァ書房，2017年。『社会福祉概論』（共著）ミネルヴァ書房，2017年。

さとう　ちえ
佐藤　智恵（第19章）

現在，神戸親和女子大学発達教育学部教授。
主著：『つながる・つなげる障害児保育』（共著）保育出版社，2015年。『発達が気になる子どもの行動が変わる！保育者のための ABI（活動に根ざした介入）実践事例集』（共著）福村出版，2017年。

なかおかよこ
中尾賀要子（第20章）

現在，武庫川女子大学教育研究所准教授。
主著：「高齢者に対する日本の回想法研究――文献レビュー（1992-2012）」『臨床教育学研究』19，79-104。「福島の三年目と復興――あるソーシャルワーカーへの追跡インタビューを通して」『臨床教育学研究』22，35-51。

なかむら　あけみ
***中村　明美**（エピローグ，資料）

現在，武庫川女子大学教育学部准教授。
主著：『コミュニケーション技術／生活支援技術 Ⅰ・Ⅱ』（共編著）法律文化社，2014年。『教育と福祉の課題』（共著）晃洋書房，2014年。

<監修者紹介>

杉本　敏夫（すぎもと・としお）

1976年　同志社大学大学院文学研究科修士課程社会福祉学専攻修了。

現　在　関西福祉科学大学名誉教授。

主　著　『新社会福祉方法原論』（共著）ミネルヴァ書房，1996年。

『高齢者福祉とソーシャルワーク』（監訳）晃洋書房，2012年。

『社会福祉概論（第4版）』（共編著）勁草書房，2016年。

新・はじめて学ぶ社会福祉⑥

障害児の保育・福祉と特別支援教育

2019年 9 月30日　初版第1刷発行　〈検印省略〉

2021年12月30日　初版第3刷発行

定価はカバーに表示しています

監修者　杉本敏夫

編著者　立花直樹
中村明美
松井剛太
井上和久

発行者　杉田啓三

印刷者　坂本喜杏

発行所　株式会社　ミネルヴァ書房

607-8494　京都市山科区日ノ岡堤谷町1

電話代表（075）581-5191

振替口座　01020-0-8076

冨山房インターナショナル・藤沢製本

ISBN 978-4-623-08726-6

Printed in Japan